단어의 길을 바꾸는

# 워드 시프트

단어의 길을 바꾸는
워드 시프트

**초판 1쇄 인쇄** 2026년 1월 9일
**초판 1쇄 발행** 2026년 1월 19일

**지은이** 최정숙
**발행인** 김태웅
**편집** 황준, 안현진
**디자인** 싱타디자인
**마케팅 총괄** 김철영
**마케팅** 서재욱, 오승수
**온라인 마케팅** 이송인
**인터넷 관리** 김상규
**제작** 현대순
**총무** 윤선미, 안서현, 박혜림
**관리** 김훈희, 이국희, 김승훈, 최국호

**발행처** (주)동양북스
**등록** 제 2014-000055호
**주소** 서울시 마포구 동교로22길 14 (04030)
**구입 문의** 전화 (02) 337-1737 팩스 (02) 334-6624
**내용 문의** 전화 (02) 337-1739 이메일 dymg98@naver.com

ISBN 979-11-7210-170-1  13740

ⓒ 2026, 최정숙

수능·내신 필수
어휘 완전 분석

단어의 길을 바꾸는

# 워드 시프트

최정숙 지음

WORD
SHIFT

shift
=전환

동양북스

고등학교에 올라 **내신과 수능 영어를 준비할 때**, 많은 학생들은 단어의 **기본 뜻을 익히고 짧은 예문으로 쓰임을 확인하는 학습**부터 시작합니다. 이 과정은 단어 학습의 출발점으로서 분명히 중요합니다. 기본 뜻을 알고, 간단한 문장에서 어떻게 쓰이는지 확인하지 않으면 독해는 시작조차 할 수 없기 때문입니다.

다만 문제는 **학습이 그 단계에서 멈추는 경우**입니다. 단어의 대표 뜻 몇 개를 외우고 익숙한 예문을 확인하는 데서 그치면, 실제 내신과 수능 지문에서 단어를 만났을 때 **예상과 전혀 다른 의미로 쓰여 당황하는 상황**이 자주 발생합니다.

단어를 '안다'고 생각했는데 막상 해석이 막히는 경험을 많은 학생들이 겪는 이유도 여기에 있습니다.

이것은 학생들의 공부가 틀려서가 아닙니다. **고교 내신과 수능 영어가 요구하는 단어 이해의 수준이 한 단계 더 깊기 때문**입니다.

고교 영어는 단어의 표면적인 뜻을 묻는 시험이 아닙니다. 시험이 실제로 평가하는 것은 **단어가 문장 속에서 어떤 역할을 하고, 맥락에 따라 의미가 어떻게 조정되고 확장되는지를 읽어낼 수 있는지에 대한 감각**입니다.

그래서 단어 학습은 **기본 뜻과 예문을 출발점으로 삼되, 반드시 한 걸음 더 나아가야 합니다.**

단어의 핵심 의미를 중심으로 **품사 변화, 의미 확장, 어원, 유의어 관계, 그리고 맥락 속 쓰임**을 여러 각도에서 이해할 때, 단어는 비로소 '외운 지식'이 아니라 '읽기를 가능하게 하는 도구'가 됩니다.

이러한 **구조적 이해**가 쌓이면, 고난도 지문에서도 단어 하나에 발목 잡히는 일이 줄어들고, 독해는 훨씬 더 **안정적이고 논리적으로** 이루어집니다.

『워드 시프트』는 바로 이 **'다음 단계'의 단어 학습**을 돕는 책입니다.

새로운 단어를 만났을 때 **무작정 뜻부터 찾는 방식이 아니라**, 어떤 방향성을 가지고 접근해야 하는지를 먼저 익히고, 그 과정을 **반복적으로 연습하도록 설계된** 책입니다. 이 훈련이 쌓일수록 학생들은 낯선 단어를 만나도 흔들리지 않고, 독해에 도움이 되는 방식으로 단어를 다루는 힘을 갖게 될 것입니다.

이 책이 제안하는 단어 학습의 핵심은 다음 다섯 가지입니다.

- 의미 확장을 놓치지 않는 단어 학습
- 품사 전환을 놓치지 않는 단어 학습
- 어원 구조를 놓치지 않는 단어 학습
- 유의어 구별을 놓치지 않는 단어 학습
- 맥락과 개념을 놓치지 않는 단어 학습

이 다섯 가지 전략을 통해 단어 학습은 '양적 암기'에서 '질적 이해'로 전환될 것입니다.

표면적인 뜻을 외우는 공부를 넘어, 문장과 맥락 속에서 단어를 정확히 보는 힘, 이것이 진짜 영어 실력을 만드는 핵심입니다.

『워드 시프트』는 하나의 단어를 중등-고등-수능의 서로 다른 난도와 문장 구조로 확장해 설명하여, 단어가 문장 수준에 따라 어떻게 변주되는지를 하나의 과정처럼 경험하도록 구성했습니다. 설명과 훈련에 사용된 모든 단어는 실제 수능과 고교 내신에서 핵심적으로 반복되는 어휘들만 선별해, 학습의 한 순간도 낭비되지 않도록 했습니다. 더불어 해당 단어가 실제 수능 문제에서 어떤 방식으로 사용되는지 QR 영상을 통해 직접 확인할 수 있도록 했습니다.

부록에서는 수능에서 자주 등장하는 독해를 방해하는 표현과 구조를 정리해, 실전 감각을 보완했습니다.

수능은 물론, 그 과정에서 마주치는 내신까지 고득점을 만드는 어휘력은 단번에 완성되지 않습니다.

새로운 단어를 만날 때마다 확인하고, 수능에 필요한 수준으로 접근해 학습하며 내 것으로 만드는 과정이 차곡차곡 쌓여 만들어집니다. 중요한 것은 그 과정을 올바른 방식으로 반복할 수 있느냐입니다.

『워드 시프트』가 그 길잡이가 되어 줄 것입니다.

## 1 기본부터 단단하게
— 단어의 핵심을 이해하며 익히기

단어의 발음, 핵심 의미, 기본 쓰임을 이해하며 어휘 학습의 기초를 다집니다. 모든 학습이 그렇듯, 기초는 발전을 위한 초석이 됩니다.

## 2 한 단계 위로
— 수능형 어휘력으로 수준 끌어올리기

수능형 어휘력 향상을 목표로 단어를 전략적으로 학습합니다. 단순히 '뜻'을 아는 것을 넘어, 그 단어를 어떤 관점으로 접근하고 어느 깊이까지 이해해야 하는지 감각을 기릅니다.

## 3 감각을 체화하기
— 배운 단어를 문맥 속에서 내 것으로 만들기

빈칸 문제를 통해 앞서 익힌 내용을 적용하며, 개념을 문장 속에서 확실히 정리합니다.

## 4 미리 만나보는 예상 수능
— 수능에 실제로 어떻게 나올지 예측해 보기

실제 수능 문항과 지문을 분석해 만든 문장을 통해, 단어가 어떻게 출제되는지를 예측하고 확인합니다

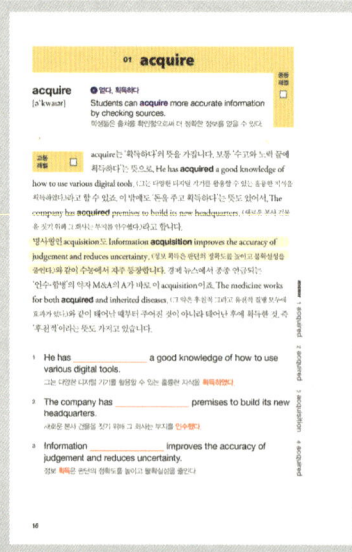

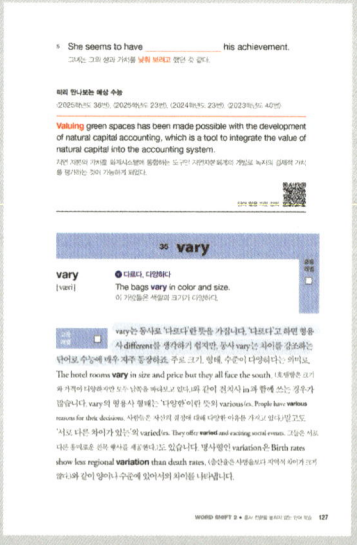

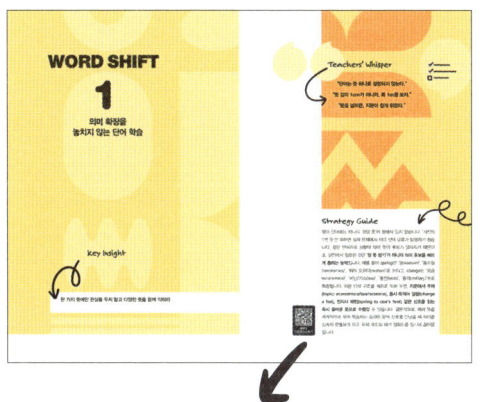

## 단어 활용 지문 강의

단어만 외우는 데서 끝나는 것이 아니라, 실제 수능 지문에서 단어가 어떻게 적용되고 어떤 방식으로 해석에 작동하는지 보여주는 실전 지문 독해 강의를 제공합니다.

*Learn Deeply with* **YouTube**

### MP3 다운로드 & 듣기

다양한 학습 목적에 맞게, 여러 형태의 자료를 제공합니다.

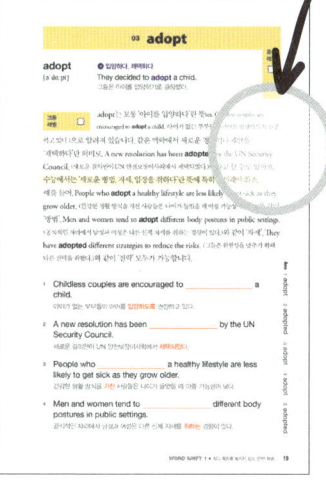

단어 활용 지문 강의

### 부록

수능 독해를 헷갈리게 하는 표현과 구조

## Word Shift 1 의미 확장을 놓치지 않는 단어 학습

## Word Shift 2 품사 전환을 놓치지 않는 단어 학습

## Word Shift 3 어원 구조를 놓치지 않는 단어 학습

# Word Shift 4 유의어 구별을 놓치지 않는 단어 학습

# Word Shift 5 맥락과 개념을 놓치지 않는 단어 학습

A host of | Any number of | Apart from
As much as | As opposed to | At best
At once | At one's expense | At stake
Be up to | By the time | Come across
End up | For one's own sake | Give/have a second thought
Given that | Go into effect | In one's favor
In tension with | In terms of | In ways that
Just as A so B | Lead to | Let go of
Mistake A for B | Much less | No less
No more A than B | Notwithstanding | On its face
Only to | Play a role | Prior to
Put something across | Run the risk of | The case
The former…the latter | Thereby | To the extent that
Turn out to be

# WORD SHIFT

# 1

## 의미 확장을
## 놓치지 않는 단어 학습

*Key Insight*

한 가지 뜻에만 관심을 두지 말고 다양한 뜻을 함께 익혀라

## Teachers' Whisper

"단어는 뜻 하나로 설명되지 않는다."
"뜻 깊이 1cm가 아니라, 폭 1m를 보자."
"뜻을 넓히면, 지문이 쉽게 읽힌다."

## Strategy Guide

영어 단어에는 하나의 '정답 뜻'이 정해져 있지 않습니다. '사전의 1번 뜻'만 외우면 실제 문제에서 의미 선택 오류가 발생하기 쉽습니다. 같은 단어라도 상황에 따라 뜻의 후보가 달라지기 때문이죠. 실전에서 필요한 것은 **'한 뜻 암기'가 아니라 의미 후보를 빠르게 좁히는 능력**입니다. 예를 들어 spring은 '봄(season)', '용수철(mechanics)', '튀어 오르다(motion)'로 쓰이고, charge는 '요금(economics)', '비난/기소(law)', '충전(tech)', '돌격(military)'으로 확장됩니다. 이런 다의 구조를 세트로 익혀 두면, **지문에서 주제(topic: economics/law/science), 동사·목적어 결합(charge a fee), 전치사 패턴(spring to one's feet) 같은 신호를 읽는 즉시 올바른 뜻으로 수렴**할 수 있습니다. 결론적으로, 여러 뜻을 체계적으로 묶어 학습하는 습관은 문맥 신호를 만났을 때 의미를 신속히 판별하게 하고, 독해 속도와 해석 정확도를 동시에 끌어올립니다.

# 01 acquire

## acquire
[əˈkwaɪər]

ⓥ 얻다, 획득하다

Students can **acquire** more accurate information by checking sources.
학생들은 출처를 확인함으로써 더 정확한 정보를 얻을 수 있다.

acquire는 '획득하다'의 뜻을 가집니다. 보통 '수고와 노력 끝에 획득하다'는 뜻으로, He has **acquired** a good knowledge of how to use various digital tools. (그는 다양한 디지털 기기를 활용할 수 있는 훌륭한 지식을 획득하였다.)라고 할 수 있죠. 이 밖에도 '돈을 주고 획득하다'는 뜻도 있어서, The company has **acquired** premises to build its new headquarters. (새로운 본사 건물을 짓기 위해 그 회사는 부지를 인수했다.)라고 합니다.

명사형인 acquisition도 Information **acquisition** improves the accuracy of judgement and reduces uncertainty. (정보 획득은 판단의 정확도를 높이고 불확실성을 줄인다.)와 같이 수능에서 자주 등장합니다. 경제 뉴스에서 종종 언급되는 '인수·합병'의 약자 M&A의 A가 바로 이 acquisition이죠. The medicine works for both **acquired** and inherited diseases. (그 약은 후천적 그리고 유전적 질병 모두에 효과가 있다.)와 같이 태어날 때부터 주어진 것이 아니라 태어난 후에 획득한 것, 즉 '후천적'이라는 뜻도 가지고 있습니다.

1   He has _____ a good knowledge of how to use various digital tools.
그는 다양한 디지털 기기를 활용할 수 있는 훌륭한 지식을 획득하였다.

2   The company has _____ premises to build its new headquarters.
새로운 본사 건물을 짓기 위해 그 회사는 부지를 인수했다.

3   Information _____ improves the accuracy of judgement and reduces uncertainty.
정보 획득은 판단의 정확도를 높이고 불확실성을 줄인다

**4** The medicine works for both _____ and inherited diseases.

그 약은 **후천적** 그리고 유전적 질병 모두에 효과가 있다.

**미리 만나보는 예상 수능**

〈2023학년도 22번〉, 〈2025학년도 21번〉, 〈2023학년도33번〉, 〈2021학년도 20번〉

Expertise is widely considered to be a reflection of **acquired** skills resulting from the accumulation of domain-specific knowledge and methods during many years of training and practice.

전문성은 수년 간의 훈련과 연습을 통해 특정 영역의 지식과 방법을 축적한 결과로 획득한 기술의 반영으로 널리 여겨지고 있다.

단어 활용 지문 강의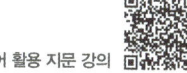

# 02 **address**

중등 레벨 ☐

## address

['ædrɛs]

🅝 **주소, 연설**

Your secretary has made the mistake of giving me a wrong **address**.

당신 비서가 실수로 나에게 잘못된 주소를 줬습니다.

고등 레벨 ☐

address를 '주소'나 '연설'의 뜻을 가진 명사로 알고 있죠. 물론 동사로 쓰일 때도 '~에 우편물을 보내다'(ex. The letter might have been wrongly **addressed**. 주소가 잘못 표기됐을 수도 있습니다.), '공식적으로 연설하다'(ex. He **addressed** this year's annual conference. 그는 올해 연례회의에서 연설했다.)라는 의미로 쓰입니다. 또 '공식적으로 칭하다'란 뜻으로, She is generally **addressed** as "First Lady." (그녀는 보통 영부인이라고 불린다.)처럼 쓸 수도 있죠. 하지만 수능에서 가장 중요한 address의 의미는 바로 '문제를 다루다'입니다. 같은 의미로 알려진 deal with, handle 등과는 차이가 있죠. deal with는 '조치를 취해 문제를 다룬다'는 의미(ex. This committee has been set up to **deal with** drug abuse. 약물 중독 문제를 다루기 위해 이 위원회가 만들어졌다.), handle은 '책임을 지고 다룬다'는 의미(ex. He has been appointed to

**handle** financial problems in this company. 그는 이 회사의 재정문제를 처리하기 위해 임명되었다.)
라면, address는 문제점에 대해 고민하고 어떻게 할 것인지 결정하는 과정에 초점을 둔 '다루다'라고 볼 수 있어요. 그래서, The issue of childcare has never been properly **addressed** in the previous governments. (육아 문제가 이전 정부들에서 제대로 다뤄진 적이 없다.)와 같이 쓸 수 있죠.

1 The letter might have been wrongly _____.
주소가 잘못 표기됐을 수도 있습니다.

2 He _____ this year's annual conference.
그는 올해 연례회의에서 연설했다.

3 She is generally _____ as "First Lady."
그녀는 보통 영부인이라고 불린다.

4 This committee has been set up to _____ drug abuse.
약물 중독 문제를 다루기 위해 이 위원회가 만들어졌다.

5 He has been appointed to _____ financial problems in this company.
그는 이 회사의 재정문제를 처리하기 위해 임명되었다.

6 The issue of childcare has never been properly _____ in the previous governments.
육아 문제가 이전 정부들에서 제대로 다뤄진 적이 없다.

**미리 만나보는 예상 수능**
〈2023학년도 35번〉, 〈2022학년도 23번〉, 〈2022학년도 32번〉

Sensitivity seems to be lower at the front of the tongue and higher at the back, so designers must **address** the problem of the uneven distribution of taste receptors across the tongue when developing wine glasses.
혀의 앞부분은 미각 민감도가 낮고 뒷부분은 더 높은 것으로 보이므로, 와인잔을 개발할 때 디자이너들은 혀 전체에 미각 수용체가 고르게 분포하지 않다는 문제를 다뤄야 합니다.

단어 활용 지문 강의

Ans 1 addressed   2 addressed   3 addressed   4 deal with   5 handle   6 addressed

**adopt**
[əˈdɑːpt]

**ⓥ 입양하다, 채택하다**

They decided to **adopt** a child.
그들은 아이를 입양하기로 결정했다.

고등 레벨 ☐

adopt는 보통 '아이를 입양하다'란 뜻(ex. Childless couples are encouraged to **adopt** a child. 아이가 없는 부부들이 아이를 입양하도록 권장하고 있다.)으로 알려져 있습니다. 같은 맥락에서 새로운 정책이나 제안을 '채택하다'란 의미로, A new resolution has been **adopted** by the UN Security Council. (새로운 결의안이 UN 안전보장이사회에서 채택되었다.)이라고 할 수도 있어요. 수능에서는 '새로운 방법, 자세, 입장을 취하다'란 뜻에 특히 유의해야 하죠. 예를 들어, People who **adopt** a healthy lifestyle are less likely to get sick as they grow older. (건강한 생활 방식을 가진 사람들은 나이가 들었을 때 아플 가능성이 낮다.)와 같이 '방법', Men and women tend to **adopt** different body postures in public settings. (공식적인 자리에서 남성과 여성은 다른 신체 자세를 취하는 경향이 있다.)와 같이 '자세', They have **adopted** different strategies to reduce the risks. (그들은 위험성을 낮추기 위해 다른 전략을 취했다.)와 같이 '전략' 모두가 가능합니다.

1 Childless couples are encouraged to ＿＿＿＿＿＿＿ a child.
아이가 없는 부부들이 아이를 입양하도록 권장하고 있다.

2 A new resolution has been ＿＿＿＿＿＿＿ by the UN Security Council.
새로운 결의안이 UN 안전보장이사회에서 채택되었다.

3 People who ＿＿＿＿＿＿＿ a healthy lifestyle are less likely to get sick as they grow older.
건강한 생활 방식을 가진 사람들은 나이가 들었을 때 아플 가능성이 낮다.

4 Men and women tend to ＿＿＿＿＿＿＿ different body postures in public settings.
공식적인 자리에서 남성과 여성은 다른 신체 자세를 취하는 경향이 있다.

Ans 1 adopt 2 adopted 3 adopt 4 adopt 5 adopted

5 They have _____ different strategies to reduce
the risks.

그들은 위험성을 낮추기 위해 다른 전략을 취했다.

미리 만나보는 예상 수능

〈2022학년도 32번〉, 〈2023학년도 22번〉, 〈2022학년도 30번〉

**Adopting** good body posture in everyday life can help improve breathing by increasing lung capacity and help prevent muscle imbalance and overload.

일상생활속에서 훌륭한 자세를 취하는 것은 폐활량을 높여 호흡 활동을 개선시키고, 근육의 불균형과 과부하를 예방하는 데 도움이 될 수 있다.

단어 활용 지문 강의

---

## 04 appreciate

중등 레벨 ☐

**appreciate** ⓥ 감사하다
[əˈpriːʃieɪt]

We deeply **appreciate** your visit.
우리는 당신의 방문에 깊은 감사를 드립니다.

고등 레벨 ☐

appreciate는 '~을 고맙게 여기다'란 뜻으로, Your help will be greatly **appreciated** by most of us. (우리 대부분은 당신의 도움을 대단히 감사하게 여길 겁니다.)라고 할 수 있어요. 수능에서는 '어떤 것에 대한 가치 혹은 중요함을 인지하다'란 뜻으로, **Appreciation** of cultural diversity will pave the way for a harmonious society. (문화 다양성 가치에 대한 인정은 조화로운 세상을 만들 수 있는 길을 열어주게 된다.)와 같이 명사로 등장하는 경우가 있습니다. 경제 분야에서는 appreciate가 '가치가 상승하다'란 뜻으로도 쓰입니다. The house she bought last year has **appreciated** in value by 30 percent. (그녀가 작년에 산 집의 가치가 30퍼센트 상승했다.) 반대로 '가치가 하락하다'란 의미의 단어는 depreciate 입니다. They recommended buying a secondhand car because a new car **depreciates** as soon as it is on the road. (새 차는 도로에 나가자마자 가치가 떨어지기

때문에 그들은 중고차 구매를 권했다.)

1  Your help will be greatly _____ by most of us.

우리 대부분은 당신의 도움을 대단히 감사하게 여길 겁니다.

2  _____ of cultural diversity will pave the way for a harmonious society.

문화 다양성 가치에 대한 인정은 조화로운 세상을 만들 수 있는 길을 열어주게 된다.

3  The house she bought last year has _____ in value by 30 percent.

그녀가 작년에 산 집의 가치가 30퍼센트 상승했다.

4  They recommended buying a secondhand car because a new car _____ as soon as it is on the road.

새 차는 도로에 나가자마자 가치가 떨어지기 때문에 그들은 중고차 구매를 권했다.

**미리 만나보는 예상 수능**

⟨2025학년도 22번⟩, ⟨2024학년도 22번⟩, ⟨2023학년도 27번⟩, ⟨2021학년도 18번⟩

This book is a guide to the **appreciation** of fine coffees, and it tells everything about this dark brown liquid: the way of choosing the right coffee, the ideal temperature, and the method of brewing.

이 책은 훌륭한 커피의 풍미를 알게 해주는 안내서이며, 이 짙은 갈색 액체에 관한 모든 것을 알려준다. 구체적으로는 올바른 커피를 고르는 방법, 이상적인 온도, 그리고 추출 방식까지 모두 다룬다.

단어 활용 지문 강의

*Expanding* Meaning, *Expanding* Thought

중등
레벨
☐

**bill**
[bɪl]

**ⓝ 계산서**

Our restaurant **bill** came to 50,000 won and we split the cost.
식사 비용이 50,000원이 나왔고 우리는 나눠서 지불했다.

고등
레벨
☐

bill은 비용에 대한 '계산서'나 '청구서'(ex. Have they sent us a **bill** for the repair? 그들은 수리비 청구서를 우리에게 보냈나요?)로 알려져 있지만, 수능에서는 We are **billed** monthly for this streaming service. (이 스트리밍 서비스 이용료는 달마다 청구된다.)와 같이 동사로 쓰이는 경우에 유의해야 합니다. 이외에도 '법안'이라는 뜻도 있어서 The **bill** was defeated in Parliament by 310 to 95. (법안은 310대 95로 국회에서 폐기되었다.)라고도 하죠. We are short of ten-dollar **bills** now. (지금 10달러짜리 지폐가 부족해요.)와 같이 '지폐'라는 뜻도 있습니다. 또한 '새의 부리'라는 뜻도 있어 We saw a group of birds with black **bills** and white wings. (우리는 검은 부리에 하얀 날개를 한 새 무리를 목격했다.)라고 할 수도 있죠.

1 Have they sent us a _____ for the repair?
그들은 수리비 청구서를 우리에게 보냈나요?

2 We are _____ monthly for this streaming service.
이 스트리밍 서비스 이용료는 달마다 청구된다.

3 The _____ was defeated in Parliament by 310 to 95.
법안은 310대 95로 국회에서 폐기되었다.

4 We are short of ten-dollar _____ now.
지금 10달러짜리 지폐가 부족해요.

5 We saw a group of birds with black _____ and white wings.
우리는 검은 부리에 하얀 날개를 한 새 무리를 목격했다.

Ans 1 bill 2 billed 3 bill 4 bills 5 bills

One of the most popular ways to pay **bills** is online, which also allows you to set up autopay for regular payments, such as utilities, car payments, and property maintenance costs.

청구서를 납부하는 가장 인기 있는 방법 중 하나는 온라인으로, 수도, 전기, 가스 비용, 자동차 관련 비용 및 건물 유지 비용과 같이 정기적으로 나가는 돈을 자동이체로 처리할 수 있다.

단어 활용 지문 강의

## 06 **body**

중등 레벨

**body**
[ˈbɑːdi]

**ⓝ 몸**

Keeping your **body** healthy requires regular exercise and good food.
몸의 건강을 유지하기 위해서는 규칙적인 운동과 양질의 음식이 필요하다.

고등 레벨

body는 인간의 '몸'을 뜻하죠. 기계나 물체의 '몸체'라는 뜻(ex. The **body** of the plane remained intact. 비행기의 몸체는 무사했다.)과, '죽은 시체'라는 뜻(ex. His **body** was brought home after the war. 전후 그의 시체는 고국으로 돌아왔다.)도 있습니다. '공공의 목적을 위해 함께 모여 일하는 단체나 조직'도 International organizations serve as **bodies** that promote global peace. (국제기구는 세계 평화 증진을 위해 일하는 단체이다.)와 같이 body라고 하죠. 수능에서는 How could you gather such a huge **body** of information? (어떻게 이렇게 많은 정보를 모을 수 있었죠?)과 같이 '많은 양'이나 '큰 덩어리'를 뜻하는 경우도 있습니다. 이외에도 -ly를 붙여 '신체의'란 뜻의 형용사(ex. You can rest assured that the test will not cause any **bodily** harm. 검사로 신체적인 상해는 없을 거니 안심하셔도 됩니다.)로도 활용됩니다.

1   The _____ of the plane remained intact.
비행기의 몸체는 무사했다.

2    His _____ was brought home after the war.
전후 그의 시체는 고국으로 돌아왔다.

3    International organizations serve as _____ that promote global peace.
국제기구는 세계 평화 증진을 위해 일하는 단체이다.

4    How could you gather such a huge _____ of information?
어떻게 이렇게 많은 정보를 모을 수 있었죠?

5    You can rest assured that the test will not cause any _____ harm.
검사로 신체적인 상해는 없을 거니 안심하셔도 됩니다.

---

**미리 만나보는 예상 수능**

〈2022학년도 40번〉, 〈2024학년도 29번〉, 〈2021학년도 29번〉

---

Building a new dam is expected to prevent seasonal flooding and create large **bodies** of water; however, it can also dramatically alter the ecology of the surrounding areas.

새로운 댐 건설로 계절에 따른 홍수를 예방하고, 다량의 수자원을 확보할 거라 기대되지만, 이것은 또한 주변 지역 생태에 극명한 변화를 가져올 수도 있다.

단어 활용 지문 강의

---

## 07 **capacity**

중등 레벨 ☐

**capacity**
[kəˈpæsəti]

🔵 ⓝ 용량, 능력

The factory is running at full **capacity**.
공장은 최대한으로 가동되고 있다.

고등 레벨 ☐

capacity는 '생산되거나 보관할 수 있는 양'을 뜻합니다.
The company is building a stadium with a seating **capacity**

of 30,000. (회사는 30,000석 규모의 스타디움을 짓고 있다.)라고 할 수 있죠. 수능에서는 어떤 특정한 것을 할 수 있는 '능력'(ex. The strict regulations will reduce the **capacity** for producing creative works. 심한 규제는 창의적인 작품을 만들어낼 수 있는 능력을 저해할 것이다.) 으로 등장하는 경우가 잦죠. 유의어인 capability는 보다 구체적인 일을 해낼 수 있는 '잠재력'이나 '능력'을 뜻합니다. 그래서 This software has the **capability** to process large quantities of information. (이 소프트웨어는 많은 양의 정보를 처리할 수 있는 능력을 가지고 있다.)과 같이 쓰이죠. capable은 어떤 일을 효율적으로 능수능란하게 '할 수 있는'이란 의미의 형용사로, We are looking for someone who is **capable** of looking after many kids. (우리는 많은 아이들을 잘 돌볼 수 있는 사람을 찾고 있다.)처럼 쓸 수 있어요.

1  The company is building a stadium with a seating
   _____ of 30,000.

   회사는 30,000석 규모의 스타디움을 짓고 있다.

2  The strict regulations will reduce the _____ for
   producing creative works.

   심한 규제는 창의적인 작품을 만들어낼 수 있는 능력을 저해할 것이다.

3  This software has the _____ to process large
   quantities of information.

   이 소프트웨어는 많은 양의 정보를 처리할 수 있는 능력을 가지고 있다.

4  We are looking for someone who is _____ of
   looking after many kids.

   우리는 많은 아이들을 잘 돌볼 수 있는 사람을 찾고 있다.

**미리 만나보는 예상 수능**

〈2024학년도 24번〉, 〈2024학년도 29번〉, 〈2021학년도 32번〉, 〈2021학년도 23번〉

Oral assessment, such as presentations and interviews, can measure thinking **capacity** by requiring individuals to articulate the reasoning behind their ideas.

발표나 인터뷰와 같은 구두 평가는 자신의 아이디어가 어떤 사고과정을 통해 나왔는지를 설명하게 함으로써 이들의 생각하는 능력을 측정할 수 있다.

단어 활용 지문 강의

Ans  1 capacity   2 capacity   3 capability   4 capable

# 08 **carry**

**carry**
[ˈkæri]

**v** 옮기다

We are **carrying** books upstairs.
우리는 위층으로 책을 나르고 있다.

carry는 어떤 것을 '들고 움직인다'는 뜻입니다. 손이나 팔로 들어 움직이는 경우(ex. She managed to **carry** the luggage to the conference hall on the fourth floor. 그녀는 4층 회의장까지 짐을 간신히 옮겼다.), 차가 사람을 나르는 경우(ex. This train can **carry** hundreds of people at a time. 이 열차는 한번에 수백 명을 운송할 수 있다.) 모두 가능합니다. 상시적으로 들고 다닐 경우에는 You should **carry** your passport all the time. (여권을 항상 소지하고 계셔야 합니다.)과 같이 '소지' 혹은 '착용'의 의미로도 쓰이죠. 수능에서는 Trying new things **carries** some risk of failure. (새로운 것을 시도하는 것은 어느 정도의 실패 위험을 가지고 있다.)와 같이 '일부로서 무언가를 가지고 있다'는 활용에 유의해야 합니다. 이외에도 부사 out을 덧붙여 '~을 진행시켜 해내다'는 의미(ex. This company has **carried out** a merger with a high-tech startup. 이 회사는 하이테크 신생기업과 합병을 추진해 왔다.), over을 덧붙여 '~으로 이행되다'는 의미(ex. This can be **carried over** to the next month. 이것은 다음달로 이월될 수 있다.)로 활용될 수도 있죠.

1 She managed to _____ the luggage to the conference hall on the fourth floor.
  그녀는 4층 회의장까지 짐을 간신히 옮겼다.

2 This train can _____ hundreds of people at a time.
  이 열차는 한번에 수백 명을 운송할 수 있다.

3 You should _____ your passport all the time.
  여권을 항상 소지하고 계셔야 합니다.

4 Trying new things _____ some risk of failure.
  새로운 것을 시도하는 것은 어느 정도의 실패 위험을 가지고 있다.

5 This company has _____ a merger with a

high-tech startup.

이 회사는 하이테크 신생기업과 합병을 추진해 왔다.

6   This can be _____ to the next month.

이것은 다음달로 이월될 수 있다.

**미리 만나보는 예상 수능**

〈2021학년도 20번〉, 〈2023학년도 22번〉, 〈2021학년도 32번〉, 〈2021학년도 24번〉

He was considered a man of wisdom, so his words **carried** considerable weight with his contemporaries. That is why his advice was often sought after and greatly valued.

그는 현자로 여겨졌기 때문에 그의 말은 동시대 사람들에게 상당한 영향력을 가지고 있었다. 이 것이 사람들이 그의 조언을 원하고 소중히 여겼던 이유이다.

단어 활용 지문 강의

---

## 09 **commit**

중등<br>레벨<br>☐

**commit**

[kəˈmɪt]

**ⓥ 저지르다**

He is in prison because he has **committed** a serious crime.

그는 심각한 범죄를 저질러 감옥에 있다.

**고등 레벨** ☐  commit은 '불법적인 일이나 나쁜 짓을 저지르다'란 뜻으로 자주 쓰입니다. The massacre was **committed** in 1905 by the rebel army. (그 대학살은 1905년 반란군에 의해 자행되었다.) 하지만 수능에서는 commit 이 '헌신하다, 전념하다, 약속하다'의 의미로 더 자주 등장합니다. 이때는 열의나 시간, 돈, 충성심 등을 어떤 일에 기꺼이 바치는 행위를 가리키죠. The company has **committed** itself to building a healthy corporate culture. (이 회사는 건전한 기업 문화를 조성하기 위해 헌신해 왔다.) 이처럼 재귀대명사와 함께 쓰여 '스스로를 어떤 일에 바친다'는 의미를 강조하는 경우가 많습니다. 명사형인 commitment는 We respect his **commitment** to his family. (그의 가족에 대한 헌신은 존경스럽다.)와 같이 '헌신,' She gave me a **commitment** that she would pay me back. (그녀는 나에게 돈을 갚겠다고 약속했다.)과 같이 어떤 것을 하겠다는 '약속이나 단호한 결정'을 뜻하죠.

1 The massacre was _____ in 1905 by the rebel army.
  그 대학살은 1905년 반란군에 의해 자행되었다.

2 The company has _____ itself to building a healthy corporate culture.
  이 회사는 건선한 기업 분화 형성을 위해 헌신해 왔다.

3 We respect his _____ to his family.
  그의 가족에 대한 헌신은 존경스럽다.

4 She gave me a _____ that she would pay me back.
  그녀는 나에게 돈을 갚겠다고 약속했다.

**미리 만나보는 예상 수능**
⟨2023학년도 40번⟩, ⟨2023학년도 41~42번⟩, ⟨2021학년도 43~45번⟩

People want to be seen as consistent, so once they have publicly **committed** themselves to something or someone, they are more likely to work harder to fulfill that commitment.

사람들은 일관성 있게 보이기를 원한다. 그래서 공개적으로 어떤 것 혹은 누군가에게 헌신하겠다고 하면, 그 약속을 지키기 위해 더 노력할 가능성이 높다.

단어 활용 지문 강의

Ans 1 committed  2 committed  3 commitment  4 commitment

One Word, Many Meanings

## charge

[tʃɑːrdʒ]

**ⓝ 요금, 충전**

There is a small **charge** for individuals who come with pets.
반려동물과 함께 오는 사람에게는 약간의 요금이 부과된다.

charge는 다양한 뜻을 가지고 있습니다. 우선 '요금'이라는 뜻으로 There is no additional **charge** for side dishes. (반찬에는 추가 요금이 없습니다.)라고 하죠. '충전'이라는 뜻으로 My phone was almost out of **charge**, so I had to leave early. (내 전화기가 거의 방전되어서 빨리 일어나야 했다.)라고 할 수도 있어요. She is in **charge** of developing new medical products. (그녀는 새로운 의약품 개발을 책임지고 있다.)와 같이 '책임'의 뜻으로 수능에 등장할 수 있죠. '고발'의 의미로, We will face a burglary **charge** if we take this money with us. (우리가 만약 이 돈을 가져간다면 우리는 절도죄로 고발당하게 된다.)라고도 하고, '돌진'의 의미도 있어, There is no way to stop a buffalo **charge**. (버팔로가 돌진하면 막을 방법이 없다.)라고 할 수도 있습니다.

1 There is no additional _____ for side dishes.
반찬에는 추가 요금이 없습니다.

2 My phone was almost out of _____, so I had to leave early.
내 전화기가 거의 방전되어서 빨리 일어나야 했다.

3 She is in _____ of developing new medical products.
그녀는 새로운 의약품 개발을 책임지고 있다.

4 We will face a burglary _____ if we take this money with us.
우리가 만약 이 돈을 가져간다면 우리는 절도죄로 고발당하게 된다.

5 There is no way to stop a buffalo _____.
버팔로가 돌진하면 막을 방법이 없다.

Ans  1 charge  2 charge  3 charge  4 charge  5 charge

To encourage consumers' purchases, companies need to provide events that are free of **charge**, through which consumers can access product information in a timely manner.

소비자들의 구매를 촉진하기 위해 기업들은 무료 행사들을 제공할 필요가 있으며, 이를 통해 소비자들은 제때 제품 정보를 얻을 수 있다.

단어 활용 지문 강의

---

# 11 **conduct**

중등
레벨
□

**conduct**

[kəndʌ́kt]

**ⓥ 실행하다, 실시하다**

They **conducted** a survey to collect data for their research.

그들은 연구에 필요한 자료를 수집하기 위해 설문조사를 실시했다.

---

고등
레벨
□

conduct는 수능에서 주로 '어떤 것을 행하다'란 뜻으로 등장하죠. The experiment was **conducted** in the presence of outside experts. (외부 전문가들이 참석한 가운데 실험이 진행되었다.)라고 할 수 있어요. 명사로도 AI has become a major tool for companies to use in the **conduct** of their business. (AI는 기업들이 사업을 진행할 때 활용하는 주요 도구가 되었다.)와 같이 쓰입니다. 같은 맥락에서 음악 공연을 '지휘하고 통솔한다'는 의미로, **Conducting** an orchestra helps him learn leadership and collaboration. (오케스트라 지휘를 통해 그는 지도력과 협력을 배운다.)이라고 하죠. '처신하다'란 뜻으로 She tried to **conduct** herself in a professional manner. (그녀는 전문가다운 매너로 처신하려고 노력했다.)와 같이 재귀대명사와 함께 등장합니다. 마지막으로 '전도하다'란 뜻(ex. Which metal can **conduct** electricity? (어떤 금속이 전기를 옮길 수 있죠?)도 있어요.

---

1   The experiment was _____ in the presence of outside experts.

외부 전문가들이 참석한 가운데 실험이 진행되었다.

2 AI has become a major tool for companies to use in the
_____ of their business.

AI는 기업들이 사업을 진행할 때 활용하는 주요 도구가 되었다.

3 _____ an orchestra helps him learn leadership
and collaboration.

오케스트라 지휘를 통해 그는 지도력과 협력을 배운다.

4 She tried to _____ in a professional
manner. 그녀는 전문가다운 매너로 처신하려고 노력했다.

5 Which metal can _____ electricity?

어떤 금속이 전기를 옮길 수 있죠?

**미리 만나보는 예상 수능**

〈2022학년도 35번〉, 〈2025학년도 34번〉, 〈2021학년도 25번〉

A drug test is **conducted** to detect the presence or absence of a
legal or illegal drug with biological samples—such as blood, urine,
and hair.

약물 검사는 혈액, 소변, 머리카락 같은 생물학적 샘플을 가지고 합법 혹은 불법적인 약물이 실재
혹은 부재한지를 알아내기 위해 실시된다.

단어 활용 지문 강의

Ans 1 conducted 2 conduct 3 Conducting 4 conduct herself 5 conduct

## 12 **constitute**

**constitute**

['kɑːnstətuːt]

v 구성하다

중등 레벨 □

Seven days **constitute** a week and twelve
months **constitute** a year.

7일이 일주일을 구성하고, 12달이 일 년을 구성한다.

고등 레벨 □

constitute는 '어떤 것의 전체를 구성하는 일부이다'란 의미로,

This program is **constituted** not only by lectures but by

practical training. (이 프로그램은 강의뿐만 아니라 실습도 함께 구성되어 있다.)과 같이

쓰입니다. '어떤 것의 일부로 ~만큼 차지하다'란 뜻으로, The population aged over 50 **constitutes** more than half of the total population. (50세 이상의 인구가 전체 인구의 절반 이상을 차지한다.)이라고도 합니다.

수능에서는 '~이다, ~에 해당한다'란 뜻에 특히 유의해야 하죠. Distributing clients' information without their consent **constitutes** a criminal offense. (고객의 허락 없이 이들의 정보를 배포하는 것은 범죄 행위에 해당한다.)와 같이 '~와 동일하다'로 이해하시면 됩니다. 마지막으로 공식적으로 법적으로 '어떤 조직을 만들다' 란 뜻으로, The committee was **constituted** to review the annual budget of the company. (회사의 연간 예산을 검토하기 위해 위원회가 창설되었다.) 와 같이 수동태로 활용됩니다.

1   This program is _____ not only by lectures but by practical training.
이 프로그램은 강의뿐만 아니라 실습도 함께 구성되어 있다.

2   The population aged over 50 _____ more than half of the total population.
50세 이상의 인구가 전체 인구의 절반 이상을 차지한다.

3   Distributing clients' information without their consent _____ a criminal offense.
고객의 허락 없이 이들의 정보를 배포하는 것은 범죄 행위에 해당한다.

4   The committee was _____ to review the annual budget of the company.
회사의 연간 예산을 검토하기 위해 위원회가 창설되었다.

**미리 만나보는 예상 수능**
〈2025학년도 34번〉, 〈2023학년도 29번〉, 〈2022학년도 32번〉

Emotions are considered to **constitute** potent and predictable drivers of decision making, a conclusion supported by important regularities found in the underlying mechanisms.

감정은 의사 결정의 강력하고 예측 가능한 동인으로 간주되며, 이는 그 기저 메커니즘에서 발견되는 중요한 규칙성들에 의해 뒷받침된다.

단어 활용 지문 강의

Ans 1 constituted  2 constitutes  3 constitutes  4 constituted

# 13 **contain**

## contain
[kənˈteɪn]

ⓥ 담고 있다

The file **contains** a lot of important information about plants.
이 파일은 식물에 대한 많은 중요한 정보를 담고 있다.

contain은 수능에서 '무언가를 안에 담고 있다'란 뜻으로 종종 등장합니다. I refrain from eating foods that **contain** a lot of fat. (지방 함량이 높은 음식 섭취를 자제하고 있다.)이라고 하죠. 하지만 마치 담아서 나가지 못하게 하는 것처럼 '유해한 것의 성장을 막'거나(ex. Many actions have been taken to **contain** domestic violence. 가정 폭력 확산을 방지하기 위해 많은 조치가 취해졌다.), '질병이 퍼지는 것을 막는다'는 뜻(ex. All the farms here are closed off to **contain** avian influenza. 조류 독감 확산을 막기 위해 이곳의 모든 농장들은 폐쇄되었다.)도 있죠. 화가 치밀어 오르거나 흥분과 같은 강한 감정을 느낄 때 이를 '통제하고 가둔다'는 의미로 He yelled at his son because he was no longer able to **contain** his anger. (더 이상 화를 참을 수 없어 그는 아들에게 소리를 질렀다.)라고도 합니다.

1 I refrain from eating foods that _____ a lot of fat.
지방 함량이 높은 음식 섭취를 자제하고 있다.

2 Many actions have been taken to _____ domestic violence.
가정 폭력 확산을 방지하기 위해 많은 조치가 취해졌다.

3 All the farms here are closed off to _____ avian influenza.
조류 독감 확산을 막기 위해 이곳의 모든 농장들은 폐쇄되었다.

4 He yelled at his son because he was no longer able to _____ his anger.
더 이상 화를 참을 수 없어 그는 아들에게 소리를 질렀다.

Ans  1 contain  2 contain  3 contain  4 contain

If you keep a very good relationship with your friend, the hostility that inevitably arises can be easily **contained**, which helps you learn a new way of building friendship.

친구와 아주 좋은 관계를 유지한다면, 불가피하게 생기는 적대감도 쉽게 억제될 수 있으며, 이는 새로운 방식의 우정을 쌓는 방법을 배우는 데 도움이 된다.

단어 활용 지문 강의

---

# ¹⁴ **contribute**

중등 레벨 ☐

**contribute**  ⓥ 기부하다, 기여하다

[kənˈtrɪbjuːt]  Feel free to come if you have anything to **contribute**.
도움을 줄 것이 있으면 망설이지 말고 오세요.

고등 레벨 ☐ 우선 contribute는 '돈이나 물건을 기부 혹은 기증하다'란 뜻(ex. She has **contributed** $ 2,000 to a local charity. 그녀는 한 지역 자선단체에 2천 달러를 기부했다.)을 가집니다. 어떤 것이 잘 되도록 '기여하다'란 뜻도 있어, Your devotion has **contributed** to the growth of this organization. (당신의 헌신이 이 조직의 성장에 기여해 왔다.)이라고 할 수 있죠. 수능에서 특히 유의해야 할 뜻은 '여러 원인 중 한 원인이 되다'입니다. The recent flood may **contribute** to the spread of diseases. (최근 홍수가 질병 확산의 원인 중 하나일 수 있다.)와 같이 전치사 to가 따라옵니다. '글을 기고하다'(ex. She has **contributed** several articles to popular magazines. 그녀는 인기 있는 잡지들에 여러 개의 글을 기고했다.)란 뜻도 있습니다.

1 She has _____ $ 2000 to a local charity.
그녀는 한 지역 자선단체에 2천 달러를 기부했다.

2 Your devotion has _____ to the growth of this organization.
당신의 헌신이 이 조직의 성장에 기여해 왔다.

3 The recent flood may _____ to the spread of diseases.

최근 홍수가 질병 확산의 원인 중 하나일 수 있다.

4 She has _____ several articles to popular magazines.

그녀는 인기 있는 잡지들에 여러 개의 글을 기고했다.

**미리 만나보는 예상 수능**

〈2024학년도 20번〉, 〈2024학년도 41~42번〉, 〈2023학년도 36번〉, 〈2021학년도 37번〉

Inflation expectations—that is, what households and businesses think will happen to prices in the future—can, indeed, **contribute** to a higher rate of actual inflation.

물가 상승 기대, 즉 가구와 기업들이 앞으로 물가가 어떻게 변할지에 대해 가지고 있는 생각이 실제 물가 상승률을 높이는 원인 중 하나가 될 수 있다.

단어 활용 지문 강의

## 15 **critical**

중등 레벨 □

**critical**

[ˈkrɪtɪkl]

ⓐ 비판적인

She is highly **critical** of the recent school reform

그녀는 최근 학교 개편에 대해 매우 비판적이다.

고등 레벨 □

critical은 '비판적인'으로 알고 있죠. They are highly **critical** of the way she deals with matters. (그들은 그녀가 문제를 처리하는 방식에 대해 대단히 비판적이다.)라고 합니다. 수능에서는 Public advocacy is **critical** to policy initiation. (대중의 지지는 정책을 밀고 나가는 데 매우 중요하다.)과 같이 '매우 중요한'의 뜻으로 등장하는 경우가 있죠. 그 자체가 중요하다는 뜻을 가지는 important에 비해 critical은 '앞으로 ~을 하는 데 있어서 중요하다'는 특정한 맥락을 가집니다. 이외에도 질병이나 부상이 목숨을 위협할 정도로 '심각한' 경우에 Those rescued from the explosion remain in **critical** condition. (폭발에서 구조된 사람들은 여전히 위험한 상태이다.)과 같이 활용할 수 있어요.

1 They are highly ＿＿＿＿＿＿＿ of the way she deals with matters.

그들은 그녀가 문제를 처리하는 방식에 대해 대단히 비판적이다.

2 Public advocacy is ＿＿＿＿＿＿＿ to policy initiation.

대중의 지지는 정책을 밀고 나가는 데 매우 중요하다.

3 Those rescued from the explosion remain in ＿＿＿＿＿＿＿ condition.

폭발에서 구조된 사람들은 여전히 위험한 상태이다.

---

**미리 만나보는 예상 수능**

〈2024학년도 21번〉, 〈2024학년도 20번〉, 〈2025학년도 32번〉, 〈2022학년도 33번〉

---

Population growth is a critical factor that causes a city's pollution, because it is usually accompanied by increased local traffic and rising consumption of household goods.

인구증가는 도시의 오염을 낳는 결정적인 요인인데, 왜냐하면 인구증가가 일반적으로 지역 교통량 증가와 가정용품 소비 증가를 동반하기 때문이다.

단어 활용 지문 강의

---

## 16 **devote**

중등 레벨 ☐

**devote**

[divóut]

**ⓥ** 헌신하다

I will **devote** myself to English education.
나는 영어 교육에 헌신할 것이다.

고등 레벨 ☐ devote는 '헌신하다', '바치다', '전념하다' 등의 구분이 다소 애매모호한 여러 개의 뜻을 가지고 있습니다. 이 의미들을 관통하는 하나의 뜻은 바로 '올인'이죠. 특히 He promised to **devote** himself to scientific investigation. (그는 자신의 인생을 과학 탐구에 헌신할 것이라고 약속했다.)와 같이 재귀대명사가 목적어 자리에 오면 인생을 걸고 헌신한다는 뜻입니다. 참고로 commit도 She has **committed** herself to the automotive industry. (그녀는 평생 자동차 산업에 헌신했다.)와 같이 유사하게 쓰이죠. 당연히 He has **devoted** all his attention to his family. (그는 오로지 그의 관심을 가족에게 집중한다.)와 같이 목적어로 일반 명사도 올 수 있습니다. 수능에서 유의해야 할 의미는 시간, 영역, 공간 등을 특정한 목적만을 위해 '사용한다'입니다. The funds we have raised will be **devoted** to building a new childcare center. (우리가 모은 기금은 새로운 육아 센터 건립에 쓰일 것이다.)라고 할 수 있죠.

1 He promised to _____ himself to scientific investigation.
그는 자신의 인생을 과학 탐구에 헌신할 것이라고 약속했다.

2 She has _____ herself to the automotive industry.
그녀는 평생 자동차 산업에 헌신했다.

3 He has _____ all his attention to his family.
그는 오로지 그의 관심을 가족에게 집중한다.

4 The funds we have raised will be _____ to building a new childcare center.
우리가 모은 기금은 새로운 육아 센터 건립에 쓰일 것이다.

**미리 만나보는 예상 수능**
〈2022학년도 21번〉, 〈2021학년도 43~45번〉

Given that much of what people say is devoted to gossip, speaking ill of others is not viewed as a conversational flaw, but a highly evolved social skill intended to strengthen social bond.

사람들이 하는 말의 상당 부분이 험담에 할애된다는 점에서 볼 때, 험담은 대화상의 결함이 아니라 사회적 유대를 강화하기 위한 고도로 진화된 사회적 기술로 보인다.

단어 활용 지문 강의

Ans 1 devote 2 committed 3 devoted 4 devoted

Go Beyond the First Definition

**dispose**

고등
레벨 ☐

## dispose

[dɪ'spoʊz]

ⓥ 배치하다

중등
레벨
☐

The chairs were **disposed** in a circle around the tree.
의자가 나무 주변에 둥글게 배치되었다.

dispose는 사물이나 사람을 특정한 위치로 '배치하다'란 뜻이 있어, His sincere attitude **disposed** me to trust him. (그의 진정성 있는 태도가 나로 하여금 그를 믿게 만들었다.)과 같이 어떤 성향을 나타낼 수도 있죠. 명사형인 disposition은 '타고난 기질이나 성질'(ex. Her cheerful **disposition** makes everyone feel happy. 그녀의 발랄한 성격이 모든 사람을 행복하게 만든다.)을 뜻합니다. 수능에서는 dispose에 of가 합쳐져서, '~을 폐기하다'(ex. It takes a few weeks to **dispose of** all the waste this factory produces. 이 공장에서 만들어진 쓰레기를 모두 처리하는 데 수주가 걸린다.) 혹은 '~을 처리하다'(ex. We can take up another issue once this matter is **disposed of**. 일단 이 문제가 처리되면 다른 이슈를 논할 수 있을 겁니다.)란 뜻으로 등장합니다. 명사형인 disposal은 전치사 at과 함께 at one's disposal의 형태로 Do they use all the resources at their **disposal**? (그들이 가용할 수 있는 모든 자원을 이용하나요?)과 같이 '가용할 수 있는', 형용사형 disposable은 '쓰고 버릴 수 있는'(ex. Using **disposable** diapers contributes to environmental problems. 일회용 기저귀의 사용은 환경문제를 야기한다.)의 의미를 만들어 내기도 하죠.

1  His sincere attitude _____ me to trust him.
그의 진정성 있는 태도가 나로 하여금 그를 믿게 만들었다.

2  Her cheerful _____ makes everyone feel happy.
그녀의 발랄한 성격이 모든 사람을 행복하게 만든다.

3  It takes a few weeks to _____ all the waste this factory produces.
이 공장에서 만들어진 쓰레기를 모두 처리하는 데 수주가 걸린다.

4  We can take up another issue once this matter is _____.
일단 이 문제가 처리되면 다른 이슈를 논할 수 있을 겁니다.

5 Do they use all the resources at their _____?

그들이 가용할 수 있는 모든 자원을 이용하나요?

6 Using _____ diapers contributes to environmental problems.

일회용 기저귀의 사용은 환경문제를 야기한다.

**미리 만나보는 예상 수능**

〈2022학년도 36번〉, 〈2025학년도 39번〉, 〈2024학년도 29번〉, 〈2021학년도 21번〉

The waste humans create in parks and outdoor facilities has a serious impact if not properly **disposed** of, and it can harm biodiversity and ecological balance within these areas.

공원과 야외시설에서 인간이 만들어내는 쓰레기는 제대로 처리되지 않으면 심각한 영향을 미치게 되는데, 이것은 이 지역내 생물다양성과 생태계 균형에 해를 끼칠 수 있다.

단어 활용 지문 강의

---

## 18 **draw**

중등 레벨 ☐

**draw**

[drɔː]

ⓥ 연필로 그리다, 끌다

She is **drawing** a picture of me now.
그녀는 지금 나를 그리고 있다.

고등 레벨 ☐

draw는 '펜이나 연필로 그리다'란 뜻(ex. Let me **draw** the outline of the flowers and then you can color it in. 제가 꽃의 윤곽을 그릴 테니 당신이 색을 입히세요.)이 있죠. '특정 방향으로 끌다'란 뜻으로 Why don't you **draw** your chair closer to the table? (테이블 쪽으로 당신 의자를 당기는 것이 어떨까요?)이라고 할 수도 있어요. 수능에서 유의할 의미는 '상징적인 끌림'입니다. 예를 들어, 결론이나 최종 결과물을 이끌어낸다는 의미(ex. We have **drawn** the conclusion that this project should be curtailed. 우리는 이 프로젝트를 그만둬야 한다고 결론 냈다.), 반응을 이끌어낸다는 의미(ex. His speech **drew** a wave of applause. 그의 연설은 박수갈채를 이끌어냈다.), 구분이나 비교를 이끌어낸다는 의미(ex. You can hardly **draw** a comparison between your children. 당신

은 당신 아이들을 비교할 수 없다.), 사람을 끌어들인다는 의미(ex. This year's festival has **drawn** huge crowds. 올해 축제에 엄청난 인파가 찾아왔다.)로 등장할 수 있습니다.

1  Let me _____ the outline of the flowers and then you can color it in.
제가 꽃의 윤곽을 그릴 테니 당신이 색을 입히세요.

2  Why don't you _____ your chair closer to the table?
테이블 쪽으로 낭신 의사를 낭기는 것이 어떨까요?

3  We have _____ the conclusion that this project should be curtailed.
우리는 이 프로젝트를 그만둬야 한다고 결론 냈다.

4  His speech _____ a wave of applause.
그의 연설을 박수갈채를 이끌어냈다.

5  You can hardly _____ a comparison between your children.
당신은 당신 아이들을 비교할 수 없다.

6  This year's festival has _____ huge crowds.
올해 축제에 엄청난 인파가 찾아왔다.

**미리 만나보는 예상 수능**
〈2022학년도 23번〉, 〈2024학년도 18번〉, 〈2022학년도 40번〉, 〈2021학년도 39번〉

The language contains numerous metaphors, so that it is difficult to **draw** a clear distinction between the meanings of words. Even when we speak literally, words can mean different things.
언어는 많은 은유를 가지고 있어, 단어들의 뜻을 명백하게 구분하기는 힘들다. 심지어 우리가 글자 뜻 그대로 말할 때도, 단어는 다른 것을 의미할 수 있다.

단어 활용 지문 강의

**Ans** 1 draw  2 draw  3 drawn  4 drew  5 draw  6 drawn

## drive
[draɪv]

**ⓥ** (차로)데려다주다, (차를)몰다

My father **drives** me to school every day.
아버지는 매일 학교까지 나를 데려다주신다.

drive는 '(차를)몰다'란 기본 뜻을 가집니다. She dropped me off and **drove** away. (그녀는 나를 내려주고 차를 몰고 갔다.)와 같이 '운전하다,' I am going to **drive** my grandfather to the airport this afternoon. (할아버지를 오후에 공항까지 차로 데려다드릴 예정이다.)과 같이 '~를 데려다주다'란 뜻이 있죠. 자동차만 아니라 동물을 몰거나(ex. His dog knows how to **drive** the sheep into a pen. 그의 개는 양떼를 우리로 몰아넣는 방법을 안다.), 특정한 상태로 몰아갈 경우(ex. Hunger **drives** crowds to protest the ruling classes. 굶주림은 군중이 지배층에 대항하게 만든다.)도 가능합니다. 수능에서는 명사로 등장하는 경우가 종종 있는데요, 어떤 일을 이루기 위한 '적극적인 움직임'(ex. The government has launched a **drive** to promote green energy development. 정부는 친환경 에너지 개발을 위한 적극적인 움직임에 들어갔다.), 혹은 '충동이나 욕구'(ex. Animals' sexual **drive** changes over the years. 동물의 성적 욕구는 시간이 지나면서 변한다.)의 뜻을 가집니다.

1 She dropped me off and _____ away.
그녀는 나를 내려주고 차를 몰고 갔다.

2 I am going to _____ my grandfather to the airport this afternoon.
할아버지를 오후에 공항까지 차로 데려다드릴 예정이다.

3 His dog knows how to _____ the sheep into a pen.
그의 개는 양떼를 우리로 몰아넣는 방법을 안다.

4 Hunger _____ crowds to protest the ruling classes.
굶주림은 군중이 지배층에 대항하게 만든다.

5 The government has launched a _____ to promote green energy development.

정부는 친환경 에너지 개발을 위한 적극적인 움직임에 들어갔다.

6 Animals' sexual _____ changes over the years.

동물의 성적 욕구는 시간이 지나면서 변한다.

**미리 만나보는 예상 수능**

〈2025학년도 32번〉, 〈2024학년도 29번〉, 〈2023학년도 32번〉, 〈2022학년도 20번〉

**Drives**, energizing forces directed towards a particular goal or objective, can be viewed as innate or acquired, which depends on where they originate.

욕구는 특정한 목적이나 목표를 향한 열정적인 힘으로 그 원천이 어디인가에 따라 선천적 혹은 후천적으로 보일 수 있다.

단어 활용 지문 강의

Ans 1 drive 2 drive 3 drive 4 drives 5 drive 6 drive

---

## 20 **extent**

중등 레벨 ☐

**extent**

[ɪkˈstent]

ⓝ 정도, 범위

We do not know the exact **extent** of the injuries.

우리는 정확한 부상 정도를 알지 못한다.

고등 레벨 ☐

extent는 '정도'나 '규모', '범위'를 뜻합니다. They are working to assess the **extent** of damage. (그들은 피해 정도를 평가하는 작업을 하고 있다.)와 같이 심각함이나 중요함의 정도, We were impressed by the **extent** of her knowledge. (그녀의 지식 정도에 우리는 깊은 인상을 받았다.)와 같이 양의 정도나 규모 등으로 활용되죠. 이외에도 You can't see the full **extent** of this desert. (이 사막의 전체 규모를 한눈에 볼 수 없다.)와 같이 실제 장소의 규모를 나타내기도 합니다. 수능에서는 무엇보다 extent의 관용 표현에 유의해야 하죠. 예를 들어, to some extent는 The advertisement has contributed to sales growth **to some extent** (광고가 판매증가에 어느 정도는 기여했다.)와 같이 '어느 정도는'을 뜻하는데요, to a large extent나 to a certain extent도 유사한 기능을 합니다. to the extent that은 We have lost a lot of money **to the extent that** we should sell our house. (우리는 집을 팔 정도로 돈을 많이 잃었다.)와 같이 '~할 정도까지'를 뜻하죠.

1   They are working to assess the _____ of damage.
    그들은 피해 정도를 평가하는 작업을 하고 있다.

2   We were impressed by the _____ of her knowledge.
    그녀의 지식 정도에 우리는 깊은 인상을 받았다.

3   You can't see the full _____ of this desert.
    이 사막의 전체 규모를 한눈에 볼 수 없다.

4   The advertisement has contributed to sales growth to some
    _____.
    광고가 판매증가에 어느 정도는 기여했다.

5   We have lost a lot of money to the _____ that we should sell our house.
    우리는 집을 팔 정도로 돈을 많이 잃었다.

**미리 만나보는 예상 수능**

〈2024학년도 38번〉, 〈2024학년도 30번〉, 〈2023학년도 34번〉, 〈2022학년도 34번〉

Ants live in a large group called a colony. The colony has one queen, female "worker" ants, and male ants, each recognizing the distinct **extent** of their responsibilities.

개미는 콜로니(colony)라 불리는 큰 집단 속에서 산다. 콜로니는 한 마리의 여왕개미, 암컷 일개미, 수컷 개미가 있으며, 각각은 자신들의 책임 범위를 명확히 인지하고 있다.

단어 활용 지문 강의

# 21 grant

## grant
[grænt]

**ⓝ 보조금**

The government will give him a **grant** to study abroad for four years.
그가 4년 동안 해외에서 공부할 수 있도록 정부가 보조금을 지원할 것이다.

---

**고등
레벨** ☐

grant는 명사로 국가나 민간단체에서 특정한 목적을 위해 제공하는 '지원금'을 뜻합니다. He didn't apply for the research **grants** this year. (그는 올해 연구 지원금을 신청하지 않았다.)와 같이 활용되죠. 수능에서는 이 단어가 동사로 쓰이는 것에 주의해야 합니다. '필요한 것을 제공한다'는 뜻의 provide (ex. This program **provides** useful information about AI. 이 프로그램은 AI에 대한 유용한 정보를 제공한다.)에 비해 grant는 '요청한 것을 공식적으로 제공한다'는 뜻으로, They were **granted** a license to fish in this lake. (이 호수에서 낚시를 할 수 있는 자격이 그들에게 주어졌다.)라고 할 수 있죠. 그래서 '~을 당연히 주어진 것으로 여기다'란 뜻으로, He took it for **granted** that his parents had supported him. (그는 부모가 자신을 지원한 것을 당연한 것으로 여겼다.)과 같이 take something for granted 구조로 수능에 등장하기도 합니다.

1 He didn't apply for the research _____ this year.
그는 올해 연구 지원금을 신청하지 않았다.

2 This program _____ useful information about AI.
이 프로그램은 AI에 대한 유용한 정보를 제공한다.

3 They were _____ a license to fish in this lake.
이 호수에서 낚시를 할 수 있는 자격이 그들에게 주어졌다.

4 He took it for _____ that his parents had supported him.
그는 부모가 자신을 지원한 것을 당연한 것으로 여겼다.

Ans 1 grants  2 provides  3 granted  4 granted

The agency determines whether asylum seekers will be **granted** the right of asylum protection through a complicated process that can take several years or more.

이 기관은 몇 년 이상 걸릴 수 있는 복잡한 과정을 통해 망명 신청자가 망명자 보호 권리를 받을 수 있는지 여부를 결정한다.

단어 활용 지문 강의

---

## 22 **involve**

중등 레벨 ☐

**involve**
[ɪnˈvɑːlv]

**ⓥ 포함하다**

This job **involves** taking care of kids and talking to their parents.
이 일은 아이들을 돌보는 일과 그들의 부모님과 상담하는 일을 포함한다.

고등 레벨 ☐

involve는 수능에서 기본적으로 '~을 부분으로 가지다'란 뜻으로 쓰입니다. The investment inevitably **involves** a lot of risk. (투자는 어쩔 수 없이 많은 위험을 수반한다.)와 같이 목적어가 사물일 수도 있고, They tried to **involve** as many parents as possible in the school's decision-making. (그들은 학교 의사 결정에 가능한 한 많은 학부모를 참여시키려고 했다.)과 같이 사람일 수도 있죠. 이때는 누군가를 적극적으로 어떤 활동에 '(중심적인 역할로) 참여하게 하다'란 의미로 해석하는 것이 좋습니다. 이외에도 '~과 관련되다'란 뜻도 있는데, This is a serious crime that **involves** local gangsters and drug dealers. (이것은 지역 폭력배와 마약상이 관련된 심각한 범죄이다.)라고 할 수 있죠.

1   The investment inevitably _____ a lot of risk.
투자는 어쩔 수 없이 많은 위험을 수반한다.

2 They tried to _____ as many parents as possible in the school's decision-making.

그들은 학교 의사 결정에 가능한 한 많은 학부모를 참여시키려고 했다.

3 This is a serious crime that _____ local gangsters and drug dealers.

이것은 지역 폭력배와 마약상이 관련된 심각한 범죄이다.

---

**미리 만나보는 예상 수능**

〈2025학년도 29번〉, 〈2024학년도 26번〉, 〈2023학년도 22번〉, 〈2023학년두 20번〉

---

Farming **involves** cultivating land, growing vegetables, and raising livestock, which are all intended to provide necessary food and materials for people.

농사일은 땅을 경작하고, 식물을 재배하고, 가축을 키우는 일을 포함하는데, 이는 모두 사람들에게 필요한 음식과 물품을 제공하는 것을 목적으로 한다.

단어 활용 지문 강의

---

## 23 **lie**

중등 레벨 □

**lie**

[laɪ]

ⓥ 거짓말하다

We suspect that he **lies** about his age.

우리는 그가 나이를 속이고 있는 것 같다고 의심하고 있다.

---

고등 레벨 □

lie는 '거짓말하다'란 뜻으로 알려져 있죠. 하지만 '누워 있다'란 뜻도 있어, Could you please **lie** on your side? (옆으로 누워 주시겠습니까?)라고 할 수도 있습니다. 수능에서는 '~한 장소나 상태에 있다'란 의미에 유의해야 합니다. The school **lies** halfway between my house and the subway station. (학교는 우리 집과 지하철역 중간 지점에 있다.)이라고 하죠. The strength of this company **lies** in its healthy corporate culture. (이 회사의 강점은 건전한 기업 문화에 있다.)와 같이 상태를 나타낼 수도 있어요. stand (ex. This company's debt **stands** at 12 million dollars. 이 회사의 부채가 1,200백만 달러이다.)와 sit (ex. The village **sits** in a deep valley. 이 마을은 깊은 골짜기에 위치하고 있다.)도 유사한 기능을 할 수 있습니다.

1 Could you please _____ on your side?
옆으로 누워 주시겠습니까?

2 The school _____ halfway between my house and
the subway station.
학교는 우리 집과 지하철역 중간 지점에 있다.

3 The strength of this company _____ in its healthy
corporate culture.
이 회사의 강점은 건전한 기업 문화에 있다.

4 This company's debt _____ at 12 million dollars.
이 회사의 부채가 1,200만 달러이다.

5 The village _____ in a deep valley.
이 마을은 깊은 골짜기에 위치하고 있다.

**미리 만나보는 예상 수능**
〈2022학년도 41~42번〉, 〈2019학년도 32번〉, 〈2019학년도 39번〉

The reason **lies** in the fact that the current climate policy is not
effective in providing consistent and clear signals to businesses on
how to deal with rapid climate change.

현재 기후 정책이 이런 급격한 기후 변화를 기업들이 어떻게 대처할지에 대한 일관되고 분명한
신호를 효율적으로 보내지 못하는 것에 그 이유가 있다.

단어 활용 지문 강의

---

## 24 **mean**

중등
레벨

□

**mean**
[miːn]

Ⓥ 의미하다

This mark **means** strong power.
이 마크는 강한 권력을 의미한다.

mean은 '의미하다'(ex. This figure **means** peace and harmony. 이 모양은 평화와 조화를 의미한다.), '의도하다'(ex. I didn't **mean** to hurt you. 당신을 해칠 의도는 아니었어요.)란 뜻의 동사로 알려져 있습니다. 하지만 형용사로 '인색한'(ex. Jack is too **mean** to buy me dinner. 잭은 너무 인색해서 나에게 저녁을 사지 않는다.), 혹은 '못된, 심술궂은'(ex. She has been so **mean** to me. 그녀는 나에게 너무나 못되게 대해 왔다.)의 뜻도 있죠. What is their **mean** height? (그들의 평균 키가 어떻게 되나요?)와 같이 '평균'의 뜻도 있습니다. 수능에서는 '수단'을 뜻하는 명사 means에 주목해야 합니다. 예를 들어, Trains are an important **means** of transportation in this country. (열차는 이 나라의 중요한 교통 수단이다.)와 같이 활용할 수 있죠.

1 This figure _____ peace and harmony.
이 모양은 평화와 조화를 의미한다.

2 I didn't _____ to hurt you.
당신을 해칠 의도는 아니었어요.

3 Jack is too _____ to buy me dinner.
잭은 너무 인색해서 나에게 저녁을 사지 않는다.

4 She has been so _____ to me.
그녀는 나에게 너무나 못되게 대해 왔다.

5 What is their _____ height?
그들의 평균 키가 어떻게 되나요?

6 Trains are an important _____ of transportation in this country. 열차는 이 나라의 중요한 교통 수단이다.

**미리 만나보는 예상 수능**
〈2023학년도 38번〉, 〈2025학년도 31번〉, 〈2024학년도 31번〉, 〈2023학년도 21번〉

Explaining by **means** of sign language instead of spoken words involves a variety of manual-visual modalities, which consist of sign language's own grammar and lexicon.
입 밖으로 나온 말이 아니라 수화를 수단으로 설명하는 것은 손으로 표현하는 다양한 시각적 신호양식을 수반하는데, 이 양식은 수화만이 가지고 있는 문법과 어휘들로 구성된다.

단어 활용 지문 강의

**Ans** 1 means 2 mean 3 mean 4 mean 5 mean 6 means

# 25 **measure**

중등 레벨 □

## measure

[ˈmeʒə(r)]

**ⓥ 측정하다**

There are many ways to **measure** a ship's speed.
배의 속도를 측정하는 데는 많은 방법이 있다.

고등 레벨 □

measure는 동사로 '어떤 것의 정확한 크기와 양을 측정하다'란 뜻입니다. This machine is used to **measure** your blood sugar level. (이 기계는 혈당 수치를 측정하는 데 사용됩니다.)이라고 하죠. '~한 크기이다'란 뜻도 있어, This roundtable **measures** 1.5 meters across. (이 원탁은 직경 1.5미터입니다.)라고 합니다. It is difficult to **measure** students' progress with such limited data. (그러한 한정된 데이터로 학생들의 발전 정도를 측정하는 것은 어렵다.)와 같이 '중요성, 가치, 효과 등을 측정한다'는 의미로도 활용되죠. 명사로는 '측정 단위' (ex. What is the most accurate **measure** of density? 밀도를 가장 정확하게 측정할 수 있는 단위는 무엇인가요?)나 '측정 방식'(ex. We have adopted a new **measure** of the candidates' popularity. 우리는 후보자의 인기를 측정하는 새로운 방식을 채택했다.)의 뜻을 가집니다. 무엇보다 명사 measure는 '조치'와 '대책'이라는 뜻으로 수능에 자주 등장하는데요, What **measures** have you taken to curb increasing crimes? (증가하는 범죄를 잡기 위해 어떤 조치를 취했나요?)와 같이 복수 취급을 합니다.

1  This machine is used to _____ your blood sugar level.
   이 기계는 혈당 수치를 측정하는 데 사용됩니다.

2  This roundtable _____ 1.5 meters across.
   이 원탁은 직경 1.5미터입니다.

3  It is difficult to _____ students' progress with such limited data.
   그러한 한정된 데이터로 학생들의 발전 정도를 측정하는 것은 어렵다.

4  What is the most accurate _____ of density?
   밀도를 가장 정확하게 측정할 수 있는 단위는 무엇인가요?

5　We have adopted a new ＿＿＿＿＿＿＿＿ of the candidates' popularity.

　　우리는 후보자의 인기를 측정하는 새로운 방식을 채택했다.

6　What ＿＿＿＿＿＿＿＿ have you taken to curb increasing crimes?

　　증가하는 범죄를 잡기 위해 어떤 조치를 취했나요?

---

**미리 만나보는 예상 수능**

〈2022학년도 22번〉, 〈2023학년도 23번〉, 〈2023학년도 27번〉, 〈2021학년도 30번〉

---

Many have attempted to **measure** success in terms of how much money somebody has earned. Nevertheless, measuring success itself can be difficult without defining what the success is.

많은 사람들이 얼마나 돈을 벌었는가를 기준으로 성공을 측정하려고 했다. 그렇지만, 성공을 정의하지 않고 성공 자체를 측정하는 것은 어려울 수 있다.

단어 활용 지문 강의

---

## 26 **observe**

<table>
<tr><td>**observe**<br>[əbˈzɜːrv]</td><td>**ⓥ 관찰하다**<br>Scientists can figure out a tree's age by **observing** its rings.<br>과학자들은 나이테를 관찰해서 나무의 나이를 알아낼 수 있다.</td><td>중등<br>레벨<br>☐</td></tr>
</table>

고등
레벨　☐

observe는 수능에서 기본적으로 무언가를 알아내기 위해 '주의 깊게 살펴본다'는 뜻을 가집니다. They spent several years in the North Pole, **observing** the effect of climate change. (그들은 남극에 여러 해 머물며, 기후 변화의 영향을 관찰하고 있다.)와 같이 살펴보는 행위, Have you **observed** the look of anxiety on her face? (그녀 얼굴에 수심이 가득한 것 눈치 챘나요?)와 같이 살펴봐서 알아내는 것, He **observed** that she was not on the site. (그는 그녀가 그곳에 없었다고 주장했다.)와 같이 관찰을 근거로 주장하는 것 모두 observe가

가능합니다. 이외에도 National Liberation Day is a holiday **observed** on August 15. (광복절은 공휴일로 8월 15일이다.)이나, The old people in this community still **observe** their traditional practices. (이 마을의 어르신들은 여전히 그들의 전통을 지키고 있다.)와 같이 법이나 규범을 '지켜서 기리다'란 뜻도 있습니다.

1 They spent several years in the North Pole, _____ the effect of climate change.

그들은 남극에 여러 해 머물며, 기후 변화의 영향을 관찰하고 있다.

2 Have you _____ the look of anxiety on her face?

그녀 얼굴에 수심이 가득한 것 눈치 챘나요?

3 He _____ that she was not on the site.

그는 그녀가 그곳에 없었다고 주장했다.

4 National Liberation Day is a holiday _____ on August 15.

광복절은 공휴일로 8월 15일이다.

5 The old people in this community still _____ their traditional practices.

이 마을의 어르신들은 여전히 그들의 전통을 지키고 있다.

**미리 만나보는 예상 수능**

〈2025학년도 36번〉, 〈2024학년도 37번〉, 〈2022학년도 36번〉, 〈2021학년도 41~42〉

"Women are from Venus, men are from Mars" is a phrase that is often used to explain **observed** differences between men and women, implying the inherent differences in the way they think, feel, and act.

'금성에서 온 여자, 화성에서 온 남자'는 남녀간 관찰된 차이를 설명하는 데 종종 쓰이는 문구로, 여자와 남자가 생각하고, 느끼고, 행동하는 방식의 타고난 차이를 시사한다.

단어 활용 지문 강의

## 27 occupy

**occupy**
[ɑ:kjupaɪ]

ⓥ 점유하다

The bathroom has been **occupied** for hours.
화장실이 몇 시간째 사용 중이다.

occupy는 '공간이나 시간을 점유한다'는 의미입니다. Who is **occupying** the house your mother used to live in? (당신 어머니가 살던 집은 지금 누가 거주하고 있나요?)과 같이 공간, Playing with my dog usually **occupies** the rest of my time. (개와 함께 놀면서 보통 남은 나의 시간을 보냅니다.)과 같이 시간일 수 있죠. 수능에서는 역할을 점유하거나(ex. Managers **occupy** a critical role in developing new plans. 새로운 계획을 개발하는 데 매니저들이 결정적인 역할을 한다.), 지위를 점유(ex. We expected him to **occupy** a more prominent position. 우리는 그가 더 중요한 지위를 차지할 것이라고 기대했다.)하는 쓰임에 유의해야 합니다. This house has remained **unoccupied** for many years. (이 집은 수년간 비워둔 채 있다.)와 같이 접두사 un-을 붙여 반대로 '비워 있다'를 뜻하거나, 접두사 pre-와 합쳐져 '선점하다,' 즉, 다른 것은 생각할 수 없게 '마음을 사로잡다'란 뜻으로, He must be **preoccupied** with something. (그는 무언가에 사로잡혀 있음이 틀림없다.)과 같이 쓰입니다.

1 Who is _____ the house your mother used to live in?
당신 어머니가 살던 집은 지금 누가 거주하고 있나요?

2 Playing with my dog usually _____ the rest of my time.
개와 함께 놀면서 보통 남은 나의 시간을 보냅니다.

3 Managers _____ a critical role in developing new plans.
새로운 계획을 개발하는 데 매니저들이 결정적인 역할을 한다.

4 We expected him to _____ a more prominent position.
우리는 그가 더 중요한 지위를 차지할 것이라고 기대했다.

5 This house has remained _____ for many years.

이 집은 수년간 비워둔 채 있다.

6  He must be _____ with something.

그는 무언가에 사로잡혀 있음이 틀림없다.

**미리 만나보는 예상 수능**

〈2025학년도 34번〉, 〈2024학년도 19번〉, 〈2020학년도 29번〉

Prioritizing interests and exploring new options are presented as effective strategies that help people find activities to **occupy** their limited free time.

관심 분야의 우선순위를 정하는 것과 새로운 것을 탐험해 보는 것이 한정된 여가 시간을 보낼 활동을 찾는 데 도움을 주는 효과적인 전략으로 제시된다.

단어 활용 지문 강의

## 28 **party**

**party**

[ˈpɑːrti]

🅝 모임

중등
레벨

Did you go to the farewell **party** for Laura?

로라의 환송회에 갔나요?

고등
레벨

party는 '사람들이 만나 함께 즐기는 사회적 모임'을 뜻(ex. We have decorated the room with a banner and balloons for today's **party**. 오늘 파티를 위해 배너와 풍선으로 방을 장식했다.)하죠. 정치적인 목적을 같이 하는 집단, 즉 '정당'도 party라고 해서 The members of a **party** have similar ideas about politics and seek the common ideological and policy goals. (당원들은 정치에 대해 유사한 생각을 가지고 있고, 공통된 이념적 정책적 목적을 추구한다.)라고 할 수 있습니다. 수능에서는 유사한 상황에 놓인 혹은 같은 입장을 취하고 있는 '당사자'라는 뜻의 party에 유의해야 하죠. This agreement can be terminated at any time when either **party** declares it invalid. (둘 중 어느 한쪽이 무효라고 선언하면 이 합의는 언제든지 종료될 수 있다.) 라고 하죠. 이외에도 하나의 집단으로서의 무리도 Could you please make a reservation for a **party** of ten? (10명 예약을 부탁드려도 될까요?)과 같이 활용할 수 있습니다.

1 We have decorated the room with a banner and balloons for today's _____.

오늘 파티를 위해 배너와 풍선으로 방을 장식했다

2 The members of a _____ have similar ideas about politics and seek the common ideological and policy goals.

당원들은 정치에 대해 유사한 생각을 가지고 있고, 공통된 이념적 정책적 목적을 추구한다.

3 This agreement can be terminated at any time when either _____ declares it invalid.

둘 중 어느 한쪽이 무효라고 선언하면 이 합의는 언제든지 종료될 수 있다.

4 Could you please make a reservation for a _____ of ten?

10명 예약을 부탁드려도 될까요?

**미리 만나보는 예상 수능**

⟨2024학년도 36번⟩, ⟨2025학년도 36번⟩, ⟨2021학년도 31번⟩, ⟨2021학년도 35번⟩

A ruling, or a court's decision on a matter presented in a lawsuit, determines the parties' rights and their obligation to one another, thereby dictating the **parties**' future actions.

소송에서 제기된 문제에 대한 법원의 결정인 판결은 당사자들의 권리와 이들간 의무를 명시하고 이를 통해 앞으로 이들이 취할 행동을 명령한다.

단어 활용 지문 강의

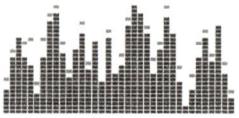

Unlock the Layers of Meaning

# 29 **performance**

중등
레벨
☐

## performance ⓝ 공연

[pərfɔ́ːrməns]

The audience is cheering for the actors' great **performance**.

관객들은 배우들의 훌륭한 공연에 환호하고 있다.

---

고등
레벨
☐

performance는 춤, 노래, 연극과 같은 '공연'을 뜻하는 단어(ex. He gave an impressive **performance** at yesterday's concert. 그는 어제 공연에서 인상적인 연주를 선보였다.)로 알려져 있죠. 하지만 수능에서는 어떤 일을 잘하는지 못하는지를 평가하는 '성과'로 활용되는 경우가 많습니다. A teacher of each group will be asked to appraise their students' **performance**. (각 그룹의 선생님들은 그 그룹 학생들의 성과를 평가하게 될 것이다.)와 같이 쓰일 수 있어요. 기업이나 국가 단위의 성과를 평가할 때도 The survey indicates a general satisfaction with the current government's **performance**. (여론 조사를 통해 현 정부의 국정 운영에 대해 국민들이 전반적으로 만족하는 것으로 나타났다.)라고 합니다. 주어진 업무를 수행하는 '행위' 자체를 뜻하기도 해서, She got injured during the **performance** of her regular duties. (그녀는 일상적인 업무를 수행하다가 부상을 입었다.)라고 할 수도 있죠.

---

1 He gave an impressive _____ at yesterday's concert.

그는 어제 공연에서 인상적인 연주를 선보였다.

2 A teacher of each group will be asked to appraise their students' _____.

각 그룹의 선생님들은 그 그룹 학생들의 성과를 평가하게 될 것이다.

3 The survey indicates a general satisfaction with the current government's _____.

여론 조사를 통해 현 정부의 국정 운영에 대해 국민들이 전반적으로 만족하는 것으로 나타났다.

4 She got injured during the _____ of her regular duties.

그녀는 일상적인 업무를 수행하다가 부상을 입었다.

Advancements in braking technology have greatly improved the braking **performance** of commercial vehicles and significantly reduced the risk of accidents.

브레이크 기술의 발전은 상용차량의 브레이크 성능을 크게 향상시켰고, 사고 위험을 현격하게 낮추었다.

단어 활용 지문 강의

---

## 30 **property**

중등
레벨
☐

**property**

[ˈprɑːpərti]

🄝 재산

They regularly measure the value of **property** owned by an individual.

그들은 정기적으로 개인이 소유한 재산의 가치를 측정한다.

고등
레벨
☐

property는 누군가에게 속한 '재산'을 뜻합니다. You are not allowed to appropriate personal **property**. (개인 재산을 무단으로 취득해서는 안 된다.)라고 할 수 있죠. 건물이나 땅과 같은 구체적인 물체에도 She owns a lot of **properties** in her hometown. (그녀는 고향에 많은 건물을 소유하고 있다.) 이라고도 합니다. 형용사인 proprietary는 '소유자 혹은 소유 재산과 관련된'(ex. It is illegal to try to get access to **proprietary** information about confidential technologies. 기밀 기술에 대한 소유자 관련 정보에 접근하려고 하는 것은 불법이다.) 혹은 특정 회사가 '전매하는'(ex. The company's **proprietary** software is on the market now. 이 회사의 전매 소프트웨어가 시장에서 판매 중이다.)을 뜻하기도 합니다. 수능에서는 property가 '특정 물질의 성질이나 속성'을 나타내는 경우가 종종 있죠. 예를 들어, Some plants have medicinal **properties**, so they are used to cure illnesses. (몇몇 식물들은 약효가 있어 질병 치료에 쓰인다.)라고 할 수 있어요.

1   You are not allowed to appropriate personal ＿＿＿＿＿＿＿.

　개인 재산을 무단으로 취득해서는 안 된다.

2 She owns a lot of _____ in her hometown.

그녀는 고향에 많은 건물을 소유하고 있다.

3 It is illegal to try to get access to _____ information about confidential technologies.

기밀 기술의 소유자 관련 정보에 접근하려고 하는 것은 불법이다.

4 The company's _____ software is on the market now.

이 회사의 전매 소프트웨어가 시장에서 판매 중이다.

5 Some plants have medicinal _____, so they are used to cure illnesses.

몇몇 식물들은 약효가 있어 질병 치료에 쓰인다.

**미리 만나보는 예상 수능**

〈2025학년도 40번〉, 〈2025학년도 38번〉

Copper is one of the most sought-after metals that have a wealth of useful **properties** for industrial use, such as corrosion resistance, high conductivity, and durability.

구리는 부식방지, 높은 열전도율, 내구성과 같은 산업용으로 사용하기에 유용한 성질을 많이 가지고 있는 수요가 가장 많은 금속 중에 하나이다.

단어 활용 지문 강의

Ans 1 property 2 properties 3 proprietary 4 proprietary 5 properties

---

# 31 **quality**

**quality**

[kwɑ:ləti]

**ⓝ 품질**

The company has developed strategies to improve the **quality** of its products.

회사는 자사 제품의 품질 향상을 위한 전략을 개발해 왔다.

중등 레벨

고등 레벨

어떤 것이 얼마나 좋고 나쁜지는 quality에 poor, low, high와 같은 형용사를 넣어 표현합니다. The house was built of poor-**quality** wood. (이 집은 품질이 나쁜 목재로 지어졌다.)라고 할 수 있어요. 하지만 quality

자체로 '양질' 혹은 '고급'을 뜻하기도 하는데요, It is hard to maintain **quality** without increasing prices. (가격을 올리지 않고 좋은 품질을 유지하는 것은 힘들다.)라고 하죠. 수능에서는 quality가 사람이 가지고 있는 '성품'이나 '자질'을 뜻하는 경우도 있습니다. She has many **qualities** that make her a good leader. (그는 좋은 지도자가 될 많은 자질을 가지고 있다.)와 같이 보통 긍정적인 자질을 뜻하죠. This song has a dreamlike **quality** that reminds us of heaven. (이 노래는 우리에게 천국을 연상시키는 몽환적인 느낌을 가지고 있다.)과 같이 사물에도 쓸 수 있습니다.

1  The house was built of poor-_____ wood.
이 집은 품질이 나쁜 목재로 지어졌다.

2  It is hard to maintain _____ without increasing prices.
가격을 올리지 않고 좋은 품질을 유지하는 것은 힘들다.

3  She has many _____ that make her a good leader.
그는 좋은 지도자가 될 많은 자질을 가지고 있다.

4  This song has a dreamlike _____ that reminds us of heaven.
이 노래는 우리에게 천국을 연상시키는 몽환적인 느낌을 가지고 있다.

**미리 만나보는 예상 수능**
〈2025학년도 35번〉, 〈2025학년도 36번〉, 〈2023학년도 23번〉, 〈2023학년도 40번〉

In contrast with fee-for-service, the value-based care model encourages prioritizing care that can be delivered in the home, ultimately leading to higher-**quality** outcomes.
돌봄 건수마다 비용을 지불하는 방식과 달리, 가치 중심 돌봄 모델은 가정에서도 제공할 수 있는 돌봄을 우선하도록 장려해, 더 높은 수준의 돌봄 성과를 이끌어낸다.

단어 활용 지문 강의

## rate
[reɪt]

**ⓝ 속도**

Many of his students are progressing at a surprisingly fast **rate**.
그의 학생 중 다수가 놀라울 정도의 빠른 속도로 발전하고 있다.

rate는 어떤 것이 발생하거나 변화하는 '속도'(ex. House prices fell at an alarming **rate**. 주택가격이 놀라운 속도로 떨어졌다.)와 특정기간 동안 발생한 횟수, 즉 This year has seen a rising birth **rate**. (올해 출산율이 올랐다)와 같이 '비율'을 뜻합니다. 청구되는 '요금'이나(ex. You can book your ticket at student **rates**. 학생 요금으로 티켓을 예약할 수 있습니다.), '고정적으로 지급되는 돈'(ex. Did you agree on a **rate** with a programmer before he started work? 프로그래머가 일을 시작하기 전에 보수를 합의했나요?)을 뜻하기도 하죠. 특히 수능에서는 '어떤 것 혹은 어떤 사람의 가치를 평가하다'란 의미로, She was a highly-**rated** musician in the early 20th century. (그녀는 20세기초 높이 평가받는 음악가였다.)와 같이 동사로 등장할 수 있습니다.

1 House prices fell at an alarming _____.
주택가격이 놀라운 속도로 떨어졌다.

2 This year has seen a rising birth _____.
올해 출산율이 올랐다.

3 You can book your ticket at student _____.
학생 요금으로 티켓을 예약할 수 있습니다.

4 Did you agree on a _____ with a programmer before he started work?
프로그래머가 일을 시작하기 전에 보수를 합의했나요?

5 She was a highly-_____ musician in the early 20th century.
그녀는 20세기초 높이 평가받는 음악가였다.

**Ans** 1 rate  2 rate  3 rates  4 rate  5 rated

The interest **rate** plays an important role in household economies; when the interest rate falls, households are less likely to save and more likely to spend, and vice versa.

이자율은 가계 경제에 중요한 역할을 한다. 이자율이 내려가면 가계 저축이 늘어날 가능성은 낮아지며 소비 가능성은 높아진다. 그 반대도 마찬가지다.

단어 활용 지문 강의

---

## 33 **reach**

중등
레벨
□

**reach**

[riːtʃ]

ⓥ 도착하다

He called out to us when he **reached** the other side of the lake.

그가 호수 반대편에 도착했을 때 우리를 향해 소리쳤다.

고등
레벨
□

reach는 오랜 시간과 노력 끝에 '도착하다'란 뜻입니다. 도착점이 장소일 수 있고(ex. We had finally **reached** the island after months of sailing. 우리는 수개월간의 항해 끝에 마침내 섬에 도착했다.), 사람일 수 있고 (ex. The news of his death has **reached** his parents. 그가 죽었다는 소식을 그의 부모도 알게 되었다.), 결정이나 합의일 수도(ex. We **reached** the conclusion that things were irrevocable. 우리는 사태를 되돌릴 수 없다는 결론에 도달했다.), 수준이나 정도일 수도(ex. Today's temperature has **reached** 33℃. 오늘 기온이 33도에 달했다.)있죠. 하지만 수능에서 특히 유의할 뜻은 '무언가를 잡기 위해 손을 뻗다'입니다. He **reached** into the drawer and picked up something. (그는 서랍 속으로 손을 넣더니 무언가를 꺼냈다.)이라고 할 수 있죠.

1   We had finally _____ the island after months of sailing.
우리는 수개월간의 항해 끝에 마침내 섬에 도착했다.

2   The news of his death has _____ his parents.
그가 죽었다는 소식을 그의 부모도 알게 되었다.

3  We _____ the conclusion that things were irrevocable.

우리는 사태를 되돌릴 수 없다는 결론에 도달했다.

4  Today's temperature has _____ 33°C.

오늘 기온이 33도에 달했다.

5  He _____ into the drawer and picked up something.

그는 서랍 속으로 손을 넣더니 무언가를 꺼냈다.

### 미리 만나보는 예상 수능

〈2023학년도 24번〉, 〈2025학년도 21번〉, 〈2024학년도 36번〉, 〈2023학년도 31번〉

Hands have very delicate and complex structures, which help you do a wide range of things, such as **reaching** out to grip objects, lifting heavy weights, and stitching very tiny things.

손은 매우 섬세하고 복잡한 구조를 가지고 있어, 손을 뻗어 물건을 쥐고, 역기를 들어올리고, 매우 작은 것을 바느질하는 것과 같은 다양한 일을 할 수 있게 해준다.

단어 활용 지문 강의

---

## 34  refer

중등 레벨 ☐

**refer**

[rifə́:r]

Ⓥ 참조하다

You can **refer** to a dictionary when you want to know the meaning of words.

단어의 의미를 알고 싶으면 사전을 참조하면 된다.

고등 레벨 ☐

refer는 '~을 참조하다'란 뜻으로, The audience can **refer** to the pamphlet for specific information about the concert. (관람객들은 콘서트에 대한 구체적인 정보에 대해 팜플렛을 참조하면 된다.)라고 하죠. '조언이나 도움을 받기 위해 ~에게 보내다'란 의미도 있어, We have decided to **refer** this matter to the lawyer. (우리는 이 사안은 변호사에게 맡기기로 결정했다.)라고 할 수도

있습니다. 수능에서는 '~을 언급하다'란 의미에 유의해야 하는데, 이때 They used to **refer** to their hometown as a place of heaven. (그들은 자신들의 고향을 천국의 장소라고 말하곤 했다.)과 같이 refer to A as B의 구조를 가진다는 점을 기억해야 하죠. '특정한 대상이나 사람과 관련 있다'는 의미로, These figures **refer** to only the income of each household. (이 수치는 오직 가구별 소득과 관련이 있다.)라고 할 수도 있습니다.

1   The audience can _____ to the pamphlet for specific information about the concert.
관람객들은 콘서트에 대한 구체적인 정보에 대해 팜플렛을 참조하면 된다.

2   We have decided to _____ this matter to the lawyer.
우리는 이 사안은 변호사에게 맡기기로 결정했다.

3   They used to _____ to their hometown as a place of heaven.
그들은 자신들의 고향을 천국의 장소라고 말하곤 했다.

4   These figures _____ to only the income of each household.
이 수치는 오직 가구별 소득과 관련이 있다.

**미리 만나보는 예상 수능**
〈2023학년도 33번〉, 〈2023학년도 30번〉, 〈2021학년도 25번〉

Self-preservation, often **referred** to as the survival instinct, is a process of an organism preventing itself from being harmed, thereby maximizing the chances of its survival.
생존본능이라고 종종 언급되는 자기방어는 생물이 자기 자신이 해를 입는 것을 막아서 이를 통해 생존 가능성을 최대화하는 과정을 말한다.

단어 활용 지문 강의

Ans 1 refer 2 refer 3 refer 4 refer

## remain

[ rɪˈmeɪn ]

**ⓥ** 남아 있다

The teacher told us to **remain** in the classroom when the rain was pouring down.
비가 억수같이 쏟아질 때 선생님은 우리에게 교실에 남아 있으라고 말씀하셨다.

고등
레벨

☐

remain은 수능에서 기본적으로 '같은 장소 혹은 같은 조건으로 남아 있다'란 뜻을 가집니다. Passengers should **remain** seated until the bus completely stops. (버스가 완전히 멈출 때까지 승객들은 자리에 앉아 있어야 한다.)와 같이 쓰이죠. remain에 –s를 붙이면 '사용하거나 먹고 남은 것'(ex. His dog took the **remains** of our lunch. 그의 개가 우리의 남은 점심을 가져갔다.) 혹은 '유적'(ex. During the excavation, historic **remains** and relics have been discovered. 이번 발굴조사에서 역사적 유적과 유물이 발견되었다.)이라는 명사가 되죠. remainder는 '먹고 남은 것'이라는 뜻도 있지만, 무언가를 제외한 '나머지'라는 의미가 강해서, A third of members have approved of the plan, but the **remainder** are still deciding. (회원의 3분의 1이 계획에 찬성했지만 나머지는 아직 결정하지 못하고 있다.)처럼 쓰입니다.

1 Passengers should _____ seated until the bus completely stops.
버스가 완전히 멈출 때까지 승객들은 자리에 앉아 있어야 한다.

2 His dog took the _____ of our lunch.
그의 개가 우리의 남은 점심을 가져갔다.

3 During the excavation, historic _____ and relics have been discovered.
이번 발굴조사에서 역사적 유적과 유물이 발견되었다.

4 A third of members have approved of the plan, but the _____ are still deciding.
회원의 3분의 1이 계획에 찬성했지만 나머지는 아직 결정하지 못하고 있다.

**Ans** 1 remain  2 remains  3 remains  4 remainder

The scientific study of the **remains** from Vesuvius in Italy, in 79 AD, allows scientists to learn what happens to a human body when it is caught in a volcanic eruption.

서기 79년 이탈리아 베수비오산 유적에 대한 과학적인 연구를 통해 과학자들은 화산 폭발을 당한 인간의 몸에 어떤 일이 발생하는지를 알게 된다.

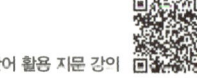

단어 활용 지문 강의

---

## 36 **require**

중등
레벨 ☐

**require**

[rɪˈkwaɪə(r)]

Ⓥ 필요로 하다

Both physical and mental strength are **required** to stay at the top of any field.

어떤 분야에서 정상을 지키려면 체력과 정신력 모두를 필요로 한다.

고등
레벨 ☐

require는 기본적으로 '~을 필요로 한다'는 뜻을 가집니다. Taking care of babies **requires** constant attention. (아기를 돌보는 것은 지속적인 관심을 필요로 한다.)이라고 하죠. This proposal **requires** approval by the board of directors. (이 제안서는 이사회의 승인을 필요로 한다.)와 같이 '규칙이나 규정에 따라 필요로 할' 때도 쓰입니다. 그래서 requirement라고 하면 A Bachelor's degree is the minimum **requirement** for this job. (이 일을 하려면 최소 대학교 졸업장은 있어야 합니다.)과 같이 '규칙이나 규정에 따라 반드시 필요한 것', 다시 말해 '자격 요건'이라는 뜻을 가지죠. 수동태 형태로 규칙이나 규정에 따라 '~하기로 되어 있다'란 뜻(ex. You are **required** to get at least twelve credits per semester. 당신은 규정에 따라 한 학기에 적어도 12학점은 들어야 한다.)의 쓰임에도 유의가 필요합니다.

1  Taking care of babies _____ constant attention.
아기를 돌보는 것은 지속적인 관심을 필요로 한다.

2  This proposal _____ approval by the board of

directors.

이 제안서는 이사회의 승인을 필요로 한다.

3  A Bachelor's degree is the minimum _____ for this job.

이 일을 하려면 최소 대학교 졸업장은 있어야 합니다.

4  You are _____ to get at least twelve credits per semester.

당신은 규정에 따라 한 학기에 적어도 12학점은 들어야 한다.

## 미리 만나보는 예상 수능

〈2023학년도 23번〉, 〈2025학년도 35번〉, 〈2022학년도 29번〉 〈2022학년도 24번〉

All plants **require** sunlight for photosynthesis, the process by which plants use light to make energy they need to function properly and fuel their growth.

모든 식물은 광합성을 위해 햇빛을 필요로 한다. 광합성은 식물이 제대로 기능하고 성장하는 데 필요한 에너지를 만들기 위해 빛을 이용하는 과정이다.

단어 활용 지문 강의

---

# 37 **serve**

**serve**
[sɜːrv]

중등 레벨 ☐

**v** 음식이나 음료를 제공하다

You will be **served** breakfast soon.
곧 아침이 제공될 겁니다.

고등 레벨 ☐

serve는 '음식이나 음료를 제공하다'란 기본 뜻을 가집니다. This cafeteria **serves** pretty good food and fresh coffee. (이 카페테리아는 상당히 괜찮은 음식과 신선한 커피를 제공한다.)라고 하죠. 특정한 '일을 한다'고 할 경우도, He has **served** for three years as a spokesperson. (그는 3년 동안 대변인을 맡고 있다.)이라고 합니다. '특정한 효과를 가져온다'는 뜻도 있어, This attack will **serve** as a warning to other countries. (이번 공격은 다른 나라들에게

도 경고하는 효과가 있을 것이다.)라고 하죠. <mark>수능에서 특히 유의할 뜻은 '도움이 되다'의</mark> <mark>serve입니다.</mark> New policies have failed to **serve** the need of low-income workers. (새로운 정책은 저임금 노동자들의 필요 충족에 도움이 되지 않는다.)와 같이 '이해나 필요를 충족시키는 데 도움이 된다'는 뜻을 가지죠.

1 This cafeteria _____ pretty good food and fresh coffee.
이 카페테리아는 상당히 괜찮은 음식과 신선한 커피를 제공한다.

2 He has _____ for three years as a spokesperson.
그는 3년 동안 대변인을 맡고 있다.

3 This attack will _____ as a warning to other countries.
이번 공격은 다른 나라들에게도 경고하는 효과가 있을 것이다.

4 New policies have failed to _____ the needs of low-income workers.
새로운 정책은 저임금 노동자들의 필요 충족에 도움이 되지 않는다.

**미리 만나보는 예상 수능**

〈2022학년도 20번〉, 〈2025학년도 26번〉, 〈2024학년도 36번〉, 〈2021학년도 34번〉

The new wave of social change polarizes societies into those who embrace changes that **serve** their interests and those who resist changes that they think threaten their traditional status.

새로운 사회 변화의 물결은 변화를 수용해 자신들의 이익에 부합한다고 여기는 사람들과 그 변화를 자신의 전통적 지위를 위협한다고 생각해 저항하는 사람들로 사회를 양분한다.

단어 활용 지문 강의

Ans 1 serves  2 served  3 serve  4 serve

From Basic Meaning to Real Usage

# 38 **settle**

**settle**
[ˈsetl]

**ⓥ** 정착하다

They left their country and **settled** in New Zealand.
그들은 조국을 떠나 뉴질랜드에 정착했다.

**고등 레벨** ☐

settle은 수능에서 '정착하다', 즉 '안정하고 편안한 상태가 되다' 란 뉘앙스의 다양한 문맥에서 쓰입니다. People are choosing to **settle** in the countryside to avoid the crowds in cities. (사람들이 도시의 번잡함을 피해 시골 정착을 선택하고 있다.)라고 할 수 있어요. 안정적인 위치에 있다는 뉘앙스를 살려 '편히 쉬다'란 뜻(ex. He **settled** back in a chair and watched television. 그는 편히 의자에 앉아 TV를 시청했다.), '내려앉다'란 뜻(ex. You had better wait until the dust **settles** down. 먼지가 내려앉을 때까지 기다리는 것이 좋다.)도 가집니다. '돈을 지불하다'란 뜻(ex. It is important to **settle** bills without delay. 연체 없이 청구된 금액을 지불하는 것이 중요하다.)도 같은 맥락으로 이해할 수 있죠. 수능에서는 '합의점에 도달하다'란 뜻 (ex. They haven't **settled** on how to reach the destination. (목적지에 어떻게 도착할지 그들은 아직 합의하지 못했다.)로 등장하기도 합니다. 또한 사안이나 분쟁, 문제 등을 '정리/해결하다'란 의미로 (ex. It will take at least a few months to **settle** the case. 이 사건을 정리하는 데 적어도 수 개월을 걸릴 것이다.)라고 합니다.

1  People are choosing to _____ in the countryside to avoid the crowds in cities.
사람들이 도시의 번잡함을 피해 시골 정착을 선택하고 있다.

2  He _____ back in a chair and watched television.
그는 편히 의자에 앉아 TV를 시청했다.

3  You had better wait until the dust _____ down.
먼지가 내려앉을 때까지 기다리는 것이 좋다.

4  It is important to _____ bills without delay.
연체 없이 청구된 금액을 지불하는 것이 중요하다.

5  They haven't _____ on how to reach the destination.

목적지에 어떻게 도착할지 그들은 아직 합의하지 못했다.

6  It will take at least a few months to _____ the case.

이 사건을 정리하는 데 적어도 수 개월을 걸릴 것이다.

### 미리 만나보는 예상 수능

〈2023학년도 3/번〉, 〈2023학년도 39번〉, 〈2021학년도 19번〉

The traditional method of **settling** conflicts in court is nevertheless time-consuming, emotionally draining, and, above all, extremely costly.

법정에서 분쟁을 처리하는 전통적인 방식은 그럼에도 불구하고 시간이 많이 들고 감정 소모가 심하며, 무엇보다 비용이 너무 많이 든다.

단어 활용 지문 강의

---

## 39  share

중등 레벨 □

**share**

[ʃer]

Ⓥ 공유하다

It is kind of you to **share** your notes with other people.

다른 사람들과 노트를 공유하다니 너는 참 친절하구나.

고등 레벨 □

다른 사람과 어떤 것을 동시에 하거나 가지는 것을 뜻하죠. 그 대상이 공간(ex. Can I **share** your office for the time being? 얼마간 당신 사무실을 함께 사용해도 될까요?), 활동(ex. They **shared** the driving, so it was not too tiring. 그들은 운전을 나눠 해서 그렇게 피곤하지 않았다.), 감정이나 경험(ex. They **shared** an interest in soccer. 그들은 축구에 대한 관심을 공유했다.)일 수도 있죠. 무엇보다 수능에서는 명사로 활용되는 share에 주목할 필요가 있어요. 여럿으로 나누어진 것의 부분, 즉 '몫'을 뜻하죠. The opposition party's **share** of the vote rose by five percentage points in the last election. (야당의 득표수가 지난 선거에서 5퍼센트 포인트 상승했다.)이라고 할 수 있죠. share of market(시장 점유율), share of inheritance(상속지분), share of the expenses(분담금) 등의 고정된 표현들도 있습니다. 회사의 소유권을 동등하게 나눈 몫, 즉 '주식'도 share(ex. He has some **shares** in Samsung. 그는 삼성 주식을 가지고 있다.)라고 합니다.

1   Can I _____ your office for the time being?
얼마간 당신 사무실을 함께 사용해도 될까요?

2   They _____ the driving, so it was not too tiring.
그들은 운전을 나눠 해서 그렇게 피곤하지 않았다.

3   They _____ an interest in soccer.
그들은 축구에 대한 관심을 공유했다.

4   The opposition party's _____ of the vote rose by five percentage points in the last election.
야당의 득표수가 지난 선거에서 5퍼센트 포인트 상승했다.

5   He has some _____ in Samsung.
그는 삼성 주식을 가지고 있다.

**미리 만나보는 예상 수능**
〈2025학년도 31번〉, 〈2024학년도 20번〉, 〈2023학년도 37번〉, 〈2022학년도 25번〉

The highest share of college graduates is concentrated in Northwestern Europe, with Sweden and Norway both ranking near the top. These countries also have the highest **share** of high-paying jobs.

대학 졸업자의 비율이 가장 높은 지역은 유럽 북서부로, 스웨덴과 노르웨이가 모두 상위권에 속한다. 이 국가들은 고임금 일자리의 비율 또한 가장 높다 .

단어 활용 지문 강의

**Ans** 1 share   2 shared   3 shared   4 share   5 shares

**shift**

[ʃɪft]

**ⓥ** 바꾸다, 옮기다

We can **shift** to another topic anytime.
언제든지 다른 주제로 넘어갈 수 있다.

고등
레벨 ☐

shift는 '바뀜'을 뜻합니다. Thousands of people have been evacuated as the forest fires are **shifting** to residential areas. (산불이 주택가로 방향을 틀면서 수천 명의 사람들이 대피한 상태다.)와 같이 방향이나 위치가 바뀌는 경우에 쓰이죠. 수능에서는 '태도나 입장, 관심 등이 갑자기 바뀌다'란 뜻의 shift에 유의해야 합니다. His attention has **shifted** from his toys to hers. (그의 관심의 자신의 장난감에서 그녀의 장난감으로 옮겨갔다.)라고 할 수 있고, **Shifting** blame to others is not a good way to solve a problem. (비난을 다른 사람에게 전가하는 것은 문제를 해결하는 좋은 방법이 아니다.)과 같이 '비난을 전가한다'는 구체적인 맥락도 가지죠. There has been a dramatic **shift** in his life since he met her. (그녀를 만나고 나서 그의 인생에 엄청난 변화가 있었다.)와 같이 명사 활용도 가능합니다.

She has suffered from sleep disorders since she started working the night **shift**. (야간근무를 시작한 이후 그녀는 수면장애를 겪고 있다.)와 같이 '함께 일하는 근무조'라는 뜻도 있으니 유의하세요.

1 Thousands of people have been evacuated as the forest fires are _____ to residential areas.
산불이 주택가로 방향을 틀면서 수천 명의 사람들이 대피한 상태다.

2 His attention has _____ from his toys to hers.
그의 관심의 자신의 장난감에서 그녀의 장난감으로 옮겨갔다.

3 _____ blame to others is not a good way to solve a problem.
비난을 다른 사람에게 전가하는 것은 문제를 해결하는 좋은 방법이 아니다.

4 There has been a dramatic _____ in his life since he met her.
그녀를 만나고 나서 그의 인생에 엄청난 변화가 있었다.

**Ans** 1 shifting 2 shifted 3 Shifting 4 shift 5 shift

5 She has suffered from sleep disorders since she started
working the night _____.

야간근무를 시작한 이후 그녀는 수면장애를 겪고 있다.

**미리 만나보는 예상 수능**

〈2022학년도 29번〉, 〈2025학년도 31번〉, 〈2025학년도 23번〉, 〈2024학년도 20번〉

Wind is simply air in motion. It **shifts** when weather patterns—
such as atmospheric pressure, or frontal systems—change. Its
motion is also measured by the force that it applies to objects.

바람은 단지 움직이고 있는 대기이다. 기압 혹은 전선계와 같은 날씨 패턴의 변화로 바람의 방향
이 바뀐다. 바람이 물체에 가하는 힘을 통해 그 움직임의 강도도 측정할 수 있다.

단어 활용 지문 강의

## 41 **sight**

중등
레벨
☐

**sight**
[saɪt]

🔵 ⃝ 시력

His grandfather lost his **sight** during the war.
그의 할아버지는 전쟁통에 시력을 잃었다.

고등
레벨 ☐

sight는 '볼 수 있는 능력'을 뜻합니다. '눈에 보이는 것'이라는
뜻도 있어, This animal has become a rare **sight** here. (이 동물은
여기에서 보기 드문 희귀한 것이 되었다.)라고 하죠. '눈으로 보는 행위'라는 뜻도 있어
무언가 시야에 들어오면 The island came into **sight**. (섬이 시야에 들어왔다.),
시야에서 벗어나면 Her child was out of **sight** and she panicked. (그녀의 아이가
보이지 않아 그녀는 겁에 질렸다.)와 같이 표현할 수 있어요. 전치사구를 만들어,
She smiled at the **sight** of me. (그녀는 나를 보고 웃었다.)라고도 하죠. 그리고
sight에 in-을 더해 '내면을 볼 수 있는 능력', 즉 '통찰력'(ex. This book is full of **insights**
into psychological mechanisms. (이 책은 심리 기제에 대한 통찰력으로 가득하다.)이라는 뜻이
되는데요, 이 뜻이 수능에서 종종 등장합니다.

1 This animal has become a rare _____ here.

이 동물은 여기에서 보기 드문 희귀한 것이 되었다.

2 The island came into _____.

섬이 시야에 들어왔다.

3 Her child was out of _____ and she panicked.

그녀의 아이가 보이지 않아 그녀는 겁에 질렸다.

4 She smiled at the _____ of me.

그녀는 나를 보고 웃었다.

5 This book is full of _____ into psychological mechanisms.

이 책은 심리 기제에 대한 통찰력으로 가득하다.

---

**미리 만나보는 예상 수능**

〈2022학년도 34번〉, 〈2023학년도 18번〉, 〈2023학년도 21번〉, 〈2022학년도 20번〉

---

When something terrifying comes into one's **sight**, certain hormones are released, preparing the body either to deal with a threat or to run away to safety.

공포스러운 상황이 눈앞에 발생하면, 우리 몸이 위협을 처리할 것인지 아니면 안전한 곳으로 도망갈 것인지를 준비하게 하는 특정 호르몬이 분비된다.

단어 활용 지문 강의

---

# 42 **stand**

**stand**
[stænd]

**v** 서 있다

The patients seemed not to have the strength to **stand** up.
환자들은 서 있을 힘조차 없어 보였다.

중등 레벨 □

 고등 레벨 □

stand는 '서 있다'가 기본 뜻이죠. He **stood** on the corner waiting for her to greet him. (그는 그녀가 맞이해 줄 것을 기다리면

코너에 서 있었다.)이라고 하죠. '어떤 상태나 상황에 있다'란 뜻으로, The current debt **stands** at 2.3 million dollars. (현재 부채는 230만 달러이다.)라고 하거나, 어렵고 힘든 일이 있어도 쓰러지지 않고 계속 서 있다는 의미로 '참아낸다'란 뜻(ex. Nobody could **stand** my wife's nagging. 아내의 잔소리를 참아낼 수 있는 사람은 아무도 없을 것이다.)도 있습니다. 수능에서는 전치사나 부사와 결합한 구조가 종종 등장하는데요, The committee would not **stand** in the way of your proposal. (위원회는 당신의 제안을 가로막지는 않을 겁니다.)과 같이 전치사 in과 함께 가는 길을 가로막고 서 있다는 의미로 '훼방하다'란 뜻이 있죠. stand up for는 공격이나 비판당하는 것을 '방어하다'란 뜻으로, They will **stand up for** what they believe is right. (그들은 자신들이 옳다고 생각하는 것을 위해 싸울 것이다.)라고 합니다.

1  He _____ on the corner waiting for her to greet him.
그는 그녀가 맞이해 줄 것을 기다리면 코너에 서 있었다.

2  The current debt _____ at 2.3 million dollars.
현재 부채는 230만 달러이다.

3  Nobody could _____ my wife's nagging.
아내의 잔소리를 참아낼 수 있는 사람은 아무도 없을 것이다.

4  The committee would not _____ the way of your proposal.
위원회는 당신의 제안을 가로막지는 않을 겁니다.

5  They will _____ what they believe is right. 그들은 자신들이 옳다고 생각하는 것을 위해 싸울 것이다.

**미리 만나보는 예상 수능**

〈2023학년도 40번〉, 〈2025학년도 29번〉, 〈2024학년도 22번〉, 〈2022학년도 37번〉

People sometimes **stand** in the way of their own progress. The hindrance may include poor time management, lack of self-confidence, and bad habits.

사람들은 때때로 자신의 발전을 스스로 가로막는다. 방해물로는 허술한 시간 관리, 자신감 부족, 잘못된 습관 등을 들 수 있다.

단어 활용 지문 강의

## term
[tɜ:rm]

**ⓥ** 용어, 기간

The teacher is explaining the meaning of the **term** "globalization."
선생님이 '세계화'라는 용어에 대해서 설명하고 계십니다.

term은 '특정 주제와 관련된 용어'를 뜻합니다. Here is a glossary of legal **terms**. (여기 법률 용어집이 있습니다.)라고 하죠. '어떤 것이 진행되는 고정된 시간'을 뜻하기도 해서, '계약 기간'(ex. How can I extend the **term** of loans? 대출 기한 연장은 어떻게 할 수 있나요?), '수감 기간'(ex. He has served a three-year **term** of imprisonment. 그는 3년 동안 수감 생활을 했다.), '재임 기간'(ex. The president of this country shall hold office for a four-year **term**. 이 나라의 대통령은 4년간 재임할 수 있다.) 등으로 사용될 수 있죠. 무엇보다 수능에서 유의해야 할 뜻은 '계약이나 합의 조건'을 뜻하는 경우입니다. Under the **terms** of their lease, tenants must give two months' notice if they want to move out. (임대차 계약서 조건에 따라 세입자는 이사 가기를 원하면 두 달 전에 이를 반드시 알려야 한다.)이라고 하죠. 여기서 발전하여 '~한 측면 혹은 조건에서는'의 뜻을 가진 in terms of (ex. This program is great for the most part, but **in terms of** cost, it is terrible. 이 프로그램은 전체적으로 훌륭하지만 비용적인 측면에서는 매우 불만족스럽다.)도 수능에서 유의해야 할 표현입니다.

1 Here is a glossary of legal _____.
여기 법률 용어집이 있습니다.

2 How can I extend the _____ of the loan?
대출 기한 연장은 어떻게 할 수 있나요?

3 He has served a three-year _____ of imprisonment.
그는 3년 동안 수감 생활을 했다.

4 The president of this country shall hold office for a four-year
_____.
이 나라의 대통령은 4년간 재임할 수 있다.

5 Under the _____ of their lease, tenants must

**Ans** 1 terms 2 term 3 term 4 term 5 terms 6 in terms of

give two months' notice if they want to move out.

임대차 계약서 조건에 따라 세입자는 이사 가기를 원하면 두 달 전에 이를 반드시 알려야 한다.

6    This program is great for the most part, but _____ _____ cost, it is terrible.

이 프로그램은 전체적으로 훌륭하지만 비용적인 측면에서는 매우 불만족스럽다.

**미리 만나보는 예상 수능**

〈2023학년도 36번〉, 〈2025학년도 32번〉, 〈2023학년도 39번〉, 〈2021학년도 41~42번〉

A contract of employment is a legally binding agreement between employees and employers. A breach of that contract happens when either of them breaks one of its **terms**.

고용 계약은 종업원과 고용주간의 법적인 구속력이 있는 합의이다. 이 계약의 파기는 이들 중 한 명이 계약서의 조건 중 하나를 위반했을 때 발생한다.

단어 활용 지문 강의

---

## ⁴⁴ **travel**

중등 레벨 ☐

**travel**
[ˈtrævl]

ⓥ 여행하다

He is spending several months **traveling** across Europe.
그는 유럽 전역을 몇 달째 여행하고 있다.

고등 레벨 ☐

travel은 She has a dream of **traveling** across the world in a balloon. (그녀는 기구를 타고 전 세계를 여행하는 꿈을 가지고 있다.)과 같이 '여행하다'란 뜻으로 알고 있죠. 하지만 travel의 기본 뜻은 '이동하다'로 보는 것이 맞습니다. 주로 특정한 방향(ex. The soldiers are **traveling** north under the direction of their commander. 지휘관의 지시에 따라 군인들이 북쪽으로 이동하고 있다.)이나, 특정한 속도의 이동(ex. Can you measure the speed at which light **travels**? 빛이 이동하는 속도를 측정할 수 있나요?)을 뜻하죠. 특히, 부사 well이나 badly와 함께 '어떤 것이 시작과 동일한

상태로 잘 진행되고 있다' 혹은 '그렇지 않다'의 뜻을 가지기도 합니다.

Ripe fruits are not good for exportation because they do not **travel** well.
(익은 과일은 이동 중 상태를 유지하기 힘들기 때문에 수출에는 맞지 않다.)과 같이 실체적인
이동을, This new style **travels** well in this region. (이 새로운 스타일이 이 지역에서
순항하고 있다.)과 같이 아이디어나 방식을 설명하기도 합니다.

1 She has a dream of _____ across the world in a balloon.

  그녀는 기구를 타고 전 세계를 여행하는 꿈을 가지고 있다.

2 The soldiers are _____ north under the direction of their commander.

  지휘관의 지시에 따라 군인들이 북쪽으로 이동하고 있다.

3 Can you measure the speed at which light _____?

  빛이 이동하는 속도를 측정할 수 있나요?

4 Ripe fruits are not good for exportation because they do not _____ well.

  익은 과일은 이동 중 상태를 유지하기 힘들기 때문에 수출에는 맞지 않다.

5 This new style _____ well in this region.

  이 새로운 스타일이 이 지역에서 순항하고 있다.

**미리 만나보는 예상 수능**
〈2024학년도 35번〉, 〈2024학년도 34번〉, 〈2022학년도 19번〉, 〈2021학년도 33번〉

We have the nervous system which is connected from our brain to our limbs and organs. If a person's nerve impulses were able to **travel** at speeds much faster than normal, what would happen to that person?

우리는 뇌와 사지 그리고 장기를 연결하는 신경계를 가지고 있다. 만약 어떤 사람의 신경 자극이
정상보다 훨씬 빠른 속도로 이동한다면 그 사람에게 어떤 일이 일어날까?

단어 활용 지문 강의

**Ans** 1 traveling  2 traveling  3 travels  4 travel  5 travels

# 45 unit

중등 레벨 ☐

## unit
[ˈjuːnɪt]

**ⓝ 단위**

This program is divided into three **units**.
이번 프로그램은 세 개의 단위로 나눠집니다.

고등 레벨 ☐

unit은 기본적으로 '큰 것에서 분리된 작은 것'을 뜻해, This organization is going to split into four or five **units**. (이 조직은 4개 혹은 5개 단위로 쪼개질 예정이다.)라고 하죠. 기계나 가구, 가전을 구성하는 세부 단위(ex. A bookcase **unit** does not fit into the classroom. 책장 하나가 교실 안에 들어가지 않는다.)나 특정한 목적을 위해 함께 일하는 그룹(ex. Medical **units** have been dispatched to countries in conflict. 의료팀이 분쟁국가에 급파되었다.)을 나타내기도 합니다. 수능에서는 '양을 표시하는 기본 측정 단위'(ex. They are advised to use metric **units**. 그들은 미터 단위를 사용하라는 조언을 받았다.)로도 등장 하죠.

1 This organization is going to split into four or five _____.
이 조직은 4개 혹은 5개 단위로 쪼개질 예정이다.

2 A bookcase _____ does not fit into the classroom.
책장 하나가 교실 안에 들어가지 않는다.

3 Medical _____ have been dispatched to countries in conflict. 의료팀이 분쟁국가에 급파되었다.

4 They are advised to use metric _____.
그들은 미터 단위를 사용하라는 조언을 받았다.

### 미리 만나보는 예상 수능

〈2022학년도 35번〉, 〈2023학년도 39번〉, 〈2024학년도 18번〉

The metric system is based on standard **units** such as the meter for length, the kilogram for mass, and the liter for volume, which was introduced in France in 1795 and is now used in almost all countries.

미터법은 길이는 미터, 무게는 킬로그램, 부피는 리터를 기본 단위로 하는데, 1795년 프랑스에서 소개되어 지금 거의 모든 국가에서 사용되고 있다.

단어 활용 지문 강의

Ans  1 units  2 unit  3 units  4 units

# WORD SHIFT

# 2

## 품사 전환을
## 놓치지 않는 단어 학습

Key Insight

품사의 변신을 알아야 단어가 제대로 읽힌다

## Teachers' Whisper

"품사 변화가 단어의 진짜 성질이다."

"품사는 문장을 여는 열쇠다."

"품사를 알면 해석이 흔들리지 않는다."

## Strategy Guide

한국어 단어는 대부분 하나의 품사만 가지고 있습니다. 하지만 영어 단어는 그렇지 않습니다. 오히려 하나의 단어가 여러 품사로 쓰이는 경우가 훨씬 많죠. 따라서 각 단어가 어떤 품사로도 쓰일 수 있는지를 함께 기억해 두는 것이 중요합니다. **품사에 대한 이해가 부족하면, 지문을 정확하게 해석하기가 거의 불가능**한 것입니다. 예를 들어 볼까요? '특징'이라는 뜻의 명사로 익숙한 attribute는 수능 빈출 어휘입니다. 그런데 이 단어가 문장에서 동사로 쓰이면 '~을 ~의 탓(또는 공)으로 돌리다'라는 **전혀 다른 의미**를 가지게 됩니다. 또 다른 예로 subject를 보겠습니다. 보통 '주제', '과목', '주어' 같은 명사로 알고 있지만, 실제 수능에서는 'They are subject to ~'라는 형태로 등장했습니다. 이때 subject는 '~에 영향을 받는, ~에 처한'이라는 형용사로 쓰인 것이죠. 이 사실을 모르면 **문장의 의미를 제대로 파악하기 어렵습니다.** 이처럼 품사를 정확히 구별하지 못하면, 익숙한 단어조차도 오해하게 되고 문장의 의미가 완전히 달라질 수 있습니다. 따라서 **수능에 자주 등장하면서 품사 변화로 인해 오역하기 쉬운 단어들을 정리**해 두는 것은, 실수를 예방하고 정확한 해석력을 키우는 데 꼭 필요한 과정입니다.

MP3
다운로드&듣기

# 01 **account**

**account**
[əˈkaʊnt]

**ⓝ 계정, 계좌**

You can take money out of your bank **account**.
당신 은행 계좌에서 돈을 인출할 수 있습니다.

account는 은행 계좌(ex. He deposited a large amount of money in his **account**. 그는 은행 계좌에 많은 돈을 입금했다.), 인터넷 계정(ex. She does not have a Facebook **account**. 그녀는 페이스북 계정을 가지고 있지 않다.), 사업 거래처 (ex. The company has lost many **accounts** after the accident. 사고 이후 이 회사는 거래처를 많이 잃었다.) 등 다양한 뜻이 있습니다. 수능에서는 '발생한 사실에 대한 설명'의 의미로 자주 등장하는데요, His statement is not consistent with her **accounts**. (그의 발언은 그녀의 설명과 일치하지 않는다.)라고 할 수 있죠. 또한 account는 '계산, 셈'의 개념에서 확장되어, 어떤 사실이나 상황을 판단에 포함시킨다는 의미의 take something into account 표현(ex. We should take his situation into **account**. 우리는 그의 상황을 고려해야 한다.)으로도 자주 쓰입니다. 이외에도 동사로 '~의 이유를 설명한 다'(ex. Global warming can **account** for the recent heavy rainfall. 지구 온난화가 최근 폭우의 이유를 설명할 수 있다.), '~만큼을 차지하다'(ex. Female students **account** for about 30 percent. 여학생이 약 30퍼센트를 차지한다.)란 뜻도 있습니다.

1 He deposited a large amount of money in his _____.
그는 은행 계좌에서 많은 돈을 입금했다.

2 She does not have a Facebook _____.
그녀는 페이스북 계정을 가지고 있지 않다.

3 The company has lost many _____ after the accident.
사고 이후 이 회사는 거래처를 많이 잃었다.

4 His statement is not consistent with her _____.
그의 발언은 그녀의 설명과 일치하지 않는다.

5 We should take his situation into _____.
우리는 그의 상황을 고려해야 한다.

6   Global warming can _____ for the recent heavy rainfall.

지구 온난화가 최근 폭우의 이유를 설명할 수 있다.

7   Female students _____ for about 30 percent.

여학생이 약 30퍼센트를 차지한다.

**미리 만나보는 예상 수능**

〈2022학년도 35번〉, 〈2023학년도 31번〉, 〈2022학년도 23번〉, 〈2021학년도 37번〉

There are specific steps in the investigation process: when the police judge the witness's **account** to be plausible, they are allowed to extend the investigation, gather more evidence, and modify the timeline.

수사 과정에는 특정한 단계들이 있다. 경찰이 목격자의 진술이 설득력이 있다고 판단하면, 수사 확대를 결정할 수 있고 더 많은 정보를 모으고 타임라인을 재정비한다.

단어 활용 지문 강의

---

## 02  **amount**

중등<br>레벨 ☐

**amount**    **ⓝ 양, 액수**

[əˈmaʊnt]    They deliver a large **amount** of food to stores every day.
그들은 매일 많은 양의 음식을 가게에 배달한다.

고등<br>레벨 ☐

amount는 '셀 수 없는 것들을 합친 양'을 뜻합니다. We have raised a considerable **amount** of money for the project. (우리는 프로젝트를 위한 상당한 양의 돈을 모았다.)라고 할 수 있죠. 동사로도 활용되어 '모아서 ~와 같은 양이 되다'(ex. This year's bills **amount** to over 300 dollars. 올해 청구된 금액은 총 300 달러가 넘는다.)라고 할 수 있어요. 여기서 더 발전하여 꼭 금전적인 대상이 아니더라도 '~와 같다'는 뜻으로 쓰입니다. Their silence **amounts** to an admission of their defeat. (그들의 침묵은 자신들의 패배를 인정하는 것과 같다.)라고 할 수 있죠. 수능에서 독해를 어렵게 만드는 대표적인 표현 중 하나이니 꼭 기억해 두세요.

**Ans** 1 amount   2 amount   3 amounts

1 We have raised a considerable _____ of money for the project.

우리는 프로젝트를 위한 상당한 양의 돈을 모았다.

2 This year's bills _____ to over 300 dollars.

올해 청구된 금액은 총 300달러를 넘는다.

3 Their silence _____ to an admission of their defeat.

그들의 침묵은 자신들의 패배를 인정하는 것과 같다.

**미리 만나보는 예상 수능**

〈2024학년도 40번〉, 〈2025학년도 38번〉, 〈2025학년도 41~42번〉

A person whose name is on the news could be in trouble, like maybe lost or in an accident. But there is another kind of trouble that **amounts** to a serious crime—trouble with the law.

자신의 이름이 뉴스에 나온 사람은 곤경에 처했을 수도 있다. 어쩌면 실종되었거나 사고를 당했을지도 모른다. 하지만 또 다른 종류의 곤경이 있는데, 그것은 중대한 범죄에 해당하는, 즉 법과 관련된 곤경이다.

단어 활용 지문 강의

---

## 03 **approximate**

중등 레벨 ☐

**approximate** ⓐ 거의 정확한

[əˈprɑːksɪmət]   The **approximate** cost of raising a dog will be $300 each year.

개를 기르는 데 드는 비용은 대략 연간 약 300달러 정도될 것이다.

고등 레벨 ☐   approximate는 '정확하지는 않지만 가까운'이란 뜻의 형용사입니다. The **approximate** number of applicants will be 200. (신청자 수는 대략 200명 정도입니다.)라고 하죠. 명사형인 approximation는 They gave us an **approximation** of what the house is worth. (그들은 집의 가치에 대한 대략적 금액을 우리에게 제시했다.)와 같이 쓰입니다. 수능에서 유의해야 할 활용은 This is an attempt to gain closer **approximations** of its identity. (이것은 그것의 본 모습에 더 가까워지려고 하는 시도이다.)와 같이 어떤 상태나 목적에 가까워진다는 뜻이죠. approximate가 동사로 쓰일 때는 The number of applicants this year is expected to **approximate** 200. (올해 지원자 수가 대략 200명 정도 될 것으로 예상됩니다.)와 같이 '대략 ~ 정도 된다'를 뜻하죠. 근접한 양이 아니라 추측된 양을 뜻하는 estimate(ex. It is difficult to **estimate** how many people will come. 얼마나 많은 사람이 올지 예상하기 어렵다.) 와는 차이가 있습니다.

1   The _____ number of applicants will be 200.
신청자 수는 대략 200명 정도입니다.

2   They gave us an _____ of what the house is worth.
그들은 집의 가치에 대한 대략적 금액을 우리에게 제시했다.

3   This is an attempt to gain closer _____ of its identity.
이것은 그것의 본 모습에 더 가까워지려고 하는 시도이다.

4   The number of applicants this year is expected to _____ 200.
올해 지원자 수가 대략 200명 정도 될 것으로 예상됩니다.

5   It is difficult to _____ how many people will come.
얼마나 많은 사람이 올지 예상하기 어렵다.

**미리 만나보는 예상 수능**
〈2022학년도 34번〉, 〈2024학년도 23번〉

The theory is an **approximation** of reality, because scientific predictions differ from actual measurement, and even measurement techniques have certain limitations.

그 이론은 현실의 근사치에 불과하다. 왜냐하면 과학적 예측은 실제 측정값과 다를 뿐만 아니라, 측정 기술 자체에도 일정한 한계가 있기 때문이다.

단어 활용 지문 강의

# 04 **associate**

**associate**
[əsoʊʃiət]

**ⓥ** 관련시키다

Scientists **associate** extreme weather with global warming.
과학자들은 극단적인 기후를 지구 온난화와 관련시킨다.

고등<br/>레벨 ☐

associate는 '~를 ~와 관련시키다'는 뜻으로, People usually **associate** wealth with an easy life. (사람들은 보통 부와 편안한 삶을 관련시킨다.)와 같이 전치사 with와 함께 등장합니다. 특히 수능에서는 Many people are suffering from serious problems **associated** with alcoholism. (많은 사람들이 알코올 의존과 관련된 심각한 문제로 고통받고 있다.)과 같이 분사 형태로 수식하는 경우가 많죠. 이외에도 공통된 목적을 달성하기 위해 함께 일하는 '파트너'라는 뜻으로, His close political **associate** said that he is not going to run the election. (그가 선거에 나가지 않을 것이라고 그의 절친한 정치 동료가 말했다.)이라고 합니다. 또 다른 명사형인 association은 '협회'(ex. The National Tennis **Association** has thousands of members. 전국 테니스 협회는 수천 명의 회원을 가지고 있다.)를 뜻합니다. 형용사로는 '지위가 완전하지 않고 상대적으로 낮은'의 의미를 가지는데요, He is an **associate** professor of philosophy at New York University. (그는 뉴욕대학교 철학과 부교수이다.)라고 하죠.

1 People usually _____ wealth with an easy life.
사람들은 보통 부와 편안한 삶을 관련시킨다.

2 Many people are suffering from serious problems _____ with alcoholism.
많은 사람들이 알코올 의존과 관련된 심각한 문제로 고통받고 있다.

3 His close political _____ said that he is not going to run for the election.
그가 선거에 나가지 않을 것이라고 그의 절친한 정치 동료가 말했다.

4 The National Tennis _____ has thousands of members.
전국 테니스 협회는 수천 명의 회원을 가지고 있다.

5 He is an _____ professor of philosophy at New York University.

그는 뉴욕대학교 철학과 부교수이다.

**미리 만나보는 예상 수능**

〈2025학년도 30번〉, 〈2025학년도 35번〉, 〈2024학년도 26번〉, 〈2023학년도 29번〉

The high death rate is **associated** with increased risk of low birth weight and preterm birth, which is particularly pronounced in disadvantaged ethnic minority groups.

높은 사망률은 저체중 출생아 및 조산의 위험 증가와 관련이 있으며, 이러한 현상은 사회적 약자인 소수 민족 집단에서 특히 두드러진다.

단어 활용 지문 강의

---

## 05 **attribute**

중등 레벨 ☐

**attribute**

[əˈtrɪbjuːt]

ⓥ ~의 탓이나 공으로 돌리다

He **attributed** his failure to his laziness.
그는 그의 실패를 게으름 탓으로 돌렸다.

고등 레벨 ☐
attribute는 '~을 ~의 탓이나 공으로 돌리다'란 뜻으로, Scientists **attribute** his longevity to his healthy lifestyle. (과학자들은 그의 장수 비결이 건강한 생활 방식에 있다고 본다.)과 같이 전치사 to를 동반합니다. 수능에서는 이 단어가 '획득한 특징'이라는 명사로 쓰이는 경우도 있죠. 예를 들어, Employers prefer candidates with such **attributes** as confidence, adaptability, and leadership. (고용주들은 자신감, 적응력, 리더십과 같은 자질을 가진 후보자를 선호한다.) 이라고 하죠. 유의어인 character는 다른 것과 구별되는 특징(ex. It was a great pleasure to see my son develop his own **character**. 내 아들이 자신만의 개성을 키워가는 것을 보는 것은 큰 즐거움이었다.), quality는 가지고 있는 특징(ex. She has good **qualities** for being a good musician. 그녀는 좋은 음악가가 될 좋은 자질을 가지고 있다.), trait는 행동으로 보여지는 특징(ex. His arrogance is one of his unattractive **traits**. 거만함은 그의 볼썽사나운 특징 중

하나이다.)으로, 각각 쓰이는 맥락이 다릅니다.

1 Scientists _____ his longevity to his healthy lifestyle.

과학자들은 그의 장수 비결이 건강한 생활 방식에 있다고 본다.

2 Employers prefer candidates with such _____ as confidence, adaptability, and leadership.

고용주들은 자신감, 적응력, 리더십과 같은 자질을 가진 후보자를 선호한다.

3 It was a great pleasure to see my son develop his own _____.

내 아들이 자신만의 개성을 키워가는 것을 보는 것은 큰 즐거움이었다.

4 She has good _____ for being a good musician.

그녀는 좋은 음악가가 될 좋은 자질을 가지고 있다.

5 His arrogance is one of his unattractive _____.

거만함은 그의 볼썽사나운 특징 중 하나이다.

**미리 만나보는 예상 수능**

〈2023학년도 23번〉, 〈2025학년도 41~42번〉, 〈2021학년도 36번〉

Family backgrounds and class consciousness are considered to play a key role in shaping people's social and psychological **attributes**, but it is still far from being conclusive.

가정환경과 계급의식이 인간의 사회적·심리적 특성 형성에 중요한 역할을 하는 것으로 여겨지고 있지만, 아직 결론내기에는 이르다.

단어 활용 지문 강의

**Ans** 1 attribute 2 attributes 3 character 4 qualities 5 traits

One Word, Different Roles

# 06 **blind**

중등
레벨
☐

**blind**

[blaɪnd]

ⓐ 시각장애의

A guide dog helps **blind** people move from place to place.

안내견은 시각장애인이 여기저기를 돌아다닐 수 있도록 돕는다.

고등
레벨
☐

blind는 '앞을 보지 못하는'의 뜻을 가진 형용사입니다. She began to go **blind** when she turned 80. (그녀는 80세가 되었을 때 눈이 멀기 시작했다.)라고 하죠. 마치 눈을 가린 것처럼 이성적인 사고를 하지 못한다는 상징적인 의미(ex. **Blind** obedience can make things worse. (맹목적인 복종은 사태를 더 악화시킬 수 있다.)도 있습니다. 수능에서는 동사로 활용되는 blind에 유의해야 하죠. His strong desire for success **blinded** him to the danger ahead. (성공을 향한 강한 열망으로 인해 그는 앞에 놓인 위험을 보지 못했다.)로 blind A to B (A가 B를 보지 못하게 하다)의 구조를 가집니다. Some people here **blindly** follow the pseudo-religious doctrine. (여기 몇몇 사람들은 사이비 종교의 교리를 맹목적으로 따른다.)과 같이 -ly를 붙여 부사로도 활용됩니다.

1 She began to go _____ when she turned 80.
그녀는 80세가 되었을 때 눈이 멀기 시작했다.

2 _____ obedience can make things worse.
맹목적인 복종은 사태를 더 악화시킬 수 있다.

3 His strong desire for success _____ him to the danger ahead.
성공을 향한 강한 열망으로 인해 그는 앞에 놓인 위험을 보지 못했다.

4 Some people here _____ follow the pseudo-religious doctrine.
여기 몇몇 사람들은 사이비 종교의 교리를 맹목적으로 따른다.

**Ans** 1 blind 2 Blind 3 blinded 4 blindly

〈2021학년도 36번〉, 〈2023학년도 43~45번〉, 〈2022학년도 21번〉

Prejudice may **blind** people to true facts. Such unfair and unreasonable feelings or opinions are usually formed without sufficient thought or knowledge.

편견은 사람들로 하여금 사실을 보지 못하게 할 수도 있다. 이러한 불공평하고 비합리적인 감정이나 의견은 충분한 사고나 지식의 부재로 인해 형성되는 경우가 많다.

단어 활용 지문 강의

---

## 07 **challenge**

중등 레벨 ☐

**challenge**

[ˈtʃæləndʒ]

ⓥ 도전 과제

It is going to be quite a **challenge** to finish the project by Friday.

금요일까지 프로젝트를 끝내는 것은 꽤 힘든 일이 될 것이다.

 ☐

challenge는 '성취하기 위해 많은 정신적·신체적 노력이 필요한 작업'을 일컫는 말입니다. Picking up noodles with chopsticks can be a **challenge** for a 5-year-old kid. (다섯 살 아이에게는 젓가락으로 국수를 집는 것이 힘든 일일 수 있다.)라고 하죠. 시합이나 경쟁을 하자고 제안하는 도전(ex. He has issued a **challenge** to his rival. 그는 자신의 경쟁자에게 도전장을 냈다.)을 뜻하기도 하죠. 수능에서는 '어떤 것이 진실인지 혹은 옳은지를 알기 위해 제기하는 이의'(ex. There are a number of issues that pose a serious **challenge** to his credibility. (그의 신뢰성에 의문을 낳게 하는 많은 문제들이 있다.)의 뜻으로 등장하기도 합니다. 동사로 쓰이는 경우도 있는데요. 예를 들어, Students **challenge** their teachers' authority more often than they did in the past. (학생들이 과거보다 더 자주 선생님의 권위에 이의를 제기한다.)와 같이 활용됩니다.

1 Picking up noodles with chopsticks can be a ＿＿＿＿＿＿ for a 5-year-old kid.

다섯 살 아이에게는 젓가락으로 국수를 집는 것이 힘든 일일 수 있다.

2   He has issued a _____ to his rival.
그는 자신의 경쟁자에게 도전장을 냈다.

3   There are a number of issues that pose a serious _____ to his credibility.
그의 신뢰성에 심각한 의문을 낳게 하는 많은 문제들이 있다.

4   Students _____ their teachers' authority more often than they did in the past.
학생들이 과거보다 더 자주 선생님의 권위에 이의를 제기한다.

**미리 만나보는 예상 수능**

〈2024학년도 34번〉, 〈2024학년도 43~45번〉, 〈2023학년도 31번〉, 〈2022학년도 27번〉

History is replete with examples in which individuals **challenged** what they had been taught and devoted their whole lives to new discoveries and innovations.

역사는 자신들이 배운 것에 도전하고 새로운 발견과 혁신에 평생을 바친 개인들의 사례로 가득하다.

단어 활용 지문 강의

---

## 08  **command**

중등
레벨
□

### **command**      ⓥ 명령하다
[kəˈmænd]

Who **commanded** the soldiers to shoot?
누가 군인들에게 발포하라고 명령했나요?

고등
레벨
□

command는 '명령하다'란 뜻을 가집니다. 유의어인 order는 누구든지 명령할 수 있지만, command는 상위에 있는 자가 하는 명령이죠. The officer **commanded** his men to wait until there was a sign of movement. (지휘관은 그의 부하들에게 움직임의 기미가 있을 때까지 기다리라고 명령했다.) 라고 할 수 있어요. 수능에서는 '어떤 대상을 자유자재로 통제하다'란 뜻의 활용 (ex. We have some tips on how to **command** resources efficiently. 자원을 효과적으로 활용하는 방법에 대한 몇 가지 팁이 있다.)에 유의가 필요합니다. 명사 command는 상사가 내리는 '명령'(ex. You have to obey **commands** no matter what happens. 무슨 일이 있어도 명령에 복종해야 한다.)의 뜻이 있고, 명령을 내리는 자, 즉 '사령관' 혹은 '지휘관'은 commander(ex. Most of the military **commanders** are graduates of military schools. 군사령관 대부분은 군사학교 졸업생이다.)라고 합니다. 경험과 지식을 바탕으로 어떤 것을 잘 통제하는 능력도, He has an excellent **command** of English. (그의 영어 실력은 매우 우수하다.)와 같이 활용할 수 있죠.

1 The officer _____ his men to wait until there was a sign of movement.
지휘관은 그의 부하들에게 움직임의 기미가 있을 때까지 기다리라고 명령했다.

2 We have some tips on how to _____ resources efficiently.
자원을 효과적으로 활용하는 방법에 대한 몇 가지 팁이 있다.

3 You have to obey _____ no matter what happens.
무슨 일이 있어도 명령에 복종해야 한다.

4 Most of the military _____ are graduates of military schools.
군사령관 대부분은 군사학교 졸업생이다.

5 He has an excellent _____ of English.
그의 영어 실력은 매우 우수하다.

**미리 만나보는 예상 수능**
〈2025학년도 20번〉, 〈2021학년도 36번〉

Do you demand or **command** attention? When you demand, you seek it with struggle, from a place of lacking authority. But when you command, everything is the opposite — you receive it with respect and without struggle.
당신은 관심을 요구하고 있나요, 아니면 자연스럽게 이끌어내고 있나요? 당신이 관심을 요구할 때는, 권위가 부족한 상태에서 애써 그것을 얻으려 합니다. 하지만 관심을 이끌어낼 때는 모든 것이 정반대입니다. 존중 속에서, 힘들이지 않고 관심을 받게 됩니다.

단어 활용 지문 강의

**Ans** 1 commanded　2 command　3 commands　4 commanders　5 command

중등
레벨

☐

## concern

[kənsɜːrn]

**ⓝ 우려, 걱정**

Student's parents have raised **concerns** over the school's safety system.
학부모들이 학교 안전 시스템에 대해 우려를 나타냈다.

고등
레벨

☐

concern은 '걱정', '우려'라는 뜻으로, There is growing **concern** about the way we use food. (우리가 음식을 활용하는 방식에 대한 우려가 증가하고 있다.)라고 하죠. '~을 걱정시키다'란 뜻(ex. His biased perspective **concerns** his parents a lot. 그의 편향된 관점에 그의 부모님은 걱정이 많다.)의 동사로도 사용됩니다. 수능에서는 관심을 끄는 '중요한 것'으로 자주 등장하는데요, Common social **concerns** are related to poverty, inequality, and violence. (일반적인 사회적 관심사는 빈곤, 불평등, 폭력과 관련된다.)라고 하죠. Environmental issues don't seem to **concern** politicians. (환경 문제가 정치인들에게 중요하지 않은 것 같다.)와 같이 동사 활용도 가능합니다. 글, 영화 등이 '특정한 주제나 사람과 관련이 있다'란 뜻으로 This story **concerns** a man who attempted to reach the North Pole overland. (육로로 북극에 도달하려고 했던 한 남자에 대한 이야기이다.)과 같이 쓰이기도 합니다.

1 There is growing _____ about the way we use food
우리가 음식을 활용하는 방식에 대한 우려가 증가하고 있다.

2 His biased perspective _____ his parents a lot.
그의 편향된 관점에 그의 부모님은 걱정이 많다.

3 Common social _____ are related to poverty, inequality, and violence.
일반적인 사회적 관심사는 빈곤, 불평등, 폭력과 관련된다.

4 Environmental issues don't seem to _____ politicians.
환경 문제가 정치인들에게 중요하지 않은 것 같다

5 This story _____ a man who attempted to reach the North Pole in a balloon.
기구를 타고 북극에 도달하려고 했던 한 남자에 대한 이야기이다.

**Ans** 1 concern 2 concerns 3 concerns 4 concern 5 concerns

Mechanisms that shape people's moral **concerns**—a sense of responsibility for what is right or wrong—have so far been explored mainly in terms of humans' inherent inclinations.

사람들의 도덕적 관심(즉, 무엇이 옳고 그른지에 대한 책임의식)을 형성하는 메커니즘은 지금까지 인간의 타고난 성향만을 고려하는 방식으로 연구되어 왔다.

단어 활용 지문 강의

---

## 10 **contract**

중등<br>레벨 ☐

**contract**
[kɑːntrǽkt]

ⓝ 계약, 계약서

He signed the **contract** without examining its conditions.
그는 계약서 조건을 살펴보지 않고 서명했다.

contract은 '계약' 혹은 '계약서'를 뜻합니다. When the **contract** is broken, no one will be responsible for any damage. (그 계약 합의가 파기되면, 그 누구도 손해에 대해 책임지지 않을 것이다.)라고 하죠. 동사로는 The organization was **contracted** to build a school for orphans. (이 단체는 고아들을 위한 학교 건설 계약을 맡았다.)와 같이 '계약을 맡다'를 뜻합니다. 수능에서는 '규모가 줄어들다'(ex. The economy **contracts** when there is less money in the market. 시장에 돈이 줄어들면 경제 규모는 축소된다.), '크기나 양이 줄어들다'(ex. The metal **contracts** when you put cold water on it. 금속은 찬물을 부으면 수축된다.)란 뜻으로도 등장할 수 있죠. Vaccination will prevent people from **contracting** the disease. (백신으로 사람들이 질병에 걸리는 것을 예방할 것이다.)와 같이 '질병에 걸리다'란 뜻도 있습니다.

1  When the _____ is broken, no one will be responsible for any damage.

계약 합의가 파기되면, 그 누구도 손해에 대해 책임지지 않을 것이다.

2 The organization was _____ to build a school for orphans.

이 단체는 고아들을 위한 학교 건설 **계약을 맡았다**.

3 The economy _____ when there is less money in the market.

시장에 돈이 줄어들면 경제 규모는 **축소된다**.

4 The metal _____ when you put cold water on it.

금속은 찬물을 부으면 **수축된다**.

5 Vaccination will prevent people from _____ the disease.

백신으로 사람들이 질병에 **걸리는 것**을 예방할 것이다.

**미리 만나보는 예상 수능**

〈2025학년도 29번〉, 〈2025학년도 34번〉, 〈2025학년도 36번〉, 〈2023학년도 31번〉

---

The exposure can lead to an increased risk of **contracting** malaria, a mosquito-borne infectious disease characterized by fever, fatigue, and headaches.

이에 노출되면 말라리아에 걸릴 위험이 높아질 수 있는데, 이 질환은 모기로 전염되는 감염병으로, 고열·피로·두통 등의 증상을 특징으로 한다.

단어 활용 지문 강의

---

**Ans** 1 contract  2 contracted  3 contracts  4 contracts  5 contracting

Shift the Form, Change the Function

# 11 contrast

## contrast
[kɑ:ntræst]

🄝 대조, 차이

There is an obvious **contrast** between his parents and hers.
그의 부모님과 그녀의 부모님 사이에는 명백한 차이가 있다.

---

고등
레벨

contrast는 둘 혹은 그 이상의 것들 간의 '명백한 다름'을 뜻합니다. We were impressed by the **contrast** between the blue sky and the green landscape. (우리는 파란 하늘과 초록빛 풍경의 대비에 깊은 인상을 받았다.)라고 하죠. There is a marked **contrast** between you and me in the way we see the world. (세상을 보는 너와 나의 눈에는 확연한 차이가 있다.)와 같이 성격이나 특징이 다를 때도 쓰입니다. 특히, 수능에서는 in contrast 혹은 by contrast와 같이 '반대로'라는 뜻의 전치사구로 등장하는 경우가 많죠. His childhood was affluent, while hers, **in contrast**, was impoverished. (그의 어린 시절은 부유했지만, 그녀의 유년 시절은 반대로 매우 가난했다.)라고 합니다. Their lifestyles **contrast** dramatically. (그들의 삶의 방식은 확연히 다르다.)와 같이 '확연히 다르다'란 동사 활용도 가능하죠.

1 We were impressed by the _____ between the blue sky and the green landscape.
우리는 파란 하늘과 초록빛 풍경의 대비에 깊은 인상을 받았다.

2 There is a marked _____ between you and me in the way we see the world.
세상을 보는 너와 나의 눈에는 확연한 차이가 있다.

3 His childhood was affluent, while hers, _____, was impoverished.
그의 어린 시절은 부유했지만, 그녀의 유년 시절은 반대로 매우 가난했다.

4 Their lifestyles _____ dramatically.
그들의 삶의 방식은 확연히 다르다.

Ans 1 contrast 2 contrast 3 in contrast 4 contrast

The status quo generally refers to the present situation, but in policy debate it highlights how the current conditions **contrast** with possible changes.

'Status quo'는 일반적으로 현재 상황을 의미하지만, 정책 토론에서는 현재의 조건이 가능한 변화들과 어떻게 대비되는지를 강조하는 개념으로 사용된다.

단어 활용 지문 강의

## 12 **cost**

중등
레벨
☐

**cost**

[kɔ:st]

**ⓝ** 비용

We cannot cover the **cost** of living in rich neighborhoods.
우리는 부자 동네에서 살 만한 비용을 감당할 수 없다.

고등
레벨
☐

cost는 '무언가를 하거나 구입할 때 필요한 돈'을 뜻합니다. The company can't bear the full **cost** of construction. (그 회사는 건설 비용을 모두 감당할 수 없다.)라고 하죠. It **costs** a lot to pursue an advanced degree. (상급학교에 진학하는 것은 비용이 많이 든다.)와 같이 동사 활용도 가능합니다. 수능에서는 '어떤 일을 해내기 위해 발생한 손실이나 피해'의 cost에 유의해야 합니다. He took care of his family at the **cost** of his personal success. (그는 자신의 개인적인 성공을 희생시켜 가족을 돌봤다.)와 같이 명사로 활용되기도 하고, In this situation, one minor mistake can **cost** you your life. (이 상황에서는 작은 실수 하나만으로도 죽을 수 있다.)와 같이 동사로도 활용됩니다.

1 The company can't bear the full ＿＿＿＿＿＿ of construction.
그 회사는 건설 비용을 모두 감당할 수 없다.

2 It ＿＿＿＿＿＿ a lot to pursue an advanced degree.
상급학교에 진학하는 것은 비용이 많이 든다.

3   He took care of his family at the _____ of his personal success.

그는 자신의 개인적인 성공을 희생시켜 가족을 돌봤다.

4   In this situation, one minor mistake can _____ you your life.

이 상황에서는 작은 실수 하나만으로도 죽을 수 있다.

**미리 만나보는 예상 수능**

〈2021학년도 20번〉, 〈2025학년도 38번〉, 〈2024학년도 18번〉, 〈2022학년도 36번〉

---

Victory in the Second World War was achieved at the **cost** of unprecedented destruction and widespread human suffering, both of which are often dramatized in movies and TV shows.

제2차 세계대전의 승리는 전례 없는 파괴와 광범위한 인간적 고통을 대가로 이루어졌으며, 이러한 사실들은 종종 영화와 TV 프로그램에서 극적으로 묘사된다.

단어 활용 지문 강의

---

# 13 **determine**

중등 레벨 ☐

**determine**

[dɪtɜːrmɪn]

ⓥ 결정하다, 결심하다

He **determined** that one day he would be a great scientist.

그는 언젠가 훌륭한 과학자가 될 것이라고 결심했다.

고등 레벨 ☐

determine은 '결정 혹은 결심하다'란 뜻이 있습니다. 그 의미를 깊이 분석하면, '직접적으로 통제하고 영향력을 행사한다'는 의미(ex. You should **determine** your own future. 당신의 미래는 당신이 직접 결정해야 합니다.)와, '확고한 마음을 먹다'라는 의미(ex. He **determine**d to change his life for the better. 그는 삶을 더 나아지게 바꾸기로 굳게 결심했다.)로 나눠볼 수 있죠. 수능에서는 명사형을 주의 깊게 살펴볼 필요가 있는데요, 우선, '결심'을 뜻하는 determination(ex. It was easy to catch his look of **determination**. 그의 결의에 찬 모습은 쉽게 알아볼 수 있었다.)이 있죠.

또 다른 명사형인 determinant는 '결정 요인' (ex. Soil softness is the main **determinant** of how we use the land. 토양의 부드러움이 우리가 땅을 어떻게 이용할지에 대한 주된 결정 요인이다.), determinacy는 '확정성' (ex. **Determinacy**, a quality of being exact or fixed, is critical to project management. 확정성, 즉 정확하고 고정되어 있다는 성질은 프로젝트 관리에서 매우 중요하다.) 이라는 뜻이 있습니다.

1 You should _____ your own future.
당신의 미래는 당신이 직접 결정해야 합니다.

2 He _____ to change his life for the better.
그는 삶을 더 나아지게 바꾸기로 굳게 결심했다.

3 It was easy to catch his look of _____.
그의 결의에 찬 모습은 쉽게 알아볼 수 있었다.

4 Soil softness is the main _____ of how we use the land.
토양의 부드러움이 우리가 땅을 어떻게 이용할지에 대한 주된 결정 요인이다.

5 _____, a quality of being exact or fixed, is critical to project management.
확정성, 즉 정확하고 고정되어 있다는 성질은 프로젝트 관리에서 매우 중요하다.

**미리 만나보는 예상 수능**

〈2022학년도 34번〉, 〈2025학년도 34번〉, 〈2024학년도 33번〉, 〈2023학년도 37번〉

People's health is **determined** not only by hereditary factors but also by dietary habits; therefore, maintaining healthy eating patterns is an important means of ensuring physical well-being.

인간의 건강은 유전적 요인뿐만 아니라 식습관에 의해서도 결정된다. 따라서, 건강한 식생활을 유지하는 것은 신체적 건강을 보장하기 위한 중요한 방법이다.

단어 활용 지문 강의

Ans 1 determine 2 determine 3 determination 4 determinant 5 Determinacy

# 14 **discipline**

## discipline

[ˈdɪsəplɪn]

**ⓝ** 규율

This school is infamous for tough **discipline**.
이 학교는 규율이 엄한 것으로 악명이 높다.

discipline은 우선 명사로 '규율'을 뜻합니다. They were convinced that tougher **discipline** would not work with this group of men. (더 엄격한 규율이 이 남성 그룹에게는 작동하지 않을 것이라고 그들은 확신했다.) 이라고 하죠. '스스로를 통제할 수 있는 능력'의 뜻도 있어, She is demonstrating a strong sense of **discipline**. (그녀는 강한 자기 통제력을 보이고 있다.)이라고 합니다. '학문 분야'라는 뜻으로 The **disciplines** of social science include sociology, anthropology, economics, linguistics, etc. (사회과학 분야는 사회학, 인류학, 경제학, 언어학 등을 포함한다.)라고 쓰이기도 하죠. 동사로는 '징계하다'(ex. He was **disciplined** for neglecting his duty. 그는 자신의 의무를 다하지 못해 징계를 받았다.), 절제된 방식으로 행동하도록 '훈육하다'(ex. It is difficult to **discipline** kids under the age of five. (5세 이하의 아이를 훈육하는 것은 힘든 일이다.)라는 뜻이 있습니다.

1 They were convinced that tougher ＿＿＿＿＿＿＿ would not work with this group of men.
더 엄격한 규율이 이 남성 그룹에게는 작동하지 않을 것이라고 그들은 확신했다.

2 She is demonstrating a strong sense of ＿＿＿＿＿＿＿.
그녀는 강한 자기 통제력을 보이고 있다.

3 The ＿＿＿＿＿＿＿ of social science include sociology, anthropology, economics, linguistics, etc.
사회과학 분야는 사회학, 인류학, 경제학, 언어학 등을 포함한다.

4 He was ＿＿＿＿＿＿＿ for neglecting his duty.
그는 자신의 의무를 다하지 못해 징계를 받았다.

5 It is difficult to ＿＿＿＿＿＿＿ kids under the age of five.
5세 이하의 아이를 훈육하는 것은 힘든 일이다.

**미리 만나보는 예상 수능**

〈2025학년도 21번〉, 〈2023학년도 31번〉, 〈2023학년도 40번〉

Maintaining classroom **discipline** is an essential skill for ensuring a safe learning environment in which students can actively participate in school activities.

교실의 규율을 유지하는 것은 학생들이 학교 활동에 적극적으로 참여할 수 있는 안전한 학습 환경을 보장하기 위한 필수적인 기술이다.

단어 활용 지문 강의

---

## 15 **experiment**

중등 레벨 ☐

## experiment ⓝ 실험

[ɪkˈsperɪmənt]

Students are conducting **experiments** to test the effectiveness of sunlight.
학생들은 햇빛의 효과를 테스트하기 위해 실험을 진행 중이다.

고등 레벨 ☐

experiment는 과학실에서 하는 '실험'(ex. The group opposes the idea of **experiments** on animals. (이 단체는 동물을 대상으로 실험한다는 생각에 반대한다.)로 알려져 있죠. 하지만 실험적으로 한번 해보는 '시도'라는 뜻도 있어, Using art as a form of therapy was introduced to children with ADHD as an **experiment**. (예술을 치료 형태로 활용하는 것이 주의력 결핍 아동들에게 실험적으로 도입되었다.)라고 합니다. 수능에서는 이 단어가 동사로 활용되는 경우도 종종 있어요. Teachers are encouraged to **experiment** with new teaching methods. (선생님들이 새로운 교습법을 실험적으로 한번 시도해 보도록 권장한다.)와 같이 동일한 뜻을 가집니다.

1 The group opposes the idea of _____ on animals.
이 단체는 동물을 대상으로 실험한다는 생각에 반대한다.

2 Using art as a form of therapy was introduced to children with ADHD as an _____.
예술을 치료 형태로 활용하는 것이 주의력 결핍 아동들에게 실험적으로 도입되었다.

3 Teachers are encouraged to _____ with new teaching methods.

선생님들이 새로운 교습법을 실험적으로 한번 시도해 보도록 권장한다.

**미리 만나보는 예상 수능**

〈2022학년도 20번〉, 〈2024학년도 29번〉, 〈2021학년도 24번〉, 〈2021학년도 29번〉.

---

Creativity and innovation are essential skills for graphic designers that help them reconceptualize their work and **experiment** with new design styles.

창의성과 혁신은 그래픽 디자이너에게 필수적인 능력으로, 자신의 작업을 새롭게 구상하고 새로운 디자인 스타일을 실험하도록 도와준다.

단어 활용 지문 강의

---

## 16 **fashion**

중등 레벨 ☐

**fashion**

[ˈfæʃn]

**n** 패션

Young people prefer a **fashion** style with minimal accessories.

젊은 사람들은 장식이 최소화된 패션 스타일을 선호한다.

고등 레벨 ☐

fashion은 특정 시기에 인기 있는 스타일을 뜻합니다. There was nothing that had gone out of **fashion**. (유행 지난 것은 하나도 없었다.)이라고 하죠. fashion은 동사로, He used to teach children how to **fashion** toys from paper. (그는 종이로 장난감 만드는 방법을 아이들에게 가르치곤 했다.)와 같이 '손으로 어떤 것을 만들다'란 뜻으로 쓰입니다. 수능에서는 fashion이 '특정한 방식' (ex. The employees are trained to behave in a similar **fashion**. 직원들은 유사한 방식으로 행동하도록 훈련된다.)과 같이 전치사구로 등장하는 경우가 있죠. 유의어인 manner는 행하는 방식(ex. They have established a task force to deal with problems in a timely **manner**. 그들은 시기 적절하게 문제를 해결하기 위해 대책 위원회를 만들었다.), order은 정리하고 조직하는 방식 (ex. The books have been placed in chronological **order**. 책들은 연대기 순으로 놓여 있다.)의

뜻이 있습니다.

1 There was nothing that had gone out of _____.
유행 지난 것은 하나도 없었다.

2 He used to teach children how to _____ toys from paper.
그는 종이로 장난감 만드는 방법을 아이들에게 가르치곤 했다.

3 The employees are trained to behave in a similar _____.
직원들은 유사한 방식으로 행동하도록 훈련된다.

4 They have established a task force to deal with problems in a timely _____.
그들은 시기 적절하게 문제를 해결하기 위해 대책 위원회를 만들었다.

5 The books have been placed in chronological

_____.
책들은 연대기 순으로 놓여 있다.

**미리 만나보는 예상 수능**

〈2021학년도 23번〉, 〈2023학년도 29번〉, 〈2023학년도 32번〉

A wild boar charged into the campsite the moment some of us were lining up for lunch in an orderly **fashion** and the others were outside gathering twigs for fire.

우리 중 몇몇은 질서 있게 줄 서서 점심을 기다리고, 몇몇은 불을 피우기 위해 잔가지를 주으러 밖에 나간 그때 야생 멧돼지가 캠프장에 쳐들어왔다.

단어 활용 지문 강의

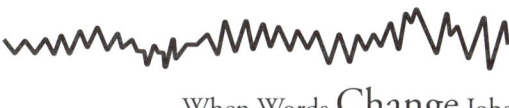

When Words **Change** Jobs

# 17 **feature**

**feature**

['fiːtʃə(r)]

**ⓝ 특징**

What is a unique **feature** of his paintings?

그의 그림에서 볼 수 있는 독특한 특징은 무엇인가요?

feature는 '특징'의 뜻을 가집니다. A **feature** of this building is a simple exterior design. (이 건물의 특징은 단순한 외부 디자인이다.) 과 같이 '중요한 부분'을 차지하기 때문에 특징이라는 단어로 표현되죠. 얼굴의 중요한 부분을 차지하는 '이목구비'(ex. The softness of her **features**, combined with her blond hair, is stunning. 금발과 함께 보여지는 그녀의 부드러운 얼굴은 너무나 아름답다.), 중요한 부분을 차지하는 '특집기사나 방송'(ex. A **feature** article is usually presented in a separate column or box. 특집 기사는 보통 별도의 칼럼이나 박스에서 볼 수 있다.)도 모두 feature라고 합니다. 수능에서는 동사 의미에 주의해야 하죠. '~을 중요한 부분으로 포함시키다'란 뜻으로 This hotel **features** a beautiful garden and luxurious restaurants. (이 호텔은 아름다운 정원과 고급스러운 레스토랑을 특징으로 한다.)와 같이 '~을 특징으로 한다'는 뜻을 가집니다.

1  A _____ of this building is a simple exterior design.

이 건물의 특징은 단순한 외부 디자인이다.

2  The softness of her _____, combined with her blond hair, is stunning.

금발과 함께 보여지는 그녀의 부드러운 얼굴은 너무나 아름답다.

3  A _____ article is usually presented in a separate column or box.

특집 기사는 보통 별도의 칼럼이나 박스에서 볼 수 있다.

4  This hotel _____ a beautiful garden and luxurious restaurants.

이 호텔은 아름다운 정원과 고급스러운 레스토랑을 특징으로 한다.

Ans 1 feature  2 features  3 feature  4 features

*The Oxford History of the British Empire*, a five-volume collection of British history, **features** the diplomatic interactions between Britain and non-Western societies up to the late twentieth century.

《옥스퍼드 영국 제국사》는 다섯 권으로 구성된 영국사 시리즈로, 20세기 후반까지의 영국과 비서구 사회 간의 외교적 교류를 주요 내용으로 다루고 있다.

단어 활용 지문 강의

---

## 18 **fit**

중등 레벨 ☐

**fit**
[fit]

**ⓥ 정확히 맞다**

This car is too big to **fit** in this place.
이 차는 너무 커서 이 장소에 들어가지 않는다.

고등 레벨 ☐

fit은 '정확히 맞다'란 뜻이죠. 장소나 공간뿐만 아니라, This skirt **fits** you perfectly. (이 치마 당신에게 딱 맞아요.)와 같이 '형태', She does not **fit** my image of how a mother should act. (그녀는 엄마는 이렇게 행동해야 한다는 내가 가진 이미지와 맞지 않는다.)와 같이 '조건', We are willing to **fit** our schedule to your plan. (우리 일정을 당신 계획에 기꺼이 맞출게요.)과 같이 '일정' 모두에 쓸 수 있어요. 수능에서는 This place does not seem to be **fit** for children. (이 장소는 아이들에게는 적절하지 않은 듯하다.)과 같이 '알맞은', '적합한'의 형용사로도 등장합니다. Can you tell me your secret that keeps you **fit**? (몸짱을 유지하는 비밀을 알려주실 수 있나요?)과 같이 '운동으로 다져진 탄탄함'을 뜻하기도 하죠. 접두사 un-을 더하면, These ingredients were found **unfit** for human consumption. (이 재료들은 인간이 먹기에는 부적합하다고 밝혀졌다.)과 같이 반대말이 됩니다.

1   This skirt _____ you perfectly.
이 치마 당신에게 딱 맞아요.

2 She does not _____ my image of how a mother should act.

그녀는 엄마는 이렇게 행동해야 한다는 내가 가진 이미지와 맞지 않는다.

3 We are willing to _____ our schedule to your plan.

우리 일정을 당신 계획에 기꺼이 맞출게요.

4 This place does not seem to be _____ for children.

이 장소는 아이들에게는 적절하지 않은 듯하다.

5 Can you tell me your secret that keeps you _____?

몸짱을 유지하는 비밀을 알려주실 수 있나요?

6 These ingredients were found _____ for human consumption.

이 재료들은 인간이 먹기에는 부적합하다고 밝혀졌다.

---

**미리 만나보는 예상 수능**

⟨2021학년도 30번⟩, ⟨2021학년도 23번⟩

---

The slums built during the 1960s were declared **unfit** for human habitation, because most places lacked a supply of clean water, reliable sanitation facilities, law enforcement and other basic services.

1960년대에 만들어진 이 빈민가들은 사람이 거주하기에 부적합하다는 판정을 받았는데, 이는 대부분이 깨끗한 물, 믿을 만한 위생시설, 치안, 기타 기본 서비스가 부족했기 때문이었다.

단어 활용 지문 강의

---

## 19 **identify**

**identify**

[aɪˈdentɪfaɪ]

ⓥ 알아보다, 확인하다

They **identified** the problems first and then sought a solution.

그들은 먼저 문제를 확인하고, 그 다음 해결책을 찾으려 했다.

**고등 레벨** ☐

identify는 '누군가를 혹은 무언가를 알아차리다'란 뜻으로, Can you **identify** your son by his voice? (목소리만으로 당신의 아들을 알아볼 수 있나요?)처럼 쓰이죠. 유의어인 recognize는 단순히 '인식하다'란 뜻이라면 identify는 인식해서 누구인지 혹은 무엇인지를 알아낸다는 의미를 가집니다. 그래서 '신분증'을 identification card라고 하죠. identity는 '신원'이나 '신분'을 뜻합니다. 형용사인 identical은 '동일한'이라는 다른 뜻(ex. These two pictures are virtually **identical**. 이 두 사진은 거의 똑같다.)이 있죠. 특히 수능에서는 '어떤 문제나 사실, 필요가 존재하고 있음을 인식하거나 보여준다'는 뜻(ex. Scientists have **identified** four different ways in which species become extinct. 과학자들은 종이 멸종하는 네 가지 다른 방식들을 알아냈다.)으로 등장하는 경우가 있습니다.

1 Can you _____ your son by his voice?
목소리만으로 당신의 아들을 알아볼 수 있나요?

2 These two pictures are virtually _____.
이 두 사진은 거의 똑같다.

3 Scientists have _____ four different ways in which species become extinct.
과학자들은 종이 멸종하는 네가지 다른 방식들을 알아냈다.

**미리 만나보는 예상 수능**
⟨2021학년도 24번⟩, ⟨2024학년도 33번⟩, ⟨2024학년도 38번⟩, ⟨2023학년도 18번⟩

Through fieldwork in local areas, researchers have **identified** ongoing negotiations among various actors, which shaped the nature, scope, and scale of their social practices.
지역 현지조사를 통해 연구자들은 다양한 행위자들 간의 지속적인 의견 절충 과정을 확인했는데, 이는 사회적 행위의 본질, 범위, 규모를 규정하고 있었다.

단어 활용 지문 강의

**Ans** 1 identify  2 identical  3 identified

# 20 **matter**

중등<br>레벨<br>□

## matter

[ˈmætə(r)]

**ⓝ 문제**

It is a personal **matter** whether he quits his job or not.
직장을 그만둘지 말지는 그의 개인적인 문제이다.

고등<br>레벨<br>□ matter는 '문제'를 뜻합니다. issue는 사회적으로 공론화되어 사람들의 관심을 끌고 있는 문제, problem은 해결해야 할 골칫거리 문제라면 matter은 대화하는 당사자간에 고민하고 처리해야 할 문제(ex. They have decided to deal with this **matter** in close collaboration with other divisions. 그들은 다른 부서들과 밀접하게 협력해서 이 문제를 처리하기로 결정했다.)를 나타냅니다. '물질'의 의미로, The addition of organic **matter** to the soil will help you harvest healthier crops. (토양에 유기물질을 첨가하면 당신은 보다 건강한 수확물을 얻을 수 있습니다.)라고 할 수도 있죠. 수능에서는 동사 활용에 유의해야 합니다. Success seems to **matter** more to him than anything else. (그에게는 성공이 그 어느 것보다 중요한 듯하다.)와 같이 '중요하다'란 뜻을 가지죠.

1 They have decided to deal with this _____ in close
collaboration with other divisions.
그들은 다른 부서들과 밀접하게 협력해서 이 문제를 처리하기로 결정했다.

2 The addition of organic _____ to the soil will help
you harvest healthier crops.
토양에 유기물질을 첨가하면 당신은 보다 건강한 수확물을 얻을 수 있습니다.

3 Success seems to _____ more to him than
anything else.
그에게는 성공이 그 어느 것보다 중요한 듯하다.

**미리 만나보는 예상 수능**
〈2024학년도 39번〉, 〈2024학년도 22번〉, 〈2022학년도 34번〉

Improving the website's visibility is not just about captivating content and catchy headlines—it still **matters** how to give some love to this visual content.

Ans 1 matter 2 matter 3 matter

웹사이트의 가시성을 높이는 것은 매혹적인 내용과 눈길을 끄는 헤드라인이 다가 아니다. 시각적 콘텐츠에 어떤 감동을 주는 것이 여전히 중요하다.

단어 활용 지문 강의

## 21 **object**

**object**
[ˈɑːb.dʒɪkt]

**ⓝ 물체**

We saw a strange **object** floating in the sky.
우리는 이상한 물체가 하늘에 떠다니는 것을 목격했다.

object는 품사에 따라 뜻이 심하게 달라지는 수능 빈출 단어 중 하나라서 모든 뜻을 자세히 살펴볼 필요가 있습니다. 명사로 '물체' 혹은 '대상'(ex. This **object** is made of clay. 이 물체는 점토로 만들어졌다.), 성취하고자 하는 '목적'(ex. The **object** of our expedition is to discover unknown materials. 이번 탐사의 목적은 알려지지 않은 물질을 찾아내는 것이다.)이라는 전혀 다른 뜻을 가지죠. 동사로는 '반대하다'(ex. The members **objected** to the construction plan. 회원들은 건립 계획에 반대했다.)이며, 명사형은 objection(ex. You should find a way to voice your **objection**. 당신의 반대 의견을 말할 방법을 찾아야 합니다.)입니다. objective는 형용사로 '객관적인'(ex. He could hardly remain **objective** when grading his son's paper. 그의 아들 과제를 평가할 때 그는 객관적일 수 없을 것이다.)이라는 뜻을 가지죠. 이 형용사가 The main **objective** of this program is to reduce poverty. (이 프로그램의 목표는 빈곤을 경감시키는 것이다.)와 같이 '목표'라는 명사의 뜻도 가지고 있어요. 한편 objectivity는 형용사 objective의 명사형(ex. How could they maintain **objectivity**? 그들은 어떻게 객관성을 유지할 수 있었죠?)으로, '객관성'을 뜻합니다.

1 This _____ is made of clay.
이 물체는 점토로 만들어졌다.

2 The _____ of our expedition is to discover unknown materials.
이번 탐사의 목적은 알려지지 않은 물질을 찾아내는 것이다.

3 The members _____ to the construction plan.

회원들은 건립 계획에 반대했다.

4 You should find a way to voice your _____.

당신의 반대 의견을 말할 방법을 찾아야 합니다.

5 He could hardly remain _____ when grading his son's paper.

그의 아들 과제를 평가할 때 그는 객관적일 수 없을 것이다.

6 The main _____ of this program is to reduce poverty.

이 프로그램의 목표는 빈곤을 경감시키는 것이다.

7 How could they maintain _____?

그들은 어떻게 객관성을 유지할 수 있었죠?

**미리 만나보는 예상 수능**

⟨2025학년도 39번⟩, ⟨2025학년도 24번⟩, ⟨2025학년도 38번⟩, ⟨2024학년도 34번⟩

To maintain a high standard of **objectivity**, many corporate leaders adopt structured and analytical decision-making processes that filter unconscious bias.

높은 수준의 객관성을 유지하기 위해서 많은 기업 총수들은 무의식적인 편견을 걸러낼 수 있는 구조화된 분석 의사결정 과정을 채택하고 있다.

단어 활용 지문 강의

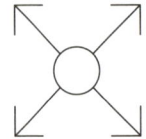

Master the Power of Word Shifts

# ²² **opposite**

중등
레벨

## opposite

[ɑ:pəzət ]

**ⓐ 반대의**

She hit a kid who was running in the **opposite** direction.
그녀는 반대편으로 달려가는 아이와 부딪쳤다.

---

고등
레벨

opposite은 '맞은편의' 혹은 '반대편의'이라는 뜻으로, The representatives were sitting on **opposite** sides of the table. (대표자들은 각각 테이블의 맞은편에 앉아 있었다.)과 같이 형용사로 쓰입니다. '완전히 다르다'는 뜻도 있어, They are completely **opposite** in every way, so it is hard for them to be friends. (그들은 모든 면에서 완전히 달라서 친구가 되기는 힘들다.) 라고 할 수 있죠. 수능에서는 이 단어가 명사(ex. Why did the **opposite** happen? 왜 정반대 상황이 발생했을까?), 부사(ex. He sat down, and I took a seat **opposite**. 그는 자리에 앉았고, 나는 맞은편에 앉았다.), 전치사(ex. The school was **opposite** the library. 학교는 도서관 맞은편에 있다.) 로 활용될 수 있으니 유의가 필요합니다. 같은 뿌리를 가진 '~을 반대하다'의 동사 oppose(ex. Most of the parents **opposed** the newly introduced agenda. 대부분의 학부모들은 새롭게 제시된 계획에 반대했다.)와 '반대'의 뜻을 가진 명사 opposition(ex. There is widespread **opposition** to this pension reform. 이 연금개혁에 대한 반대가 팽배하다.)도 함께 알아두면 좋겠죠.

1   The representatives were sitting on _____ sides of the table.
대표자들은 각각 테이블의 맞은편에 앉아 있었다.

2   They are completely _____ in every way, so it is hard for them to be friends.
그들은 모든 면에서 완전히 달라서 친구가 되기는 힘들다.

3   Why did the _____ happen?
왜 정반대 상황이 발생했을까?

4   He sat down, and I took a seat _____.
그는 자리에 앉았고 나는 맞은편에 앉았다.

5   The school was ＿＿＿＿＿＿ the library.

학교는 도서관 맞은편에 있다.

6   Most of the parents ＿＿＿＿＿＿ the newly introduced agenda.

대부분의 학부모들은 새롭게 제시된 계획에 반대했다.

7   There is widespread ＿＿＿＿＿＿ to this pension reform.

이 연금개혁에 대한 반대가 팽배하다.

**미리 만나보는 예상 수능**

〈2021학년도 30번〉, 〈2023학년도 23번〉, 〈2021학년도 19번〉

Why do we want to do the **opposite** of what other people tell us? It stems from several psychological and social factors, such as a sense of rebellion and a need to assert our independence.

왜 우리는 다른 사람들이 하라는 것의 반대로 하고 싶은 걸까? 이것은 반항심과 독립적인 존재이고 싶은 욕구와 같은 심리 사회적 요인에서 기인한다.

단어 활용 지문 강의

---

## 23  **otherwise**

중등
레벨 □

**otherwise**    ad 그렇지 않으면

[ˈʌðərwaɪz]

You have to save money. **Otherwise**, you will be in trouble.

돈을 모아야 해요. 그렇지 않으면 당신은 어려움을 겪을 겁니다.

고등
레벨 □

otherwise는 '그렇지 않으면' 혹은 '그 외에는'의 뜻으로 활용됩니다. This house needs painting, but **otherwise** it is in good condition. (이 집은 페인트칠을 해야 합니다. 하지만 그것만 아니면 상태는 좋은 편입니다.) 과 같이 부사, You had better carry your bag, **otherwise** it might be stolen. (가방을 들고 다니는 것이 좋겠어요. 그렇게 하지 않으면 도난당할 수 있어요.)과 같이 접속사로도 쓰이죠. 수능에서는 '다른 방식으로'라는 뜻의 활용에 유의해야 합니다. Unless

**otherwise** specified, all the ingredients are organic. (별도의 명시사항이 없다면 모든 재료는 유기농입니다.)와 같이 부사로 쓰이죠. 형용사로 쓰이는 otherwise는 '내가 생각하고 있던 것과 완전히 다른'이라는 뜻(ex. You said that he is a good person, but the truth is quite **otherwise**. 너는 그가 좋은 사람이라고 말했지만, 사실은 전혀 그렇지 않다.)을 가집니다.

1  This house needs painting, but _____ it is in good condition.

이 집은 페인트칠을 해야 합니다. 하지만 그것만 아니면 상태는 좋은 편입니다.

2  You had better carry your bag, _____ it might be stolen.

가방을 들고 다니는 것이 좋겠어요. 그렇게 하지 않으면 도난당할 수 있어요.

3  Unless _____ specified, all the ingredients are organic.

별도의 명시사항이 없다면 모든 재료는 유기농입니다.

4  You said that he is a good person, but the truth is quite

_____.

너는 그가 좋은 사람이라고 말했지만 사실은 전혀 그렇지 않다.

**미리 만나보는 예상 수능**

〈2024학년도 35번〉, 〈2026학년도 23번〉, 〈2018학년도 22번〉

This place is full of philosophical and scientific works of the Greeks and Romans, which **otherwise** might not have been preserved for today's readers.

이곳은 그리스 로마인들의 철학, 과학 서적으로 가득 차 있는데, 이곳이 없었다면 이 책들은 오늘날 읽힐 만큼 보존되지 못했을지도 모른다.

단어 활용 지문 강의

**Ans**  1 otherwise  2 otherwise  3 otherwise  4 otherwise

## process

[prɑːses]

**ⓝ 과정**

중등
레벨 □

Students are going to experience a series of learning **processes**.
학생들은 일련의 학습 과정을 경험하게 될 것이다.

고등
레벨 □

process는 '득정한 결과를 성취하기 위해 수행하는 일련의 행위 과정'를 뜻합니다. Building a good family is a long **process**. (훌륭한 가정을 이루는 것은 기나긴 과정이다.)라고 하죠. 자연적으로 일어나는 일련의 변화도, Aging is a gradual, continuous **process** of deteriorating physical functions. (노화는 육체적인 기능이 퇴화되는 점진적이며 지속적인 과정이다.)라고 합니다. 수능에서는 '어떤 것을 가공 혹은 처리하다'란 뜻의 동사 활용에 유의해야 합니다. 자연에서 온 재료를 공장에서 '가공한다'는 의미(ex. Standardizing milk is the first step in **processing** cheese in a factory. (우유 표준화가 공장에서 치즈를 가공하는 첫 번째 단계이다.), 서류나 요청을 공식적으로 '처리한다'는 의미(ex. Your application will be **processed** next week. 당신의 신청서는 다음 주에 처리될 예정이다.), 발생한 상황이나 정보를 '처리한다'는 의미(ex. Your brain **processes** information in its cerebral cortex. 당신의 뇌는 대뇌피질에서 정보를 처리한다.)로 모두 활용이 가능하죠.

1  Building a good family is a long _____.
   훌륭한 가정을 이루는 것은 기나긴 과정이다.

2  Aging is a gradual, continuous _____ of deteriorating physical functions.
   노화는 육체적인 기능이 퇴화되는 점진적이며 지속적인 과정이다.

3  Standardizing milk is the first step in _____ cheese in a factory.
   우유 표준화가 공장에서 치즈를 가공하는 첫번째 단계이다.

4  Your application will be _____ next week.
   당신의 신청서는 다음 주에 처리될 예정이다.

5    Your brain _____ information in its cerebral cortex.
당신의 뇌는 대뇌피질에서 정보를 처리한다.

## 미리 만나보는 예상 수능

〈2022학년도 37번〉, 〈2025학년도 29번〉, 〈2024학년도 31번〉 〈2022학년도 38번〉

Ultra-**processed** foods such as ice cream and soft drinks are associated with a high risk of cardiovascular disease because they contain high levels of saturated fat, salt, and sugar.

아이스크림이나 탄산음료와 같은 초가공 식품은 포화지방, 소금, 당분을 많이 함유하고 있기 때문에 심혈관 질환의 위험이 높은 것과 관련이 있다.

단어 활용 지문 강의

## 25 **project**

중등
레벨
□

**project**
[prɑːdʒekt]

🔵 프로젝트

They are doing a special **project** on sea animals.
그들은 해양 동물에 대한 특별 프로젝트를 진행 중이다.

고등
레벨    □

project는 명사로 '특정한 목적을 달성하기 위해 일정 기간 진행되는 일'(ex. The next **project** is to build an eco-friendly sewage system. 다음 프로젝트는 친환경적인 하수 시스템을 만드는 것이다.)을 말합니다. 빛, 소리 혹은 미사일 같은 것을 쏜다' (ex. Warm and sweet images are being **projected** onto the screen. (따뜻하고 평온한 이미지가 스크린에 투사되고 있다.)와 같은 동사 활용도 가능하죠. 수능에서는 특히 '가지고 있는 정보를 토대로 미래의 수치를 예상한다'는 뜻에 유의해야 합니다. The spending is **projected** to rise by five percent in the next quarter. (다음 분기 비용이 5퍼센트 증가할 것으로 예상된다.)와 같이 비용, 지출, 비율 등을 목적어로 취합니다. projection은 이것의 명사형으로 The sales were a little below last year's **projection**. (판매가 작년 예상치에 약간 미치지 못했다.)이라고 할 수 있죠.

1 The next _____ is to build an eco-friendly sewage system.

다음 프로젝트는 친환경적인 하수 시스템을 만드는 것이다.

2 Warm and sweet images are being _____ onto the screen.

따뜻하고 평온한 이미지가 스크린에 투사되고 있다.

3 The spending is _____ to rise by five percent in the next quarter.

다음 분기 비용이 5퍼센트 증가할 것으로 예상된다.

4 The sales were a little below last year's _____.

판매가 작년 예상치에 약간 미치지 못했다.

**미리 만나보는 예상 수능**

〈2023학년도 35번〉, 〈2022학년도 25번〉, 〈2022학년도 26번〉

---

One of the main components of a business plan is a financial **projection**—a forecast that shows the company's cash inflows and outlays, income, and balance sheet.

사업 계획서의 주요 구성 요소 중 하나는 재정 계획서로, 회사의 현금 유입, 경비, 수입, 대차대조표 등의 예상치를 보여주는 자료이다.

단어 활용 지문 강의

---

## 26 **provision**

중등 레벨 ☐

**provision**

[prəˈvɪʒn]

**ⓝ 제공**

The **provision** of good food is essential for child growth.

건강한 음식의 제공은 아이 성장에 필수적이다.

고등 레벨 ☐

'제공하다'의 뜻을 가진 provide의 명사형인 provision이 수능에 등장하기도 합니다. The **provision** of accurate

114

information will enable participants to build a website with greater precision. (정확한 정보 제공으로 참가자들은 더 정밀한 수준의 웹사이트를 만들 수 있을 것이다.)과 같이 '제공'이란 뜻으로 쓰이죠. 이외에도 The company was advised to make **provisions** against bankruptcy. (회사는 파산에 대비할 것을 권고받았다.)와 같이 '대비나 준비'의 뜻도 있습니다. '법률 관련 문서의 조항'을 provision(ex. They inserted some additional **provisions** into the lease. 그들은 집 계약서에 몇 개의 조항을 추가로 넣었다.)이라고도 하지요. 형용사 형태인 provisional은 '임시의'라는 전혀 다른 뜻으로 쓰여, The Korean **Provisional** Government was founded in Shanghai in 1919. (대한민국 임시 정부는 1919년 상하이에 세워졌다.)이라고 합니다.

1 The _____ of accurate information will enable participants to build a website with greater precision.
정확한 정보 제공으로 참가자들은 더 정밀한 수준의 웹사이트를 만들 수 있을 것이다.

2 The company was advised to make _____ against bankruptcy.
회사는 파산에 대비할 것을 권고받았다.

3 They inserted some additional _____ into the lease.
그들은 집 계약서에 몇 개의 조항을 추가로 넣었다.

4 The Korean _____ Government was founded in Shanghai in 1919.
대한민국 임시 정부는 1919년 상하이에 세워졌다.

**미리 만나보는 예상 수능**

⟨2022학년도 36번⟩, ⟨2023학년도 23번⟩

The regular **provision** of detailed reports or plans makes it possible to keep students and parents informed about the school's changing policies and new opportunities it is going to provide.
구체적인 내용의 보고나 계획을 정기적으로 제공함으로써 학교의 변화하는 정책과 학교에서 제공할 새로운 기회들을 학생과 학부모가 지속적으로 알 수 있게 된다.

단어 활용 지문 강의

**Ans** 1 provision  2 provisions  3 provisions  4 Provisional

# 27 **rest**

중등 레벨 ☐

**rest**
[rest]

**ⓝ 휴식**

My doctor told me to get some **rest** over the weekend.
의사는 나에게 주말 동안 좀 쉬라고 했다.

고등 레벨 ☐

rest는 '휴식'을 뜻합니다. After hours of hiking, they stopped at the basecamp for a **rest**. (몇 시간 동안 산행을 한 후 그들은 휴식을 위해 베이스캠프에서 멈췄다.)와 같이 명사, You had better **rest** your eyes at least once an hour. (적어도 한 시간에 한 번 눈을 쉬게 해주는 것이 좋을 겁니다.)와 같이 동사가 가능하죠. 이외에도 명사로는 '나머지'(ex. I gave away the **rest** of my shoe collection. 나머지 내 신발들은 무료로 나눠주었다.), 동사로는 무게가 지탱되도록 어딘가에 '두다' (ex. She **rested** her head on my shoulder. 그녀는 머리를 나의 어깨에 기대었다.)란 다른 뜻들도 있죠. 수능에서도 받침대의 역할을 하는, 즉 '기초하다'란 뜻 (ex. Her theory **rests** on the concept of relativity. (그녀의 이론은 상대성이라는 개념에 기초한다.)으로 등장하여 해석을 어렵게 하는 경우가 종종 있습니다.

1 After hours of hiking, they stopped at the basecamp for a
_____.
몇시간 동안 산행을 한 후 그들은 휴식을 위해 베이스캠프에서 멈췄다.

2 You had better _____ your eyes at least once an hour.
적어도 한 시간에 한 번 눈을 쉬게 해주는 것이 좋을 겁니다.

3 I gave away the _____ of my shoe collection.
나머지 내 신발들은 무료로 나눠주었다.

4 She _____ her head on my shoulder.
그녀는 머리를 나의 어깨에 기대었다.

5 Her theory _____ on the concept of relativity.
그녀의 이론은 상대성이라는 개념에 기초한다.

**Ans** 1 rest 2 rest 3 rest 4 rested 5 rests

This idea **rests** on the belief that humans can improve themselves through learning and that a harmonious society can be created when all members fulfill their obligations.

이런 생각은 인간은 배움을 통해 개선될 수 있고, 모든 구성원이 자신의 의무를 다할 때 조화로운 사회가 만들어질 수 있다는 믿음에 기초한다.

단어 활용 지문 강의

## 28 **sense**

중등 레벨 ☐

**sense**
[sens]

**ⓝ 감각**

A dog has an excellent **sense** of smell.
개는 뛰어난 후각을 가지고 있다

고등 레벨 ☐

sense는 수능에서 다양한 뜻으로 빈번하게 등장하는 단어이기 때문에 각각의 뜻을 면밀하게 공부할 필요가 있죠. 우선, 오감을 통해 인지하는 능력(ex. She has lost the **sense** of taste after the operation on her brain. 그녀는 뇌수술 후 미각을 잃었다.), 일반적인 이해(ex. Young kids have little **sense** of what is morally good. 어린 아이들은 무엇이 도덕적으로 올바른지에 대한 이해가 부족하다.)와 같이 쓰이죠. 동사로도 He **sensed** danger and ran away. (그는 위험을 감지하고 달아났다.)와 같이 '느낌으로 감지하다'란 뜻, 형용사인 sensory는 오감과 관련된(ex. This tour program will provide great **sensory** experiences. 이 여행 상품은 오감으로 느끼는 훌륭한 경험을 제공할 것입니다.)의 뜻을 가지죠. sensation은 오감으로 경험하는 감정(ex. They have travelled the world for new experiences and **sensations**. 그들은 새로운 경험과 느낌을 찾아 전 세계를 여행했다.)과 순간적인 흥분이나 동요(ex. This song was a worldwide **sensation**. 이 노래는 전 세계적인 센세이션을 일으켰다.)를 뜻합니다.

1 She has lost the _____ of taste after the operation on her brain.
그녀는 뇌수술 후 미각을 잃었다.

**2** Young kids have little _____ of what is morally good.

어린 아이들은 무엇이 도덕적으로 올바른지에 대한 이해가 부족하다.

**3** He _____ danger and ran away.

그는 위험을 감지하고 달아났다.

**4** This tour program will provide great _____ experiences.

이 여행 상품은 오감으로 느끼는 훌륭한 경험을 제공할 것입니다.

**5** They have travelled the world for new experiences and _____.

그들은 새로운 경험과 느낌을 찾아 전 세계를 여행했다.

**6** This song was a worldwide _____.

이 노래는 전 세계적인 센세이션을 일으켰다.

**미리 만나보는 예상 수능**

〈2024학년도 32번〉, 〈2023학년도 37번〉, 〈2021학년도 38번〉, 〈2021학년도 43~45번〉

When they returned to the parking lot, Grace and Clara saw the door of their car fly open and someone leap out of the car. They **sensed** something was going wrong.

주차장에 돌아왔을 때, Grace와 Clara는 자신들의 차문이 획 하고 열리더니 어떤 사람이 차 밖으로 튀어나오는 것을 목격했다. 그들은 뭔가 잘못되어 가고 있다는 것을 감지했다.

단어 활용 지문 강의

**Ans** 1 sense  2 sense  3 sensed  4 sensory  5 sensations  6 sensation

From Noun to Verb, Meaning in Motion

**span**

[spæn]

**ⓝ 주기**

This plant has a rather short life **span**.
이 식물은 다소 짧은 생애주기를 가지고 있다.

span은 어떤 것이 발생하거나 지속하는 시간의 기간, 즉 '주기'를 뜻합니다. The company has grown rapidly over a **span** of ten years. (그 회사는 10년에 걸쳐 빠르게 성장했다.)와 같이 쓰이죠. 수능에서는 life span(생애 기간), attention span(집중 지속 기간)과 같이 복합명사의 형태로 종종 등장하는데요, 동사 활용도 가능합니다. 특정한 시간 동안 지속했거나 존재했다는 의미로, Her career as a writer **spanned** five decades. (그녀의 작가로서의 경력은 50년에 이른다.) 라고 하죠. 넓은 지역을 포함한다는 뜻(ex. This ancient kingdom **spanned** three continents. 이 고대 왕국은 세 개의 대륙에 걸쳐 있었다.), 많은 것을 포함한다는 뜻(ex. His interests **spanned** not only language but also art and history. 그의 관심은 언어만 아니라 예술과 역사를 아우른다.), 어떤 것을 가로질러 뻗어 있다는 뜻(ex. There are six bridges that **span** this river. 이 강을 연결하는 다리는 여섯 개가 있다.)도 있습니다.

1 The company has grown rapidly over a _____ of ten years.
그 회사는 10년에 걸쳐 빠르게 성장했다

2 Her career as a writer _____ five decades.
그녀의 작가로서의 경력은 50년에 이른다.

3 This ancient kingdom _____ three continents.
이 고대 왕국은 세 개의 대륙에 걸쳐 있었다.

4 His interests _____ not only language but also art and history.
그의 관심은 언어만 아니라 예술과 역사를 아우른다.

5 There are six bridges that _____ this river.
이 강을 연결하는 다리는 여섯 개가 있다.

Ans 1 span 2 spanned 3 spanned 4 spanned 5 span

Research has shown that people's attention **spans** have shrunk over the past few decades in a measurable way as digital devices have begun to interfere in most parts of their daily lives.

디지털 기기가 사람들의 일상 대부분을 개입하게 되면서 지난 수십 년 동안 사람들의 집중 지속 기간이 눈에 띄게 줄어들었다고 연구는 밝히고 있다.

단어 활용 지문 강의

# 30 **stick**

중등 레벨 ☐

**stick**

[stɪk]

🅝 막대기

She is not able to walk without the aid of a **stick**.
그녀는 지팡이의 도움 없이는 걸을 수 없다.

stick은 길고 얇은 물건을 뜻합니다. 긴 나뭇가지(ex. We gathered **sticks** and made a campfire. 우리는 나뭇가지를 걷어와서 모닥불을 지폈다.), 지팡이나 스틱(ex. The first hockey **sticks** were made of mulberry wood. 처음에는 하키 스틱을 뽕나무로 만들었다.)을 모두 뜻하죠. 수능에서는 동사 활용에 유의해야 하는데, 대부분 '어딘가에 달라붙어 있다'는 뜻을 가지고 있습니다. 실체적으로 '~에 달라붙어 오도가도 못하다(ex. No matter how hard you push the car, it won't budge at all because it is **stuck** in the mud. 차를 아무리 밀어도 진흙탕에 빠져서 조금도 움직이지 않을 겁니다.), 달라붙어 참아내다(ex. I would not have been able to **stick** with this job if I had been in your place. 내가 당신 같은 상황이었다면 이런 직장에 붙어 있지 못했을 것이다.), 어려움에도 불구하고 어떤 것을 계속 고수한다는 뜻(ex. We judged it impossible to **stick** to his rules. 그의 규칙을 계속 따르는 것은 불가능하다고 우리는 판단했다.) 모두 가능하죠.

1 We gathered _____ and made a campfire.
우리는 나뭇가지를 걷어와서 모닥불을 지폈다.

2 The first hockey _____ were made of mulberry

wood.

처음에는 하키 스틱을 뽕나무로 만들었다.

3 No matter how hard you push the car, it won't budge at all because it is _____ in the mud.

차를 아무리 밀어도 진흙탕에 빠져서 조금도 움직이지 않을 겁니다.

4 I would not have been able to _____ with this job if I had been in your place.

내가 당신 같은 상황이었다면 이런 직장에 붙어 있지 못했을 것이다.

5 We judged it impossible to _____ to his rules.

그의 규칙을 계속 따르는 것은 불가능하다고 우리는 판단했다.

**미리 만나보는 예상 수능**

〈2024학년도 21번〉, 〈2025학년도 15번〉, 〈2025학년도 43~45번〉, 〈2022학년도 32번〉

Food and beverages provide the energy and nutrients needed to maintain health and reduce the risk of disease. **Sticking** to a balanced diet can change eating patterns and energy levels.

음식과 음료는 건강을 유지하고 질병 위험을 낮추는 데 필요한 에너지와 영양분을 제공한다. 균형 잡힌 식단을 고수하면, 식사 패턴과 에너지의 수준을 바꿀 수 있다.

단어 활용 지문 강의

---

## 31 **subject**

중등레벨

**subject**

[sʌbdʒekt]

**n** 주제, 과목

Today's **subject** for discussion is the influence of social media.

오늘 토론의 주제는 소셜미디어가 미치는 영향이다.

고등레벨

subject는 수능 최고 빈출 단어 중 하나로, 쓰이는 뜻과 품사가 다양해 하나씩 정확하게 정리해 둘 필요가 있습니다. 명사로는 주제(ex. What is the **subject** of today's discussion? 오늘 토론의 주제는 무엇인가요?), 과목(ex.

His favorite **subject** is English. 그가 가장 좋아하는 과목은 영어이다.) 등의 뜻으로 활용됩니다.
이외에도 실험 참가자(ex. There was little difference between male and female **subjects**. 남성
여성 피실험자들 간의 차이는 거의 없었다.), 문법의 주어(ex. "A cat" is the **subject** of the
sentence "A cat sneaked out of the room". '고양이는 방을 살금살금 빠져나갔다'라는 문장의 주어
는 '고양이'다.)라는 뜻이 있죠. 동사로는 '~을 복종시키다'(ex. The invaders immediately
**subjected** the local people to their rule. 침략자들은 현지인들을 자신들의 지배하에 두었다.)란
뜻이 있어요. 수능에서 특히 유의해야 할 활용은 If you commit a crime, you will
be **subject** to punishment. (범죄를 저지르면 처벌을 받게 될 것이다.)와 같이 전치사
to와 함께 '~에 처해지는'의 형용사 subject입니다. subjective도 형용사이지만
'주관적인'(ex. **Subjective** interpretation is based on personal feelings, opinions, and experiences.
주관적인 해석은 개인적인 느낌, 의견, 경험에 기반한다.)이라는 다른 뜻을 가지죠.

1   What is the _____ of today's discussion?
    오늘 토론의 주제는 무엇인가요?

2   His favorite _____ is English.
    그가 가장 좋아하는 과목은 영어이다.

3   There was little difference between male and female
    _____.
    남성 여성 피실험자들 간의 차이는 거의 없었다.

4   "A cat" is the _____ of the sentence "A cat
    sneaked out of the room".
    '고양이는 방을 살금살금 빠져나갔다'라는 문장의 주어는 '고양이'다.

5   The invaders immediately _____ the local people
    to their rule.
    침략자들은 현지인들을 자신들의 지배하에 두었다.

6   If you commit a crime, you will be _____ to
    punishment.
    범죄를 저지르면 처벌을 받게 될 것이다.

7   _____ interpretation is based on personal feelings,
    opinions, and experiences.
    주관적인 해석은 개인적인 느낌, 의견, 경험에 기반한다.

Anyone who had been **subject** to unfair labor practices was allowed to file a petition with the court, but it was time-consuming and extremely expensive.

부당한 노동 행위를 당한 사람은 누구나 법원에 탄원서를 제출할 수 있었지만, 시간이 너무나 오래 걸리고 비용이 너무나 비쌌다.

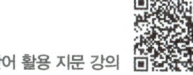

단어 활용 지문 강의

---

## 32 **suit**

중등레벨

☐

**suit**

[su:t]

● **정장**

All the men were dressed in black **suits**.
모든 남자들이 검정색 양복을 입고 있었다.

고등레벨 ☐

suit는 보통 '정장'이란 뜻으로 알려져 있지만, '소송'(ex. She has filed a **suit** against her company. 그녀는 회사를 상대로 소송을 걸었다.)이란 뜻으로도 자주 활용되죠. 동사로는 '특정한 대상에 맞다'는 뜻으로, We provide various foods that **suit** all tastes. (모든 입맛에 맞는 다양한 요리를 제공하고 있다.)라고 하거나, '어렵지 않고 편리하다'는 뜻으로 Five o'clock **suits** me best. (5시가 나는 가장 좋은데.), '잘 어울린다'는 뜻으로, A blue shirt really **suits** him. (파란색 셔츠가 그에게 정말 어울린다.)이라고 하죠. 수능에서는 형용사로 활용되는 suited도 유의해야 합니다. Which candidate do you think is most **suited** for this position? (이 자리에 가장 맞는 후보자는 누구라고 생각합니까?)과 같이 '~에 적합한'이라는 뜻으로 쓸 수 있어요. 앞에 un-을 더하면 반대의 뜻(ex. I found myself **unsuited** to country life. 시골 생활에 나는 맞지 않다는 것을 알았다.)을 가집니다.

1   She has filed a _____ against her company.
     그녀는 회사를 상대로 소송을 걸었다.

2   We provide various foods that _____ all tastes.
     모든 입맛에 맞는 다양한 요리를 제공하고 있다.

3 Five o'clock _____ me best.
5시가 나는 가장 좋은데.

4 A blue shirt really _____ him.
파란색 셔츠가 그에게 정말 어울린다.

5 Which candidate do you think is most _____ for this position?
이 자리에 가장 맞는 후보자는 누구라고 생각합니까?

6 I found myself _____ to country life.
시골 생활에 나는 맞지 않다는 것을 알았다.

**미리 만나보는 예상 수능**

〈2021학년도 23번〉, 〈2024학년도 18번〉, 〈2023학년도 30번〉, 〈2023학년도 22번〉

---

The organisms that are most **suited** to their environment have a good chance of surviving; for example, camels have a thick layer of fur that shields them from the sun and large feet for stability on the shifting sands of the desert.

환경에 가장 적합한 생물이 생존할 가능성이 높다. 예를 들어 낙타는 태양을 막아주는 두꺼운 털과 움직이는 사막의 모래 위에 설 수 있는 큰 발을 가졌다.

단어 활용 지문 강의

---

# 33 **supply**

중등
레벨

**supply**

[səˈplaɪ]

**ⓥ** 제공하다, 공급하다

The power station **supplies** us with electricity.
발전소는 우리에게 전기를 공급한다.

고등
레벨

supply는 '필요한 것을 대량으로 오랜 기간 제공한다'는 뜻의 동사로 알려져 있습니다. Irrigation is the practice of **supplying** the land with water for crops. (관개는 농사를 짓기 위해 땅에 물을 대는 행위

이다.)라고 하죠. 수능에서는 supply가 명사로 종종 등장하는데요, 어떤 것을 제공하는 행위(ex. It can disrupt the blood **supply** to the brain. 이것이 뇌로의 혈액 공급에 지장을 줄 수 있다.)뿐 아니라, 제공하는 물건도 supply라고 하죠. 생활에 필요한 음식이나 물건(ex. Medical **supplies** for the victims have arrived at the port. 희생자들을 위한 의약품이 항구에 도착했다.), 비축해 두는 용품(ex. Office **supplies** are running out at the moment. 현재 사무용품이 부족하다.), 이용 가능한 비축된 자원(ex. The indiscriminate use of it can reduce the **supply** of oil in this area. 이것의 무분별한 사용은 이 지역의 석유 자원을 감소시킬 수 있다.)이라고 할 수 있습니다.

1 Irrigation is the practice of _____ the land with water for crops.

관개는 농사를 짓기 위해 땅에 물을 대는 행위이다.

2 It can disrupt the blood _____ to the brain.

이것이 뇌로의 혈액 공급에 지장을 줄 수 있다.

3 Medical _____ for the victims have arrived at the port.

희생자들을 위한 의약품이 항구에 도착했다.

4 Office _____ are running out at the moment.

현재 사무용품이 부족한다.

5 The indiscriminate use of it can reduce the _____ of oil in this area.

이것의 무분별한 사용은 이 지역의 석유 자원을 감소시킬 수 있다.

**미리 만나보는 예상 수능**

〈2022학년도 30번〉, 〈2024학년도 16번〉, 〈2021학년도 32번〉

Large-scale mining development had significantly reduced the **supply** of coal, and furthermore caused serious environmental impacts on the local ecosystem.

대규모 탄광 개발은 석탄 공급량을 크게 감소시켰으며, 더 나아가 지역 생태계 환경에 심각한 영향을 미쳤다.

단어 활용 지문 강의

**Ans** 1 supplying 2 supply 3 supplies 4 supplies 5 supply

# 34 **value**

**value**
[ˈvæljuː]

🅝 **가치**

My parents place a high **value** on honesty.
우리 부모님은 정직함에 높은 가치를 두신다.

고등 레벨 □

value는 어떤 것의 '금전적 가치'를 뜻(ex. The **value** of this painting is no less than millions of dollars. 이 그림의 금전적 가치는 적어도 수백만 달러에 달한다.)하기도 하고, '중요함을 나타내는 가치'를 뜻(ex. People who put a high **value** on education tend to have advanced degrees. 교육에 높은 가치를 두는 사람들은 고급 학위(석박사 등)를 가지고 있는 경향이 있다.)하기도 하죠. 무엇보다 수능에서는 '~의 금전적 가치를 매기다', 혹은 '~을 가치 있게 생각하다' 등의 동사 활용에 유의해야 합니다. 우선, '금전적인 가치를 따지다'란 뜻으로, She handed down her necklace, **valued** over a million dollars, to her daughter. (그녀는 백만 달러가 넘는 목걸이를 그녀의 딸에게 물려주었다.)라고 할 수 있죠. '가치 있는 것으로 소중히 여기다'란 뜻도 있어, This community has a custom of **valuing** respect for the elderly. (이 지역사회는 노인 공경에 중요한 가치를 부여하는 관습이 있다.)라고 합니다. devalue는 She seems to have **devalued** his achievement. (그녀는 그의 성과 가치를 낮춰 보려고 했던 것 같다.)와 같이 '가치를 낮게 본다'는 반대의 의미를 가집니다.

1 The _____ of this painting is no less than millions of dollars.
이 그림의 금전적 가치는 적어도 수백만 달러에 달한다.

2 People who put a high _____ on education tend to have advanced degrees.
교육에 높은 가치를 두는 사람들은 고급 학위(석·박사 등)를 가지고 있는 경향이 있다.

3 She handed down her necklace, _____ over a million dollars, to her daughter.
그녀는 백만 달러가 넘는 목걸이를 그녀의 딸에게 물려주었다.

4 This community has a custom of _____ respect for the elderly.
이 지역사회는 노인 공경에 중요한 가치를 부여하는 관습이 있다.

Ans 1 value 2 value 3 valued 4 valuing 5 devalued

126

5   She seems to have _____ his achievement.

그녀는 그의 성과 가치를 **낮춰 보려고** 했던 것 같다.


**미리 만나보는 예상 수능**

〈2025학년도 36번〉, 〈2025학년도 23번〉, 〈2024학년도 23번〉, 〈2023학년도 40번〉

**Valuing** green spaces has been made possible with the development of natural capital accounting, which is a tool to integrate the value of natural capital into the accounting system.

자연 자본의 가치를 회계시스템에 통합하는 도구인 자연자본회계의 개발로 녹지의 경제적 가치를 평가하는 것이 가능하게 되었다.

단어 활용 지문 강의


# 35 **vary**

중등 레벨 ☐

**vary**
[væri]

**ⓥ** 다르다, 다양하다

The bags **vary** in color and size.
이 가방들은 색깔과 크기가 다양하다.


고등 레벨 ☐

vary는 동사로 '다르다'란 뜻을 가집니다. '다르다'고 하면 형용사 different를 생각하기 쉽지만, 동사 vary는 차이를 강조하는 단어로 수능에 매우 자주 등장하죠. 주로 크기, 형태, 수준이 다양하다는 의미로, The hotel rooms **vary** in size and price but they all face the south. (호텔방은 크기와 가격이 다양하지만 모두 남쪽을 바라보고 있다.)와 같이 전치사 in과 함께 쓰는 경우가 많습니다. vary의 형용사 형태는 '다양한'이란 뜻의 various(ex. People have **various** reasons for their decisions. 사람들은 자신의 결정에 대해 다양한 이유를 가지고 있다.)말고도 '서로 다른 차이가 있는'의 varied(ex. They offer **varied** and exciting social events. 그들은 서로 다른 흥미로운 친목 행사를 제공한다.)도 있습니다. 명사형인 variation은 Birth rates show less regional **variation** than death rates. (출산율은 사망율보다 지역적 차이가 크지 않다.)와 같이 양이나 수준에 있어서의 차이를 나타냅니다.

1 The hotel rooms _____ in size and price but they all face the south.

호텔방은 크기와 가격이 다양하지만 모두 남쪽을 바라보고 있다.

2 People have _____ reasons for their decisions.

사람들은 자신의 결정에 대해 다양한 이유를 가지고 있다.

3 They offer _____ and exciting social events.

그들은 서로 다른 흥미로운 친목 행사를 제공한다.

4 Birth rates show less regional _____ than death rates.

출산율은 사망율보다 지역적 차이가 크지 않다.

**Ans** 1 vary 2 various 3 varied 4 variation

**미리 만나보는 예상 수능**

〈2025학년도 40번〉, 〈2023학년도 39번〉, 〈2022학년도 34번〉, 〈2021학년도 34번〉

The meanings of certain words **vary** in time and space, which depend on the socio-cultural contexts in which they are spoken and written.

특정 단어의 의미는 시간과 공간에 따라 다른데, 이것은 이 단어가 말해지고 쓰여지는 사회 문화적 맥락에 따라 결정된다.

단어 활용 지문 강의

# 36 **yield**

중등 레벨 □

**yield**

[ji:ld]

**ⓥ 생산하다**

The orange trees have **yielded** a large harvest this year.

올해 오렌지 나무에 오렌지가 많이 열렸다.

고등 레벨 □

yield는 이윤이나 정보, 식량 같은 긍정적인 것들을 생산하거나 공급한다는 뜻으로, Aggressive marketing will **yield** higher profits. (적극적인 마케팅으로 이윤이 상승할 것이다.)라고 할 수 있어요. 수능에서는

'산출량' 혹은 '생산량'을 뜻하는 명사 활용 (ex. Improvement in crop **yields** helps feed the growing population. (농작물 수확량 증가는 늘어나는 인구의 식량 확보에 도움이 된다.)에 유의해야 합니다. 동사로 이외에도 '강압에 의해 무언가를 내 주다'란 뜻(ex. Her grandparents were forced to **yield** their land to the government. 그녀의 조부모는 정부에 강제로 자신들의 땅을 내 주었다.)과 '~에 굴복하다'란 뜻(ex. He struggled to overcome the oppression but eventually **yielded** to the growing pressure. 그는 억압을 이겨내려고 노력했지만 결국 강력해지는 압력에 굴복했다.)과 같이 부정적인 의미도 있습니다.

1 Aggressive marketing will _____ higher profits.
   적극적인 마케팅으로 이윤이 상승할 것이다.

2 Improvement in crop _____ helps feed the growing population.
   농작물 수확량 증가는 늘어나는 인구의 식량 확보에 도움이 된다.

3 Her grandparents were forced to _____ their land to the government.
   그녀의 조부모는 정부에 강제로 자신들의 땅을 내주었다.

4 He struggled to overcome the oppression but eventually _____ to the growing pressure.
   그는 억압을 이겨내려고 노력했지만 결국 강력해지는 압력에 굴복했다.

**미리 만나보는 예상 수능**
〈2022학년도 30번〉, 〈2025학년도 36번〉

This program has demonstrated how pharmaceutical manufacturers boost **yield** and optimize their processes using data analysis, AI, and machine learning.
이 프로그램은 제약회사들이 어떻게 산출량을 높이고 데이터 분석, AI, 머신 러닝을 통해 그 과정을 최적화하는지를 보여주고 있다.

단어 활용 지문 강의

Ans 1 yield  2 yields  3 yield  4 yielded

# WORD SHIFT

# 3

## 어원 구조를
## 놓치지 않는 단어 학습

Key Insight

단어는 뿌리에서 힘이 나온다, 어원을 익혀라

"어원은 단어의 지도다."

"뿌리를 알면 처음 보는 단어가 두렵지 않다."

"어원은 암기를 이해로 바꿔 준다."

## Strategy Guide

서양권 언어들은 대부분 라틴어에 뿌리를 두고 있습니다. 영어도 그 중 하나이죠. 같은 뿌리에서 뻗어 나와 다양한 영역에서 활약하고 있지만, 모두들 해당 어원에 기반한 교집합을 가지고 있어요. **이 교집합의 족보를 확보한다면 여러 단어를 하나의 묶음으로 모아 효율적으로 암기**할 수 있습니다. 같은 어원을 가진 collaborate와 elaborate를 예로 들 수 있죠. collaborate는 '함께'를 뜻하는 col-과 '노동'을 뜻하는 labor가 합쳐져, '협력하다'란 뜻이고, elaborate는 out 혹은 fully, 즉 '완전히,' '전적으로'를 뜻하는 e-와 labor가 합쳐져, '자세하고 정교하게 만들다' 혹은 '자세하게 말하다'란 뜻을 가지게 되었죠. 이와 더불어, **모르는 단어의 뜻을 유추할 때도 어원은 요긴하게 활용**됩니다. 예를 들어, -spire는 'breathe(숨을 쉬다)'의 뜻을 가진 라틴어 spirare에 뿌리를 둔 접미사입니다. -spire가 있으면 '숨/생명/에너지 등을 불어넣는다'는 교집합을 가지게 되죠. 그래서 respire (re- (반복적으로)와 결합해, '호흡하다'), inspire (in-(안으로)과 결합해, '영감을 주다), aspire (a-(~을 향해)와 결합해, '~을 열망하다') 같은 단어들을 문맥에 비추어 유추할 수 있는 겁니다.

MP3
다운로드&듣기

중등
레벨

**accompany** ⓥ 동반하다

[əˈkʌmpəni]

My mother will **accompany** me to the store.
엄마가 나랑 가게에 함께 갈 겁니다.

고등
레벨

accompany에 포함된 company는 companion과 같은 어원을 가집니다. companion은 함께(com-) 빵을 나눠 먹는(-panion) '동반자'나 '함께 가는 벗'을 뜻하죠. He happened to be my travelling **companion**. (어쩌다 보니 그와 함께 여행을 하게 되었다.)이라고 할 수 있죠. 그리고 이런 관계로 모인 집단을 company라고 합니다. 빵을 나눠 먹기 위해 물건이나 서비스를 파는 집단, 즉 '회사'를 뜻하죠. 여기에 ac-가 붙으면 '~에, ~을 향해'라는 뜻이 첨가되어 '~에게 동반을 해주다'는 뜻이 됩니다. Every kid should be **accompanied** by an adult. (모든 아이들은 어른과 동행해야 합니다.)와 같이 사람이 함께 가는 것뿐만 아니라, This storm is expected to be **accompanied** by a lot of rain. (이 태풍은 많은 비를 동반할 것으로 예상된다.)과 같이 '함께 발생한다'는 의미로 수능에 활용될 수 있어요. I sang and he **accompanied** me on the piano. (나는 노래했고, 그는 피아노 반주를 했다.)와 같이 '반주하다'란 뜻도 있습니다.

1 He happened to be my travelling _____.
어쩌다 보니 그와 함께 여행을 하게 되었다.

2 Every kid should be _____ by an adult.
모든 아이들은 어른과 동행해야 합니다.

3 This storm is expected to be _____ by a lot of rain.
이 태풍은 많은 비를 동반할 것으로 예상된다.

4 I sang and he _____ me on the piano.
나는 노래했고, 그는 피아노 반주를 했다.

**Ans** 1 companion 2 accompanied 3 accompanied 4 accompanied

Depression is often **accompanied** by sleep disorders. People with depression may find it difficult to fall asleep and stay asleep during the night, and they may suffer from excessive daytime sleepiness.

우울증은 종종 수면장애를 동반한다. 우울증이 있는 사람들은 밤에 잠들거나 잠을 유지하기가 어렵고, 낮 동안 과도한 졸림을 겪을 수 있다.

단어 활용 지문 강의

## 02 **accurate**

중등 레벨 ☐

**accurate**

[ˈækjərət]

ⓐ 정확한

It is important to be **accurate** when you write a report.
보고서를 쓸 때 정확하게 쓰는 것이 중요하다.

accurate는 라틴어 '~을 향해(toward)'를 뜻하는 ac-와 '주의와 신경(care)'을 뜻하는 -cura가 합쳐져, 어떤 것에 철저한 주의를 기울여 '틀림없고 정확하다'란 의미(ex. This program is not yet **accurate** enough to make its outcomes public. 이 프로그램은 결과물을 대중에 공개할 만큼 아직 정확하지 않다.)로 사용됩니다. 접두사 in-을 더하면 반대 의미(ex. **Inaccurate** measurements can result in serious losses. 정확하지 않은 측정치는 심각한 손실을 가져올 수 있다.)를 가지죠. 수능에는 명사형인 accuracy가 의외로 자주 등장하는데요. We always double-check the figures to ensure **accuracy**. (정확성을 보장하기 위해 우리는 항상 이 수치를 더블 체크한다.) 와 같이 '정확성'을 뜻합니다. ac-가 포함된 또 다른 단어는 accuse인데요, '이유와 근거 혹은 소송'을 뜻하는 라틴어 -causa가 합쳐져 '~에 대해 비난하다', '~을 고발하다'란 뜻을 가집니다. He was **accused** of stealing a car last week. (그는 지난주 차를 훔쳤다는 이유로 고발되었다.)라고 할 수 있죠. accelerate는 '재빠름(swift)'을 뜻하는 라틴어 -celer와 결합해 '~을 빨라지게 하다'란 뜻(ex. Are you certain that deregulation can **accelerate** economic growth? 규제 완화가 경제 성장을 가속화할 것이라고 확신하시나요?)을 가집니다.

1 This program is not yet _____ enough to make its outcomes public.

이 프로그램은 결과물을 대중에 공개할 만큼 아직 정확하지 않다.

2 _____ measurements can result in serious losses.

정확하지 않은 측정치는 심각한 손실을 가져올 수 있다.

3 We always double-check the figures to ensure _____.

정확성을 보장하기 위해 우리는 항상 이 수치를 더블 체크한다.

4 He was _____ of stealing a car last week.

그는 지난주 차를 훔쳤다는 이유로 고발되었다.

5 Are you certain that deregulation can _____ economic growth?

규제 완화가 경제 성장을 가속화할 것이라고 확신하시나요?

**미리 만나보는 예상 수능**

〈2021학년도 23번〉, 〈2025학년도 36번〉, 〈2024학년도 38번〉, 〈2023학년도 41~42〉

A portrait is a pictorial representation of a person in which the face is always predominant; **accurate** measurement of distances between features has been used as one of the crucial techniques.

초상화는 사람을 그림으로 표현한 것으로 얼굴이 항상 부각된다. 이목구비 간의 정확한 거리 측정이 중요한 기술 중 하나로 사용된다.

단어 활용 지문 강의

---

## 03 **aspect**

중등 레벨
□

**aspect**

[ˈæspekt]

 **ⓝ 측면**

We just looked at the financial **aspect** of this event.

우리는 이 행사의 재정적인 측면만 살펴봤다.

수능에서 '~을 보다(look at)'를 뜻하는 접미사 -spect가 들어간 단어 aspect, inspect, respect 모두 사용 빈도가 높습니다. '~에(to, at)'를 뜻하는 a-와 합쳐져 특정대상의 구체적인 측면을 뜻하는 aspect(ex. They will cover every **aspect** of publication. (그들은 출판 작업의 모든 측면을 살펴볼 것이다.), 안쪽을 뜻하는 in-과 합쳐져 안쪽을 보다, 즉 '점검 혹은 조사하다'란 뜻의 inspect(ex. Government officials visited the power plant to **inspect** it. 발전소를 점검하기 위해 공무원들이 방문했다.)가 만들어졌죠. respect는 존중과 존경의 마음을 가지고 뒤에서(re-) 바라본다는 의미로, She has been **respected** for her knowledge in medicine. (의학에 대한 지식으로 그녀는 존경받아 왔다.)과 같이 쓸 수 있어요. respect는 또한 어떤 대상의 특정한 측면을 뜻하는 aspect와 달리 This report is not correct in many **respects**. (이 보고서는 많은 내용에서 사실과 맞지 않다.)와 같이 '개념적, 추상적인 차원의 측면'을 뜻하기도 합니다.

1  They will cover every _____ of publication.
그들은 출판 작업의 모든 측면을 살펴볼 것이다.

2  Government officials visited the power plant to _____ it.
발전소를 점검하기 위해 공무원들이 방문했다.

3  She has been _____ for her knowledge in medicine.
의학에 대한 지식으로 그녀는 존경받아 왔다.

4  This report is not correct in many _____.
이 보고서는 많은 내용에서 사실과 맞지 않다.

**미리 만나보는 예상 수능**
〈2025학년도 31번〉, 〈2024학녀도 21번〉, 〈2024학녀도 24번〉, 〈2023학녀도 24번〉

The Industrial Revolution greatly affected many **aspects** of people's lives, such as family structures, means of livelihood, types of housing, and levels of education.
산업혁명은 가족 구조, 생계 수단, 주택 형태, 교육 수준 등과 같은 사람들의 삶의 많은 측면에 큰 영향을 미쳤다.

단어 활용 지문 강의

Ans 1 aspect  2 inspect  3 respected  4 respects

# 04 **aspire**

**aspire**

[əˈspaɪə(r)]

**ⓥ 열망하다**

She aspired to be a musician.
그녀는 음악가가 되기를 열망했다.

접미사 -spire는 '숨을 쉬다'는 뜻을 가진 라틴어에서 왔어요. respire는 반복해서(re-) 숨을 쉬는 것이니, '호흡하다'란 뜻 (ex. Do you know that these animals **respire** through their skin? 이 동물들이 피부로 호흡한다는 것을 아시나요?)을 가집니다. inspire는 내면에(in-) 숨을 불어넣는 것이니, '영감이나 감흥을 준다'는 의미(ex. This book has **inspired** many young readers. 이 책은 많은 젊은 독자들에게 감흥을 주었다.)를 가지죠. aspire는 무언가를 향해(a-) 숨을 불어넣는 것이니, '~을 열망하다'란 뜻으로 She **aspired** to become a competent, highly-rated engineer. (그녀는 높이 평가받는 능력 있는 기술자가 되기를 열망했다.)와 같이 쓰입니다. 수능에서는 특히 inspire와 aspire의 출제 빈도가 높죠. Inspiring(고무적인)이나 aspiring(포부가 있는)과 같이 분사 형태로 형용사 기능을 하기도 합니다. 같은 어원을 가진 conspire는 '여럿이 함께 (con-)' 어떤 것에 숨을 집어넣는 것으로, '여럿이 공모하거나 작당한다'는 뜻(ex. They have been charged with **conspiring** to rob the bank. 그들은 은행을 털기 위해 공모한 혐의로 기소되었다.)으로 쓰입니다.

1 Do you know that these animals _____ through their skin?
이 동물들이 피부로 호흡한다는 것을 아시나요?

2 This book has _____ many young readers.
이 책은 많은 젊은 독자들에게 감흥을 주었다.

3 She _____ to become a competent, highly-rated engineer.
그녀는 높이 평가받는 능력 있는 기술자가 되기를 열망했다.

4 They have been charged with _____ to rob the bank.
그들은 은행을 털기 위해 공모한 혐의로 기소되었다.

Edward Jenner quickly reached the level of scholarship that the rest of his colleagues **aspired** to, and became the first person to successfully test a smallpox vaccine.

에드워드 제너는 다른 동료들이 열망하던 학문적 수준에 빠르게 도달하였고, 천연두 백신을 성공적으로 실험한 최초의 인물이 되었다.

단어 활용 지문 강의

---

## 05 **assess**

중등 레벨 ☐

**assess**

[əˈses]

**ⓥ 평가하다**

Teachers regularly **assess** student performance.
선생님들은 학생들의 학업 성과를 정기적으로 평가한다.

assess의 a-는 '~에(at, to)', -ssess는 '앉다(sit)'를 뜻하는 라틴어에서 왔죠. 즉, 옆에 앉아서 그 대상을 '평가하다'란 의미로, A special team has been formed to **assess** the damage caused by the earthquake. (지진으로 인한 피해를 평가하기 위해 특별팀이 만들어졌다.)라고 할 수 있어요. 수능에서는 명사형 assessment(ex. A risk **assessment** was conducted before the project was launched. 프로젝트 시작 전에 위험 평가를 진행했다.)도 종종 등장하니 함께 기억해 두는 것이 좋아요. obsess는 '~에 대한, ~을 향한(toward, against)'을 뜻하는 ob-와 합쳐져서 어떤 것에 대해 앉아서 그것만 계속 생각한다는 의미로, He was only **obsessed** with his own career success. (그는 오로지 직장에서의 자신의 성공에만 집착했다.)라고 하죠. possess는 '통제권을 가짐, 혹은 ~의 주인임(be master of, having power)'을 뜻하는 po-와 합쳐 '자신의 것을 가지고 앉아 있음', 즉 '~을 소유하다'란 뜻으로, People tend to judge their own success in terms of material **possessions**. (사람들은 누군가의 성공을 물질적 소유물을 기준으로 평가하는 경향이 있다.)라고 할 수 있죠.

1. A special team has been formed to _____ the damage caused by the earthquake.

지진으로 인한 피해를 평가하기 위해 특별팀이 만들어졌다.

2. A risk _____ was conducted before the project was launched.

프로젝트 시작 전에 위험 평가를 진행했다.

3. He was only _____ with his own career success.

그는 오로지 직장에서의 자신의 성공에만 집착했다.

4. People tend to judge their own success in terms of material _____.

사람들은 누군가의 성공을 물질적 소유물을 기준으로 평가하는 경향이 있다.

**미리 만나보는 예상 수능**

<2025학년도 36번>, <2024학년도 30번>, <2022학년도 21번>, <2021학년도 32번>

**Assessment** of children's reading ability became more complicated at the time, as a variety of representational forms—such as pictures, graphics, and maps—began to be regarded as text.

당시 그림, 그래픽, 지도와 같은 다양한 표현 형태가 텍스트로 간주되기 시작하면서, 아동의 독해 능력 평가는 더욱 복잡해졌다.

단어 활용 지문 강의

---

## 06 **assume**

**assume**

[əˈsuːm]

ⓥ 짐작하다, 여기다

They **assume** him to be guilty.
그들은 그가 죄가 있다고 여긴다.

중등
레벨
☐

고등
레벨 ☐

assume에서 a-는 '~을 향해(toward)', -ssume는 '~을 가지다(take)'를 의미합니다. assume은 수능에서 다양한 뜻으로 활용되는데 공통점은 생각이든, 책임이든, 성질이든 '어떤 것을 가진다'는 것입니다. 그래서 We all **assumed** that he succeeded in getting a job because he had a smile on his face. (그가 웃고 있었기 때문에 우리 모두는 그가 취직에 성공했다고 짐작했다.) 와 같이 의심 없이 사실일 것이라고 그대로 '가지는 것', If you don't keep your belongings in the locker, we don't **assume** responsibility for what happens to them. (소지품을 사물함에 보관하지 않으면, 발생하는 어떤 문제에 대해서도 저희는 책임지지 않습니다.)과 같이 책임이나 통제력을 '가지는 것', Language competence has **assumed** considerable importance in the job market. (취업 시장에서 언어 능력이 매우 중요한 부분을 차지하게 되었다.)과 같이 특정한 성질이나 형태를 '가지는 것'을 모두 의미합니다. presume은 '미리(pre-)' 가지는 것, 즉 '확실하지 않으면서 사실일 것이라고 믿다'란 뜻으로, They **presume** lack of resources precludes a detailed understanding of local history. (그들은 자료 부족으로 인해 지역 역사에 대한 구체적인 이해가 불가능하다고 추정한다.)라고 할 수 있죠. resume은 '다시(re-)' 가지는 것으로, '멈춘 것을 다시 시작한다'는 의미(ex. They **resumed** the conference after a ten-minute break. (10분 휴식 후에 그들은 회의를 재개했다.), '떠난 자리에 다시 돌아온다'는 의미(ex. She will **resume** her job when her maternity leave is over. 출산 휴가가 끝나면 그녀는 직장에 복귀할 것이다.)를 가집니다.

1  We all _____ that he succeeded in getting a job because he had a smile on his face.
   그가 웃고 있었기 때문에 우리 모두는 그가 취직에 성공했다고 짐작했다.

2  If you don't keep your belongings in the locker, we don't _____ responsibility for what happens to them.
   소지품을 사물함에 보관하지 않으면, 발생하는 어떤 문제에 대해서도 저희는 책임지지 않습니다.

3  Language competence has _____ considerable importance in the job market.
   취업 시장에서 언어 능력이 매우 중요한 부분을 차지하게 되었다.

4  They _____ lack of resources precludes a detailed understanding of local history.
   그들은 자료 부족으로 인해 지역 역사에 대한 구체적인 이해가 불가능하다고 추정한다.

5  They _____ the conference after a ten-minute break.

10분 휴식 후에 그들은 회의를 재개했다.

6  She will _____ her job when her maternity leave is over.

출산 휴가가 끝나면 그녀는 직장에 복귀할 것이다.

---

**미리 만나보는 예상 수능**

〈2025학년도 40번〉, 〈2023학년도 24번〉, 〈2021학년도 33번〉, 〈2021학년도 38번〉

---

In this region, when women become parents, it is commonly **assumed** that caring for children is their first priority, so much so that women are pressed to be less committed to their own jobs.

이 지역에서는 여성이 부모가 되면 보통 육아가 그들의 최우선이라고 여겨져, 여성들은 자신의 일에 예전처럼 전념할 수 없게 압력을 받는 정도가 된다.

단어 활용 지문 강의

---

## 07 **authority**

중등
레벨 ☐

**authority**

[əθɑːrəti]

ⓝ 권한

We need to contact someone in **authority** to get support.

우리는 지원을 받기 위해 권한 있는 사람에게 연락해야 한다.

---

고등
레벨 ☐

authority 안에 있는 author은 '처음으로 만든 자(creator)'를 뜻합니다. She is the **author** of many books on history. (그는 역사 책을 여러 권 쓴 작가이다.)와 같이 '작가'라는 뜻이 있죠. 여기에 –ity가 붙어 '권한'(Ex. The organization has no **authority** to request an arrest warrant. 이 조직은 체포영장을 신청할 권한이 없다.)나, '권한을 가진 자나 조직'(ex. The health **authorities** have announced a new public health plan. 보건 당국은 새로운 공중보건 계획을 발표했다.)을 뜻하는데, 수능에서는 특히 중요한 의미입니다. authorize는 '권한을 가진 사람이나 조직이

140

공식적으로 허락한다'는 뜻으로, Have you **authorized** the bank to pay him one million dollars? (백만 달러를 그에게 지불하라고 은행에 허락했나요?)라고 할 수 있어요. authentic은 '처음으로 만든 자'라는 의미에서 발전하여 '베낀 것이 아닌 진짜'라는 뜻으로, This restaurant is famous for **authentic** Italian food. (이 레스토랑은 정통 이탈리안 요리로 유명하다.)라고 할 수 있죠.

1 She is the _____ of many books on history.
그는 역사 책을 여러 권 쓴 작가이다.

2 The organization has no _____ to request an arrest warrant.
이 조직은 체포영장을 신청할 권한이 없다.

3 The health _____ have announced a new public health plan.
보건 당국은 새로운 공중보건 계획을 발표했다.

4 Have you _____ the bank to pay him one million dollars?
1백만 달러를 그에게 지불하라고 은행에 허락했나요?

5 This restaurant is famous for _____ Italian food.
이 레스토랑은 정통 이탈리안 요리로 유명하다.

**미리 만나보는 예상 수능**
〈2025학년도 21번〉, 〈2021학년도 31번〉, 〈2024학년도 40번〉, 〈2022학년도 37번〉

The presidential system is characterized by "separation of powers," which refers to the idea that the major institutions of state should independently exert their own **authority** without intervening in the areas of the other branches.
대통령제는 삼권분립을 특징으로 하는데, 이 개념은 주요 정부기관들이 타 기관에 개입하지 않고 각자의 권한을 독립적으로 행사해야 한다는 것이다.

단어 활용 지문 강의

**atypical**

[eɪˈtɪpɪkl]

**ⓐ 일반적이지 않은**

중등
레벨
☐

Their response was considered atypical and unexpected.
그들의 반응은 일반적이지 않고 예상치 못한 것으로 여겨졌다.

고등
레벨
☐

여기서 a-는 '아님(not)'을 뜻하는 접두사입니다. a-가 부정을 의미한다는 것이 다소 의아할 수 있으나, 아래의 atypical, amoral, asymmetrical과 같이 빈번하게 쓰일 수 있는 구조입니다. 전형적이거나 일반적이라는 의미의 typical이 This insect is **atypical** of most species here in that it does not lay eggs. (이 곤충은 알을 낳지 않는다는 점에서 이곳 대부분의 곤충과는 다른 모습을 보여줍니다.)와 같이 반대말이 되죠. amoral은 '도덕적(moral)이지 않다'는 뜻으로, This school emphasizes the importance of law because it believes humans are **amoral**. (이 학파는 인간은 비도덕적이라고 믿고 있기 때문에 법의 중요성을 강조한다.)이라고 합니다. asymmetrical은 '대칭을 이루지(symmetrical) 않는'을 뜻하죠. The **asymmetrical** design of this building is remarkably noticeable from the sky. (이 건물의 비대칭적 디자인은 하늘에서 보면 너무나 눈에 띈다.)라고 할 수 있어요.

1 This insect is _____ of most species here in that it does not lay eggs.
이 곤충은 알을 낳지 않는다는 점에서 이곳 대부분의 곤충과는 다른 모습을 보여줍니다.

2 This school emphasizes the importance of law because it believes humans are _____.
이 학파는 인간은 비도덕적이라고 믿고 있기 때문에 법의 중요성을 강조한다.

3 The _____ design of this building is remarkably noticeable from the sky.
이 건물의 비대칭적 디자인은 하늘에서 보면 너무나 눈에 띈다.

Ans 1 atypical   2 amoral   3 asymmetrical

According to this study, **atypical** people may face a number of disadvantages in their daily lives because when people judge a person's trustworthiness, they rely on the typicality of that person.

이 연구에 따르면, 어떤 사람이 믿을 만한지를 평가할 때 사람들은 그 사람이 일반적인지를 중점적으로 보기 때문에, 일반적이지 않은 사람들은 일상생활에서 많은 불이익을 받게 될 수도 있다.

단어 활용 지문 강의

# 09 **circumstance**

중등
레벨 ☐

### circumstance ⓝ 상황, 정황

[sɜːrkəmstæns]

**Circumstances** did not allow us to leave right away.

상황이 여의치 않아 우리는 바로 떠날 수 없었다.

 ☐

접두사 circum-은 around, 즉 '주변'을 뜻합니다. circumstance는 '일, 사건 등을 둘러싼 조건이나 정황'으로, The **circumstances** of his death are under investigation now. (그의 죽음과 관련된 정황은 현재 조사중입니다.) 라고 하죠. 수능에서는 어쩔 수 없는 상황이나 조건을 강조하기 위해 in such circumstances와 같은 부사구의 형태를 취하는 경우도 있습니다. 어려움이나 법 등을 '피하다'란 뜻의 circumvent는 직면하지 않고 '둘러(circum-) 간다(-vent)'는 의미로, The company was registered overseas to **circumvent** local regulations. (국내 법을 피하기 위해 회사는 해외에 등록되었다.)라고 하죠. circuitous는 실제로 길을 '빙 둘러간다'는 직접적인 뜻(ex. The plane took a **circuitous** route to descend toward the airport. 비행기는 착륙하는 데 우회 루트를 이용했다.)을 가지고 있습니다.

1 The _____ of his death are under investigation now.

그의 죽음과 관련된 정황은 현재 조사중입니다.

**2** The company was registered overseas to _____ local regulations.

국내 법을 피하기 위해 회사는 해외에 등록되었다.

**3** The plane took a _____ route to descend toward the airport.

비행기는 착륙하는 데 우회 루트를 이용했다.

### 미리 만나보는 예상 수능

〈2024학년도 33번〉, 〈2022학년도 22번〉

---

These **circumstances** have been incisively captured in a documentary film, Andrew Jarecki's fine piece titled "The Jinx: The Life and Deaths of Robert Durst."

이 상황들이 Andrew Jarecki의 걸작, '징크스: 로버트 더스트의 삶과 죽음,' 다큐멘터리 영화에 날카롭게 포착되었다.

단어 활용 지문 강의

---

## 10 **coincide**

중등
레벨 ☐

**coincide**

[koʊɪnsaɪd]

**ⓥ 동시에 발생하다**

I don't think our holidays will **coincide**.

나는 우리 휴가 일정이 겹칠 것이라고 생각하지 않는다.

고등
레벨 ☐

coincide는 co-는 '함께(together)'를 뜻하고, -incide는 '발생하거나 닥친다(fall upon)'를 뜻합니다. '거의 같은 시간에 함께 발생한다'는 의미(ex. His death **coincided** with the birth of his first son. 그가 죽었을 때 그의 첫 번째 아들이 태어났다.)로 쓰이지만, 수능에서는 '동일하거나 유사하다'는 뜻 (ex. I am glad that our views **coincide**. 우리 의견이 일치해서 저는 기쁩니다.)으로 활용될 수도 있어요. 명사형 coincidence(ex. It is just a **coincidence** that we were at the same school. 우리가 같은 학교를 다닌 것은 그저 우연의 일치이다.), 형용사형 coincidental(ex. Their encounter can be seen as merely **coincidental**. 그들의 만남은 단지 우연의 일치로 볼 수 있다.)도 함께

144

정리해 두면 좋겠죠. -incide를 포함한 대표 단어는 '사건'이나 '사고'의 뜻을 가진 incident입니다. Many people were injured in yesterday's bombing **incident**. (어제 폭발 사고로 많은 사람들이 다쳤다.)라고 할 수 있죠.

1 His death _____ with the birth of his first son.
그가 죽었을 때 그의 첫 번째 아들이 태어났다.

2 I am glad that our views _____.
우리 의견이 일치해서 저는 기쁩니다.

3 It is just a _____ that we were at the same school.
우리가 같은 학교를 다닌 것은 그저 우연의 일치이다.

4 Their encounter can be seen as merely _____.
그들의 만남은 단지 우연의 일치로 볼 수 있다.

5 Many people were injured in yesterday's bombing

_____.
어제 폭발 사고로 많은 사람들이 다쳤다.

**미리 만나보는 예상 수능**
〈2022학년도 39번〉, 〈2021학년도 35번〉

A nation's central bank can control the overall money supply by revising interest rates; higher rates usually **coincide** with the spread of inflation, while lower rates coincide with the spread of deflation.

국가의 중앙은행은 이자율을 바꿔가며 전반적인 통화량을 조절하는데, 이자율이 높은 시기는 보통 인플레이션 확산, 이자율이 낮은 시기는 디플레이션 확산 시기와 일치한다.

단어 활용 지문 강의

**Ans** 1 coincided  2 coincide  3 coincidence  4 coincidental  5 incident

Understand Words from the Inside

# 11 complete

## complete

[kəmˈpliːt]

**ⓐ 완전한**

He must be a **complete** fool because he believes their lies.
그들의 거짓말을 믿는 걸 보면 그는 완전 바보임이 틀림없다.

com-은 '완전함,' -plete는 '~을 채우다'를 뜻합니다. 즉, '최고의 정도까지'라는 의미로, This year has seen a **complete** change in the company's policies. (올해 회사 정책에 완전한 변화가 있었다.)와 같이 '완전한'으로 표현되죠. 수능에서는 We need two more pieces to **complete** the puzzle. (퍼즐을 완성하기 위해서는 두 개의 조각이 더 필요하다.)과 같이 동사로 '~을 완전하게 만들다'란 뜻에 특히 유의해야 합니다. deplete는 de-는 '멀리'를 의미해서, 채워 놓은 것을 멀리 보내 버리는 것이니 '모아둔 돈이나 자원을 고갈시킨다'는 뜻(ex. The airport construction can **deplete** the island's natural resources. 공항 건립은 섬의 천연자원을 고갈시킬 수 있다.)을 가집니다. replete는 re-는 '반복,' 즉, 반복해서 계속 채운다는 의미로, The history is **replete** with examples that show his argument is wrong. (역사는 그의 주장이 잘못되었음을 보여주는 사례로 가득하다.)과 같이 '~으로 가득한'이라는 형용사로 쓰입니다.

1 This year has seen a _____ change in the company's policies.
올해 회사 정책에 완전한 변화가 있었다.

2 We need two more pieces to _____ the puzzle.
퍼즐을 완성하기 위해서는 두 개의 조각이 더 필요하다.

3 The airport construction can _____ the island's natural resources.
공항 건립은 섬의 천연자원을 고갈시킬 수 있다.

4 The history is _____ with examples that show his argument is wrong.
역사는 그의 주장이 잘못되었음을 보여주는 사례로 가득하다.

**Ans** 1 complete  2 complete  3 deplete  4 replete

146

After **completing** a survey in a computer lab with the supervision of a research assistant, participants were asked to send the completed survey to the assigned email addresses.

조사 보조원의 감독하에서 컴퓨터실에서 설문지 작성을 완성한 후, 참여자들은 완성된 설문지를 배정된 이메일 주소로 보내도록 요청받았다.

단어 활용 지문 강의

---

## 12 **conform**

중등 레벨 ☐

**conform**

[kənfɔ́ːrm]

ⓥ 순응하다

It is important to **conform** to the local customs.
지역 관습을 따르는 것은 중요하다.

conform은 '함께'를 뜻하는 con-과 '~을 만들다'를 뜻하는 -form이 합쳐져, '어떤 것에 순응하고, 그대로 따른다'는 의미를 가지죠. 그래서 주로 규율, 관습, 규범과 같은 내용을 대상으로 사용합니다. She **conformed** to the stereotyped roles assigned to women. (그녀는 여자에게 주어진 정형화된 역할에 순응했다.)과 같이 '규범 등에 순응한다'는 것, This bridge was designed to **conform** to the city's regulations. (이 다리는 시의 규정에 맞게 디자인되었다.)와 같이 '법이나 규칙에 순응한다'는 것을 의미하죠. deform은 기존의 만들어진 형태에서 '멀리 떨어진 (de-)' 것으로, '원래 모습과는 다르게 만들다'란 뜻(ex. His **deformed** legs discouraged him from starting his plan. 기형이 된 그의 다리로 인해 그는 그의 계획 시작을 머뭇거렸다.)을 가집니다. reform은 '다시(-re) 만들다'(ex. The proposal aims to **reform** the social welfare system. 이 제안서는 사회복지체계를 개혁하려는 목적을 가지고 있다.), transform은 '넘어(-trans) 만들다'(ex. Technology has **transformed** the way we live. 기술은 우리가 사는 방식을 완전히 바꿔버렸다.)라고 활용할 수 있죠.

1  She _____ to the stereotyped roles assigned to women.
그녀는 여자에게 주어진 정형화된 역할에 순응했다.

2  This bridge was designed to _____ to the city's regulations.
이 다리는 시의 규정에 맞게 디자인되었다.

3  His _____ legs discouraged him from starting his plan.
기형이 된 그의 다리로 인해 그는 그의 계획 시작을 머뭇거렸다.

4  The proposal aims to _____ the social welfare system.
이 제안서는 사회복지체계를 개혁하려는 목적을 가지고 있다.

5  Technology has _____ the way we live.
기술은 우리가 사는 방식을 완전히 바꿔버렸다.

**미리 만나보는 예상 수능**
〈2024학년도 37번〉, 〈2022학년도 24번〉

In evolutionary terms, people are driven to fit in and **conform** to social norms, because social cohesion is critical for the group's overall success that can improve its chance of survival.

진화적인 기준에서 보면, 인간은 집단에서 소속감을 얻고 사회적인 규범을 따르도록 되어 있는데 이는 사회적 결속이 자신의 생존 가능성을 높일 수 있는 집단 전체의 성공에 결정적이기 때문이다.

단어 활용 지문 강의

---

## 13  **conserve**

중등
레벨
☐

**conserve**
[kənˈsɜːrv]

Ⓥ 보존하다, 절약하다

The school has made a lot of effort to **conserve** electricity.
학교는 전기를 아끼기 위해 많은 노력을 해 왔다.

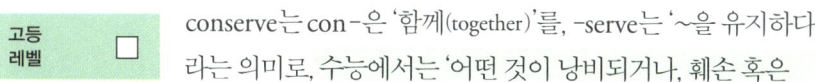

conserve는 con-은 '함께(together)'를, -serve는 '~을 유지하다'라는 의미로, 수능에서는 '어떤 것이 낭비되거나, 훼손 혹은 변하지 않게 보존한다'는 뜻으로 They are going to rest all night so they can **conserve** energy for tomorrow's game. (그들은 내일 경기를 위한 에너지를 보존하기 위해 밤새 휴식을 취할 것이다.)와 같이 에너지나 물과 같은 자원을 아끼고 보존한다는 의미로 종종 활용됩니다. preserve는 pre-가 붙어 기존의 '있는 모습 그대로(before) 보존한다'는 의미가 강하죠. Technology has made it possible to **preserve** Pompeii's Roman remains. (기술 덕분에 폼페이의 로마 유적이 보존될 수 있었다.)라고 할 수 있어요. reserve는 특정한 목적을 위해 따로 뒤에(re-, back) 보존해 둔다는 의미로, There are seats **reserved** for pregnant women on every train. (모든 열차에는 임산부를 위한 자리가 마련되어 있다.)이라고 활용할 수 있습니다.

1 They are going to rest all night so they can _____ energy for tomorrow's game.
   내일 경기를 위한 에너지를 <mark>보존하기</mark> 위해 밤새 휴식을 취할 것이다.

2 Technology has made it possible to _____ Pompeii's Roman remains.
   기술 덕분에 폼페이의 로마 유적이 <mark>보존될</mark> 수 있었다.

3 There are seats _____ for pregnant women on every train.
   모든 열차에는 임산부를 위한 자리가 <mark>마련되어 있다.</mark>

**미리 만나보는 예상 수능**
〈2023학년도 36번〉, 〈2022학년도 36번〉, 〈2024학년도 41~42번〉, 〈2021학년도 35번〉

The campaign helped people to space out chores and plan ahead, so that they could **conserve** their strength and pace themselves to prevent fatigue.

이 캠페인으로 인해 사람들이 일을 오랜 시간에 걸쳐 배분하고 계획을 미리 세우게 되었는데, 그 결과 체력을 아끼고 피곤하지 않게 일의 속도를 조절할 수 있게 되었다.

단어 활용 지문 강의

**Ans** 1 conserve 2 preserve 3 reserved

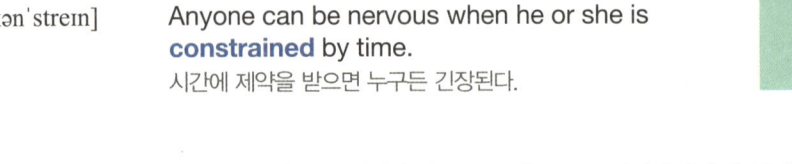

## 14 **constrain**

중등 레벨 □

**constrain**
[kən'streɪn]

ⓥ (행동, 선택을) 제약하다

Anyone can be nervous when he or she is **constrained** by time.
시간에 제약을 받으면 누구든 긴장된다.

고등 레벨 □

constrain의 con-은 '함께(together)', -strain은 '단단하게 묶다 (bind tightly)'란 의미로, '한계를 지어 ~을 못 하도록 제약하다' (ex. This project is being **constrained** by inflexible working hours. 융통성 없는 근무 시간으로 인해 이번 프로젝트는 제약을 받고 있다.)란 뜻이 있습니다. 명사형인 constraint도 수능에 자주 등장하는데요, '제약하는 요인'이라는 뜻으로, It is practically impossible to do things without any **constraint**. (그 어떤 제약 요인도 없이 일을 하는 것은 현실적으로 불가능하다.)와 같이 활용됩니다. strain 자체도 '부담', '압박'의 뜻이 있습니다. Excessive running can put some **strain** on your heart. (과도한 달리기는 심장에 약간의 부담을 줄 수 있다.)라고 하죠. restrain은 뒤(back)를 뜻하는 re-와 합쳐져, '~을 하지 못하게 뒤에서 묶다', 즉 '제지/제압하다'란 뜻으로, Rioters who had violently destroyed public facilities were **restrained** by the police. (공공건물을 난폭하게 부서버린 폭도들이 경찰에 의해 제압되었다.)라고 합니다.

1 This project is being _____ by inflexible working hours.
융통성 없는 근무 시간으로 인해 이번 프로젝트는 제약을 받고 있다.

2 It is practically impossible to do things without any _____.
그 어떤 제약 요인도 없이 일을 하는 것은 현실적으로 불가능하다.

3 Excessive running can put some _____ on your heart.
과도한 달리기는 심장에 약간의 부담을 줄 수 있다.

4 Rioters who had violently destroyed public facilities were _____ by the police.
공공건물을 난폭하게 부서버린 폭도들이 경찰에 의해 제압되었다.

**Ans** 1 constrained  2 constraint  3 strain  4 restrained

Travel outside local areas is seriously **constrained** by the lack of public transport, which results in a relatively low level of overall life satisfaction in the countryside.

지역의 외부 이동이 대중교통의 부족으로 인해 심각하게 제약을 받고 있어, 농촌 지역의 전체적인 삶의 만족도가 상대적으로 낮아지는 결과를 낳고 있다.

단어 활용 지문 강의

## 15 **derail**

중등 레벨 □

**derail**

[dɪˈreɪl]

ⓥ 궤도에서 벗어나다

No one would try to **derail** a train.
그 누구도 열차를 궤도에서 이탈시키려고 하지 않을 것이다.

derail은 '떨어져 나간(off)'을 뜻하는 접두사 de-와 '열차나 전차의 레일'을 뜻하는 -rail이 합쳐진 단어입니다. 즉 본궤도에서 벗어났다는 의미로, Although the train **derailed**, the passengers escaped unhurt. (열차가 탈선했지만 승객들은 무사히 탈출했다.)라고 하죠. 수능에서는 어떤 계획이나 과정이 본궤도에서 벗어났다고 할 때도 상징적으로, Poor support could **derail** our efforts to eradicate corruption. (지지가 약해지면 부패를 척결하려는 우리의 노력이 본궤도에서 벗어날 수 있다.)과 같이 쓰이죠. decode는 '암호화하다'의 code와 합쳐져서 '암호를 풀다'란 뜻(ex. Experts are trying to **decode** the documents. 전문가들이 이 서류의 암호를 풀려고 하고 있다.)뿐만 아니라, '이해하기 어려운 내용을 파악한다'는 뜻도 있어, No one can **decode** his mom's expression. (그 누구도 그의 엄마 표정을 읽을 수가 없다.)이라고 합니다. deviate도 '길 혹은 방식(way)'을 뜻하는 -via와 합쳐져, He never **deviates** from social norms. (그는 결코 사회적 규범에서 벗어나지 않는다.)와 같이 '일반적인 방식과는 다른 식으로 가다'란 뜻을 가지죠.

1 Although the train _____, the passengers escaped unhurt.

열차가 탈선했지만 승객들은 무사히 탈출했다.

2 Poor support could _____ our efforts to eradicate corruption.

지지가 약해지면 부패를 척결하려는 우리의 노력이 본궤도에서 벗어날 수 있다.

3 Experts are trying to _____ the documents.

전문가들이 이 서류의 암호를 풀려고 하고 있다.

4 No one can _____ his mom's expression.

그 누구도 그의 엄마 표정을 읽을 수가 없다.

5 He never _____ from social norms.

그는 결코 사회적 규범에서 벗어나지 않는다.

**미리 만나보는 예상 수능**

〈2025학년도 20번〉, 〈2023학년도 35번〉, 〈2022학년도 37번〉

---

The Roman Empire faced internal conflicts and political unrest during the period, along with power struggles between the ruling classes, which **derailed** a series of political and social reforms that were being undertaken.

이 기간 동안 로마 제국은 지배 계급 간의 권력 다툼을 비롯해 내부 분쟁과 정치적 불안을 겪었으며, 이는 당시 진행 중이던 일련의 정치·사회 개혁을 본궤도에서 벗어나게 했다.

단어 활용 지문 강의

---

Meaning Starts with Structure

## disapprove ⓥ 좋지 않다고 생각하다

[dɪsəˈpruːv]

His parents strongly **disapprove** of his choice.
그의 부모님은 그의 선택에 대해 매우 못마땅해하신다.

고등
레벨

disapprove는 '반대(opposite of)'를 뜻하는 접두사 dis-와 '~을 좋다고 생각하다'의 approve가 합쳐져서, Most of the respondents **disapprove** of the new highway construction. (응답자의 대부분이 새로운 고속도로 건설에 대해 탐탁지 않게 생각한다.)과 같이 '~에 대해 좋지 않게 생각하다'란 뜻을 가지죠. 수능의 대표 빈출 어휘로 반대말인 '좋게 생각하다'의 approve, 각각의 명사형인 disapproval과 approval을 함께 정리해 두면 좋습니다. disclosure는 '닫힘'과 '폐쇄'를 뜻하는 closured와 합쳐져 '어떤 사실을 알리다,' 즉, '폭로하다'의 뜻(ex. Board members strongly opposed the **disclosure** of the company's insider information. 이사회는 회사 내부 정보를 공개하는 것에 강하게 반대했다.)을 가집니다. disappointment는 appoint(임명)와 합쳐져, 임명된 것이 철회가 되었으니, '실망스럽다'는 의미(ex. To his **disappointment**, his son left school. 실망스럽게도 그의 아들은 학교를 그만뒀다.)를 가지게 되었죠. 접두사 dis-는 또한 '멀리(apart, away)'라는 의미도 있어요. discard는 '카드의 패(-card)를 멀리 두다'란 뜻, 즉 '(불필요한 것)을 버리거나 폐기한다'는 뜻으로, They made furniture from things that had been **discarded**. (그들은 버려진 물건으로 가구를 만들었다.)라고 할 수 있죠.

1 Most of the respondents _____ of the new highway construction.
응답자의 대부분이 새로운 고속도로 건설에 대해 탐탁지 않게 생각한다.

2 Board members strongly opposed the _____ of the company's insider information.
이사회는 회사 내부 정보를 공개하는 것에 강하게 반대했다.

3 To his _____, his son left school.
실망스럽게도 그의 아들은 학교를 그만뒀다.

4  They made furniture from things that had been

_____ .

그들은 버려진 물건으로 가구를 만들었다.

**미리 만나보는 예상 수능**

〈2021학년도 38번〉, 〈2025학년도 38번〉, 〈2023학년도 23번〉, 〈2023학년도 19번〉

Cross-cultural learning allows students to discern why local people approve or **disapprove** of certain norms, values, and practices that exist in other cultures.

문화 간의 차이를 배우면서 학생들은 지역민들이 다른 문화에 존재하는 특정 규범, 가치, 그리고 관습을 왜 긍정하거나 부정하는지를 이해하게 된다.

단어 활용 지문 강의

---

## 17  **dismiss**

중등
레벨

**dismiss**

[dɪsˈmɪs]

ⓥ **무시하다, 해고하다**

They seemed to **dismiss** him as an idiot.
그들은 그를 멍청이라고 얕보는 듯했다.

고등
레벨

중요하지 않고 생각해볼 만한 가치가 없어서 '멀리(dis-) 보내다 (-miss)'란 어원을 가진 dismiss는 Her proposal was **dismissed** in a preliminary stage. (그녀의 제안서는 예비심사 단계에서 묵살되었다.)와 같이 묵살 혹은 무시의 의미로 활용됩니다. 명사형인 dismissal도 수능에서 '어떤 대상을 하찮게 여기고 수용하지 않음'을 뜻하는 단어로 종종 등장하죠. 참고로 They decided to **dismiss** him for his incompetence. (일을 못한다는 이유로 그들은 그를 해고하기로 결정했다.)와 같이 '해고하다', The professor **dismissed** the class a little late. (교수님은 수업을 조금 늦게 끝냈다.)와 같이 '~을 해산시키다'란 뜻도 있어요. 형용사형 dismissive도 He seemed **dismissive** of my suggestions. (그는 나의 제안을 무시하는 듯했다.)와 같이 쓰입니다. 밖으로(e-) 보내다(-miss)의 emission은 '방출' (ex. The **emission** of carbon dioxide warms up the earth. 이산화탄소 방출로 지구가 더워진다.),

아래로(sub-) 보내다(-miss)의 submission은 '제출'(ex. The deadline for **submissions** is 12 December. 제출 기한은 12월 12일이다.), 통과해서(per-) 보내다(-miss)의 permission은 '허락'(ex. You need **permission** from your landlord to raise a pet. 반려동물을 키우려면 집주인의 허락이 필요하다.)의 뜻을 각각 가집니다.

1 Her proposal was _____ in a preliminary stage.
그녀의 제안서는 예비심사 단계에서 묵살되었다.

2 They decided to _____ him for his incompetence.
일을 못한다는 이유로 그들은 그를 해고하기로 결정했다.

3 The professor _____ the class a little late.
교수님은 수업을 조금 늦게 끝냈다.

4 He seemed _____ of my suggestions.
그는 나의 제안을 무시하는 듯했다.

5 The _____ of carbon dioxide warms up the earth.
이산화탄소 방출로 지구가 더워진다.

6 The deadline for _____ is 12 December.
제출 기한은 12월 12일이다.

7 You need _____ from your landlord to raise a pet.
반려동물을 키우려면 집주인의 허락이 필요하다.

**미리 만나보는 예상 수능**
〈2023학년도 31번〉, 〈2024학년도 28번〉, 〈2023학년도 28번〉

**Dismissive** behaviors are rooted in defense mechanisms; by dismissing others' emotions and thoughts, one can protect themselves from confronting their own vulnerability.

무시하는 행동은 방어기제에 뿌리를 둔다. 다른 사람의 감정과 사고를 무시함으로써, 자기 자신이 직면한 취약한 상황으로부터 자신을 보호할 수 있다.

단어 활용 지문 강의

**Ans** 1 dismissed 2 dismiss 3 dismissed 4 dismissive 5 emission 6 submissions 7 permission

중등
레벨

□

## divert

[dɪ|vɜːrt]

ⓥ 딴 데로 방향을 바꾸다

My plane had to be **diverted** to another airport.
내가 탄 비행기가 다른 공항으로 방향을 돌려야 했다.

고등
레벨

□

divert의 di-는 '옆에(aside)' 혹은 '멀리(apart)'를, -vert는 '바꾸다(to turn)'를 뜻하죠. 즉 기존의 방향이 아닌 멀리 다른 방향으로 가는 것으로, Why is traffic being **diverted** to a side street? (왜 차량을 옆길로 우회하게 하는 거죠?)라고 합니다. 수능에서는 기존의 목적이 아닌 다른 목적으로 사용될 때 등장하는 divert(ex. He was charged with **diverting** public funds for private use. (그는 공금을 사적으로 사용한 혐의로 기소되었다.)에 유의해야 합니다. 참고로 흔히 알려진 distance도 '멀리'를 뜻하는 dis-를 활용한 단어로, From a **distance**, he looked like a small bean. (멀리서 보니 그는 콩알만하게 보였다.)이라고 하죠. 한편 변화를 나타내는 -vert를 활용하는 대표적인 단어는 convert입니다. con-은 'altogether(완전히)'를 뜻해서, We have **converted** the garage into an art gallery. (우리는 차고를 미술관으로 바꿨다.)와 같이 '형태나 성격을 완전히 바꾸'거나, He has promised to **convert** to Catholicism when we get married. (우리가 결혼하면 천주교로 개종할 거라고 약속했다.)와 같이 '종교, 입장, 믿음 등을 바꾼다'는 뜻도 있죠.

1 Why is traffic being _____ to a side street?
왜 차량을 옆길로 우회하게 하는 거죠?

2 He was charged with _____ public funds for private use.
그는 공금을 사적으로 사용한 혐의로 기소되었다.

3 From a _____, he looked like a small bean.
멀리서 보니 그는 콩알만하게 보였다.

4 We have _____ the garage into an art gallery.
우리는 차고를 미술관으로 바꿨다.

**Ans** 1 diverted 2 diverting 3 distance 4 converted 5 convert

5   He has promised to _____ to Catholicism when
    we get married.

우리가 결혼하면 천주교로 개종할 거라고 약속했다.

**미리 만나보는 예상 수능**

〈2024학년도 36번〉, 〈2020학년도 33번〉

To grow crops, farmers often **divert** water from its natural course,
through long underground pipelines that transport water from
nearby rivers or streams.

농작물을 재배하기 위해 농부들은 종종 근처 강이나 개울에서 물을 끌어오는 긴 지하 파이프를
통해 물이 원래 있던 곳에서 다른 곳으로 흐르게 한다.

단어 활용 지문 강의

---

## 19 **dominance**

중등
레벨 ☐

**dominance**

[dɑ:mɪnəns]

ⓝ 통제, 지배

It is almost impossible to achieve complete
**dominance**.
완전한 지배를 이뤄내는 것은 거의 불가능하다.

고등
레벨 ☐

dominate는 '통치하다(to govern, to rule)'의 뜻을 가진 라틴어
dominari에서 온 동사입니다. No one is allowed to **dominate**
this group. (어느 누구도 이 단체를 지배할 수 없다.)과 같이 '통제하다'를 뜻하죠.
수능에서는 dominate의 명사형들이 다양한 형태와 뜻으로 활용될 수 있어요.
예를 들어, domination은 '통제를 하는 행위'(ex. Local people had suffered colonial
**domination** for centuries. (현지인들은 수백 년 동안 식민 통치에 고통받았다.)라면, dominance
는 '통제를 하는 상태'(ex. This company has maintained its **dominance** in the car industry. 이
회사는 자동차 산업 분야에서 우위를 유지해 왔다.)를 뜻하죠. 형용사형 dominant는 '다른
어떤 것보다 중요하고 강력한'이라는 뜻으로, What was a **dominant** issue at the
last year's annual meeting? (작년 연례 회의에서 가장 중요한 이슈는 무엇이었나요?)이라고

하죠. 접두사 pre-를 더하면, Black people used to have a **predominant** role as jazz musicians. (흑인들이 재즈 연주자로서 중요한 역할을 하곤 했다.)와 같이 '많은 부분을 차지하고 있어서 두드러지고 중요한'이라는 뜻으로 수능 빈출입니다.

1 No one is allowed to _____ this group.
   어느 누구도 이 단체를 지배할 수 없다.

2 Local people had suffered colonial _____ for centuries.
   현지인들은 수백 년 동안 식민 통치에 고통받았다.

3 This company has maintained its _____ in the car industry.
   이 회사는 자동차 산업 분야에서 우위를 유지해 왔다.

4 What was a _____ issue at last year's annual meeting?
   작년 연례 회의에서 가장 중요한 이슈는 무엇이었나요?

5 Black people used to have a _____ role as jazz musicians.
   흑인들이 재즈 연주자로서 중요한 역할을 하곤 했다.

**Ans** 1 dominate  2 domination  3 dominance  4 dominant  5 predominant

**미리 만나보는 예상 수능**

〈2021학년도 40번〉, 〈2022학년도 39번〉, 〈2024학년도 31번〉, 〈2024학년도 36번〉

AI's growing **dominance** in the attention economy, in which human attention is seen as a scarce commodity in an information-rich world, has spawned many problems such as infringement of privacy and unfairness in the digital market.

정보가 넘쳐나는 세상에서 인간의 관심을 희소한 자원으로 보는 주목경제에서 AI의 지배력이 커지면서 사생활 침해와 디지털 시장의 불공정성 같은 문제가 발생하고 있다.

단어 활용 지문 강의

## 20 **embody**

# embody

[ɪmˈbɑːdi]

**ⓥ** 형태를 부여하다, 구체화하다

You can use music to **embody** your idea.
당신의 생각을 구체화하기 위해 음악을 이용할 수 있다.

embody는 우리에게 익숙한 body를 포함하고 있습니다. 즉 보이지 않는 개념이나 사상을 '형체(-body) 안으로 넣다(em-)'란 뜻이죠. 그래서 수능에서는 어떤 개념적인 것을 실체화 혹은 구체화할 때 사용됩니다. People use words to **embody** their thoughts and feelings. (사람들은 감정이나 생각을 구체화하기 위해 언어를 사용한다.)라고 할 수 있죠. '~을 포함한다'는 뜻도 있어, Herbs that **embody** strong scent are considered good ingredients. (강한 향을 지닌 허브는 좋은 재료로 간주된다.)라고 합니다. 같은 어원을 가진 embellish 는 '~을 장식하다'란 뜻으로 '아름답게(-bellish) 입힌다(em-)'는 의미를 가집니다. Each door of the palace is **embellished** with flowers and leaves. (이 궁전의 각각의 문들은 꽃과 잎으로 장식되어 있다.)라고 할 수 있어요. embark는 '배(-bark) 안으로 들어 가다(em-)', 즉 '승선하다'란 뜻으로, Hundreds of people were waiting to **embark**. (수백 명의 사람들이 승선하기 위해 기다리고 있었다.)라고 하죠.

1  People use words to _____ their thoughts and feelings.
사람들은 감정이나 생각을 구체화하기 위해 언어를 사용한다.

2  Herbs that _____ strong scent are considered good ingredients.
강한 향을 지닌 허브는 좋은 재료로 간주된다.

3  Each door of the palace is _____ with flowers and leaves.
이 궁전의 각각의 문들은 꽃과 잎으로 장식되어 있다.

4  Hundreds of people were waiting to _____.
수백 명의 사람들이 승선하기 위해 기다리고 있었다.

Ans  1 embody  2 embody  3 embellished  4 embark

Ideas are powerful only when they are **embodied**. While embodiment can take place naturally as you repeatedly engage in ideas, it sometimes requires a conscious approach.

아이디어는 실제로 구현될 때 강력한 힘을 가진다. 아이디어에 반복적으로 몰입하다 보면 자연스럽게 구체적인 형태로 나타날 수도 있지만, 때때로 의식적인 접근이 필요하기도 하다.

단어 활용 지문 강의

---

## 21 ensure

중등 레벨 ☐

**ensure**

[ɪnʃʊr]

**ⓥ 보장하다**

It is your responsibility to **ensure** that the laws are obeyed.
법이 지켜지도록 보장하는 것은 당신의 책임입니다.

고등 레벨 ☐

ensure는 '∼하게 만들다'의 뜻을 가진 접두사 en-과 '확실한,' '분명한'을 뜻하는 sure가 합쳐져 '∼을 확실하게 혹은 가능하게 하다'는 뜻으로 수능에서 가장 많이 쓰이는 단어 중 하나입니다. They made an all-out effort to **ensure** that the election was carried out fairly. (그들은 선거가 공정하게 치러지도록 모든 노력을 다했다.)와 같이 that절이 주로 따라오죠. Do you have any plan to **ensure** the safety of the passengers? (승객의 안전을 보장하기 위한 어떤 계획이 있나요?)와 같이 '보장하다'란 뜻도 있습니다. assure는 '∼에 대해'를 뜻하는 a-와 sure이 합쳐져서 '∼이 사실이라고 자신 있게 말하다'란 뜻(ex. He **assured** me that all food would be ready when clients arrived. 그는 고객이 도착하면 음식이 준비될 것이라고 내게 장담했었다.)으로 사용되죠. 같은 뿌리를 가진 insurance는 A fire **insurance** policy covers damages and losses caused by fire. (화재보험은 화재로 인한 파손과 손실을 보상한다.)와 같이 안전하게 만든다는 의미로 '보험'이라는 뜻을 가지게 되었습니다.

1   They made an all-out effort to 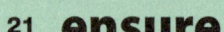 that the

election was carried out fairly.

그들은 선거가 공정하게 치러지도록 모든 노력을 다했다.

2 Do you have any plan to ＿＿＿＿＿＿＿＿ the safety of the passengers?

승객의 안전을 보장하기 위한 어떤 계획이 있나요?

3 He ＿＿＿＿＿＿＿＿ me that all food would be ready when clients arrived.

그는 고객이 도착하면 음식이 준비될 것이라고 내게 장담했었다.

4 A fire ＿＿＿＿＿＿＿＿ policy covers damages and losses caused by fire.

화재보험은 화재로 인한 파손과 손실을 보상한다.

**미리 만나보는 예상 수능**

〈2021학년도 31번〉, 〈2023학년도 37번〉, 〈2022학년도 35번〉, 〈2022학년도 33번〉

The advent of social media has **ensured** that children can become agents of positive change by expanding their sphere of influence not only over their like-minded peers but also across multiple generations.

소셜미디어의 등장은 아이들이 같은 생각을 가진 또래뿐 아니라 여러 세대에 걸쳐 영향력을 확대함으로써, 긍정적인 변화를 이끄는 주체가 될 수 있도록 해주었다.

단어 활용 지문 강의

## 22 **envision**

중등 레벨 ☐

**envision**

[ɪnˈvɪʒn]

ⓥ **구상하다, 상상하다**

How do you **envision** the future of our next generation?
우리 다음 세대의 미래를 어떻게 구상하고 있습니까?

고등 레벨 ☐

en-은 '~하게 만들다'는 의미의 접두사로, envision을 비롯해 enact, enlighten, enforce와 같이 수능에서 중요한 역할을 하는 단어의 모체가 됩니다. 모두 '~하게 하다'란 의미를 내포하고 있죠. envision은 vision이 합쳐져 '비전을 가지게 하다', 즉 '~을 구상하다'는 뜻(ex. It is impossible to **envision** a democratic society without equal access to opportunities. 기회에 대한 평등한 접근 없이 민주 사회를 구상하는 것은 불가능하다.), enact는 '행동(act)으로 옮기다'는 뜻(ex. They are working on how to **enact** the solution. 해결 방안을 어떻게 실행할지 고심 중이다.)과, '법(act)으로 만들다'는 뜻(ex. Legislative bodies **enact** laws. 입법 기관은 법률을 제정한다.)을 각각 가지고 있죠. enlighten은 '밝아지게(lighten) 하다,' 즉 '깨우치게 하다'란 뜻으로, The audience was not only entertained but also **enlightened** by his speech. (그의 연설에 청중들은 즐거움을 느꼈을 뿐만 아니라 깨달음도 얻었다.)라고 합니다. enforce 는 힘(force)을 가지게 만드는 것으로, This law is difficult to **enforce**. (이 법은 집행 하기가 어렵다.)와 같이 '법이나 규칙을 집행한다'는 의미를 가집니다.

1 It is impossible to _____ a democratic society without equal access to opportunities.
기회에 대한 평등한 접근 없이 민주 사회를 구상하는 것은 불가능하다.

2 They are working on how to _____ the solution.
해결 방안을 어떻게 실행할지 고심 중이다.

3 Legislative bodies _____ laws.
입법 기관은 법률을 제정한다.

4 The audience was not only entertained but also _____ by his speech.
그의 연설에 청중들은 즐거움을 느꼈을 뿐만 아니라 깨달음도 얻었다.

5 This law is difficult to _____.
이 법은 집행하기가 어렵다.

**미리 만나보는 예상 수능**
〈2023학년도 38번〉, 〈2025학년도 36번〉, 〈2021학년도 35번〉

The experts **envision** smart cities displaying a higher level of energy efficiency, which can be achieved by encouraging people to grow their own food and to manufacture products from recycled materials.

전문가들은 스마트 도시가 더 높은 수준의 에너지 효율성을 보여 줄 것이라고 전망하는데, 이것은 사람들이 스스로 음식을 재배하고 재활용 자재로 제품을 생산하도록 장려함으로써 달성될 수 있다.

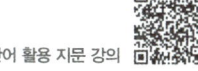

단어 활용 지문 강의

---

# 23 **equation**

중등
레벨
☐

## equation

[ɪˈkweɪʒn]

**ⓝ 같음, 방정식**

It will take about ten minutes to solve this **equation**.
이 방정식을 푸는 데 약 10분 정도 걸릴 겁니다.

---

고등
레벨
☐

equate는 라틴어로 '동등하게 혹은 같게 만들다'의 뜻을 가진 aequat-에서 왔습니다. There is a tendency to **equate** youthfulness with beauty. (젊음과 아름다움이 같은 것이라고 보는 경향이 있다.)라고 하죠. aequat-는 유사하게 보이나 분명 쓰임이 다른 여러 개의 단어를 가지고 있어 그 의미적 차이를 확실히 정리할 필요가 있습니다. 우선 equation은 '방정식'이라는 뜻과 함께 The **equation** between money and happiness has been proved wrong. (돈과 행복을 같은 것으로 보는 것은 잘못되었음이 증명되었다.)과 같이 '동일함'을 뜻하죠. equivalent는 '양이나 질, 가치 등이 동등한'이라는 뜻의 형용사로, Remember that having a date with another woman is **equivalent** to cheating on me. (다른 여자와 데이트하는 것은 바람 피는 것과 같다는 것을 명심해.)라고 하죠. equal은 '권리나 대우가 동등한'이라는 뜻(ex. All citizens have an **equal** right under the law. 모든 시민은 법에 따라 평등한 권리를 가진다.)으로 의미상 차이가 있습니다.

1 There is a tendency to _____ youthfulness with beauty.
젊음과 아름다움이 같은 것이라고 보는 경향이 있다.

2 The _____ between money and happiness has been proved wrong.
돈과 행복을 같은 것으로 보는 것은 잘못되었음이 증명되었다.

3 Remember that having a date with another woman is
_____ to cheating on me.

다른 여자와 데이트하는 것은 바람 피는 것과 같다는 것을 명심해.

4 All citizens have an _____ right under the law.

모든 시민은 법에 따라 평등한 권리를 가진다.

**미리 만나보는 예상 수능**

〈2021학년도 40번〉, 〈2021학년도 41~42번〉

Children's **equation** between the fictional world and the real world
persists until they reach the age of 3 or 4, during which they regard
the real world as one of many other worlds.

가상 세상과 실제 세상이 같다고 보는 아이들의 인식은 3~4살까지 지속되는데, 이때 이들은
실제 세상을 많은 다른 세상들 중 하나로 인식한다.

단어 활용 지문 강의

---

## 24 **exceed**

중등
레벨

☐

**exceed**

[ɪkˈsiːd]

ⓥ 넘어서다, 초과하다

His performance certainly **exceeded** our
expectation.

그의 연주는 확실히 우리의 기대를 넘어섰다.

고등
레벨

☐

exceed는 '밖으로(ex-) 가다(-ceed)', 즉 '특정한 한도를 넘어가다'
란 뜻으로, He was heavily fined for **exceeding** the speed
limit. (그는 과속으로 비싼 벌금을 냈다.)라고 하죠. 수능에서는 '가치, 비율, 시간 등이
기준점을 벗어나거나 능가한다'는 문맥에서 자주 등장하는 단어입니다. 그래서
형용사 excessive는 **Excessive** spending can cause you a serious trouble. (과도한
소비로 당신은 심각한 어려움을 겪을 수 있다.)과 같이 넘어선, 즉 '과도한'이라는 뜻을
가지게 되었죠. recede는 '뒤로(re-) 가다(-cede)', 즉 '후퇴하다'란 뜻(ex. His **receding**
hairline is bothering him a lot. (이마 윗부분이 훤히 드러나서 그는 너무나 괴롭다.), proceed는

'앞으로(pro-) 가다(-cede)'이니, '진행하다'란 뜻(ex. Everything is **proceeding** smoothly. 모든 것이 순조롭게 진행되고 있다.), succeed는 '뒤에 가까이 붙어(suc-) 가다(-ceed)'이니, Who is going to **succeed** James Park when he leaves office? (James Park이 자리에서 물러나면 누가 그의 뒤를 이어가죠?)와 같이 '계승하다'란 뜻을 가지죠. 물론 succeed는 '성공하다'란 뜻도 있습니다. 참고로 successful은 '성공적인,' successive는 '계승하는'의 뜻으로 형용사 형태가 다릅니다.

1 He was heavily fined for _____ the speed limit.
그는 과속으로 비싼 벌금을 냈다.

2 _____ spending can cause you serious trouble.
과도한 소비로 당신은 심각한 어려움을 겪을 수 있다.

3 His _____ hairline is bothering him a lot.
이마 윗부분이 훤히 드러나서 그는 너무나 괴롭다.

4 Everything is _____ smoothly.
모든 것이 순조롭게 진행되고 있다.

5 Who is going to _____ James Park when he leaves office?
James Park이 자리에서 물러나면 누가 그의 뒤를 이어가죠?

**미리 만나보는 예상 수능**
〈2024학년도 23번〉, 〈2024학년도 25번〉, 〈2023학년도 25번〉

The average human attention span is largely affected by age; for example, those under 10 tend to be distracted when it **exceeds** 30 minutes, while those under 15 when it exceeds 40 minutes.

인간의 평균 주의 집중 시간(attention span)은 연령에 크게 영향을 받는데, 예를 들어 10세 미만은 30분, 15세 미만은 40분이 넘으면 산만해지는 경향이 있다.

단어 활용 지문 강의

Ans 1 exceeding 2 Excessive 3 receding 4 proceeding 5 succeed

## 25 **expose**

**expose**

[ɪkˈspoʊz]

ⓥ 노출시키다

It is not a good idea to **expose** your skin to strong sunlight.

강한 햇볕에 피부를 노출시키는 것은 좋은 생각이 아니다.

expose는 '밖에(ex-) 두다(-pose)'가 합쳐져 '노출시키다'의 뜻을 가집니다. The report has **exposed** widespread corruption in the association. (이 보고서는 협회 내의 팽배한 부정부패를 폭로했다.)과 같이 활용되죠. 명사형은 exposure(ex. **Exposure** to this gas can harm your sense of smell. 이 가스에 노출되면 후각이 상할 수 있다.)이며, 참고로 exposition은 '구체적인 설명'을 뜻하는 완전히 다른 단어입니다. 접미사 -pose는 다양한 형태의 접두사를 이용해서 '특정한 위치에 두다'란 의미로 폭넓게 활용됩니다. 예를 들어, '사이'를 뜻하는 inter-와 합쳐지면 '두 개의 대상 사이에 놓다'란 뜻으로, The trainer **interposed** himself between the two angrily barking dogs. (조련사는 화가 나 서로에게 짖고 있는 두 마리 개 사이로 끼어들었다.)라고 할 수 있죠. juxtapose는 '나란히 옆에(Juxta-) 두다'란 의미로, If you **juxtapose** the two paintings, you can see differences. (이 두 그림을 나란히 두면 당신은 차이를 발견할 수 있다.)와 같이 비교와 대조를 위해 '병치하다'란 뜻을 가집니다.

1  The report has _____ widespread corruption in the association.

이 보고서는 협회 내의 팽배한 부정부패를 폭로했다.

2  _____ to this gas can harm your sense of smell.

이 가스에 노출되면 후각이 상할 수 있다.

3  The trainer _____ himself between the two angrily barking dogs.

조련사는 화가 나 서로에게 짖고 있는 두 마리 개 사이로 끼어들었다.

4  If you _____ the two paintings, you can see differences.

이 두 그림을 나란히 두면 당신은 차이를 발견할 수 있다.

Interior brick walls of industrial buildings like warehouses and factories were typically not finished but rather were left **exposed** or merely painted.

창고나 공장과 같은 산업용 빌딩의 내부 벽돌벽은 전통적으로 마감하지 않고 오히려 그대로 노출해 두거나 페인트칠만 하는 정도였다.

단어 활용 지문 강의

---

## 26 **extension**

중등
레벨 ☐

**extension**

[ɪkˈstenʃn]

🄝 확장, 연장

An **extension** of the balcony will take several weeks.
발코니 확장은 수주가 걸릴 겁니다.

고등
레벨 ☐

여기서 ex-는 out을, tensio는 stretching을 의미합니다. 즉 '밖으로 뻗어 나가는 것'을 뜻하는데, 장소, 권한, 기한, 구분 등 다양한 '확장'에 모두 쓰일 수 있습니다. 예를 들어, The **extension** of municipal power has posed a threat to the central government. (지방 도시들의 힘이 증가하면서 중앙 정부가 위협을 받고 있다.)와 같이 힘의 확장도 가능합니다. '대출 혹은 마감을 연장'한다는 뜻으로 He has requested an **extension** of the loan. (그는 대출 연장을 신청했다.)이라고 하죠. 심지어, 중앙에서 뻗어 나온 '내선 번호'의 뜻으로 They let me know how to call an **extension** number. (그들은 나에게 내선 번호로 전화하는 방법을 알려줬다.)와 같이 쓰이기도 하죠. 동사형 extend(ex. We have decided to **extend** our office. 우리는 사무실을 확장하기로 결정했다.)와 형용사형 extensive(ex. He was impressed by her **extensive** knowledge of philosophy. 그는 철학에 대한 그녀의 방대한 지식에 깊은 인상을 받았다.)도 수능에 자주 등장하죠. 비슷한 형태의 expansion은 전체적인 부피나 크기가 커진다는 입체적인 뜻(ex. This year has seen the rapid **expansion** of IT industry. 올해 정보통신 산업이 빠르게 발전하였다.)으로 차이가 있습니다.

1  The _____ of municipal power has posed a threat to the central government.

지방 도시들의 힘이 증가하면서 중앙 정부가 위협을 받고 있다.

2  He has requested an _____ of the loan.

그는 대출 연장을 신청했다.

3  They let me know how to call an _____ number.

그들은 나에게 내선 번호로 전화하는 방법을 알려줬다.

4  We have decided to _____ our office.

우리는 사무실을 확장하기로 결정했다.

5  He was impressed by her _____ knowledge of philosophy.

그는 철학에 대한 그녀의 방대한 지식에 깊은 인상을 받았다.

6  This year has seen the rapid _____ of the IT industry.

올해 정보통신 산업이 빠르게 발전하였다.

**미리 만나보는 예상 수능**

〈2023학년도 22번〉, 〈2022학년도 24번〉, 〈2025학년도 39번〉, 〈2022학년도 30번〉

---

The advancement of Internet technology has contributed to the **extension** of integrated technology into traditional industries such as agriculture and fishing.

인터넷 기술의 발전은 통합 기술이 농업과 수산업 같은 전통적인 산업 영역으로 확장하는 데 기여해 왔다.

단어 활용 지문 강의

---

Decode Words at the Root

# 27 **facilitate**

**facilitate**
[fəˈsɪlɪteɪt]

**ⓥ 수월하게 하다, 가능하게 하다**

This map will **facilitate** the discovery of the hidden land.
이 지도 덕분에 숨겨진 땅을 찾는 것이 수월할 겁니다.

고등<br>레벨

라틴어 facilis는 easy(쉬운)을 뜻합니다. 그래서 '어떤 것을 수월하게 혹은 가능하게 만든다'는 의미로 동사, 명사, 형용사 형태로 빈번하게 활용되는 주요 단어입니다. Internet connectivity has **facilitated** the transportation of information. (인터넷 연결은 정보의 이동을 수월하게 했다.)과 같이 특히 동사 활용이 특히 많죠. 명사형인 facility는 어떤 것을 쉽게 할 수 있는 '능력'(ex. She is proud of her **facility** in language. 그녀는 언어 구사를 잘하는 자신의 능력에 자긍심을 느낀다.) 혹은 쉽게 할 수 있게 해주는 '장소나 시설'(ex. The community center has brand-new recreational **facilities**. 지역센터는 최신 레크리에이션 시설을 가지고 있다.)을 뜻하죠. facile은 형용사로 '노력 없이 손쉬운'이라는 뜻으로, Their **facile** victory is not necessarily good for the team in a long-term perspective. (장기적으로 봤을 때 손쉽게 얻은 승리가 팀에 반드시 좋은 것만은 아니다.)와 같이 활용할 수 있습니다.

1 Internet connectivity has _____ the transportation of information.
인터넷 연결은 정보의 이동을 수월하게 했다.

2 She is proud of her _____ in language.
그녀는 언어 구사를 잘하는 자신의 능력에 자긍심을 느낀다.

3 The community center has brand-new recreational _____.
지역센터는 최신 레크리에이션 시설을 가지고 있다.

4 Their _____ victory is not necessarily good for the team in a long-term perspective.
장기적으로 봤을 때 손쉽게 얻은 승리가 팀에 반드시 좋은 것만은 아니다.

**Ans** 1 facilitated 2 facility 3 facilities 4 facile

Intensifying urbanization has **facilitated** evolutionary divergence in the city-living animal populations, which occurs through many different spatial and temporal channels.

도시화의 심화는 도시에 살고 있는 동물 집단의 진화 과정상 분화를 용이하게 했는데, 이는 여러 가지 공간적·시간적 채널을 통해 발생한다.

단어 활용 지문 강의

## 28 **impose**

중등 레벨 ☐

**impose**
[ɪmˈpoʊz]

ⓥ 부과하다

They have decided to **impose** heavy taxes on his property.
그들은 그의 재산에 무거운 세금을 부과하기로 결정했다.

impose는 '~안으로(in)'를 뜻하는 im-과 '두다 (put)'를 뜻하는 -pose가 합쳐진 단어입니다. 어떤 것 안으로 '세금이나 법률 등을 부과하거나 적용한다'는 뜻을 가지죠. How long have they **imposed** a ban on alcohol in public places? (공공장소에 알코올 섭취를 금지하는 법은 얼마나 오래됐나요?) 라고 할 수 있어요. '어떤 믿음이나 생각을 강제적으로 주입한다'는 뜻도 있어, They failed to **impose** their religious beliefs on their kids. (그들은 자신들의 종교적인 믿음을 자식들에게 주입하지 못했다.)라고 하죠. 이와 같이 impose는 규칙, 규율, 가치관과 같이 강제적으로 부과하거나 강요하는 내용을 받습니다. 전치사 on과 함께 다니는 구조도 기억해 두세요. compose는 '함께(together)'를 뜻하는 com-과 합쳐져, 여러 요소를 함께 배합해서 놓는다는 의미의 '구성하다'(ex. How many people **compose** the committee? 위원회를 구성하는 인원 수는 몇명이죠?)와 '작곡/작문하다'(ex. He **composed** this poem for his lovely child. 그는 자신의 사랑스러운 아이를 위해 이 시를 지었다.) 등으로 활용됩니다. dispose는 '없음(not)'을 뜻하는 dis-와 합쳐져, '둔 것을 없애다', 즉 '폐기하다'란 뜻으로, Lively debate still continues about how to **dispose** of nuclear waste. (핵폐기물을 어떻게 처리할지에 대한 열띤 토론이 지속되고 있다.)와 같이 전치사 of와 함께 다닙니다.

1 How long have they _____ a ban on alcohol in public places?

   공공장소에 알코올 섭취를 금지하는 법은 얼마나 오래됐나요?

2 They failed to _____ their religious beliefs on their kids.

   그들은 자신들의 종교적인 믿음을 자식들에게 주입하지 못했다.

3 How many people _____ the committee?

   위원회를 구성하는 인원 수는 몇명이죠?

4 He _____ this poem for his lovely child.

   그는 자신의 사랑스러운 아이를 위해 이 시를 지었다.

5 Lively debate still continues about how to _____ of nuclear waste.

   핵폐기물을 어떻게 처리할지에 대한 열띤 토론이 지속되고 있다.

**미리 만나보는 예상 수능**

〈2025학년도 34번〉, 〈2024학년도 32번〉, 〈2022학년도 36번〉, 〈2021학년도 21번〉

Law is fundamentally about **imposing** a particular view on someone who doesn't want to have it imposed on them. For example, burglars don't want laws that prohibit stealing to be imposed on them.

법은 근본적으로 특정한 입장이 자신에게 적용되는 것을 원치 않는 자에게 그것을 적용하는 것과 관련 있다. 예를 들어, 도둑은 절도를 금지하는 법이 자신에게 적용되는 것을 원치 않는다.

단어 활용 지문 강의

**Ans** 1 imposed  2 impose  3 compose  4 composed  5 dispose

# 29 inert

## inert

[ɪˈnɜːrt]

ⓐ 기력이 없는

Their discussion was completely **inert** and boring.
그들의 대화는 열정이 느껴지지 않고 매우 지루했다.

접두사 in-은 '아님(not)'을 뜻하는 경우가 있습니다. inert는 ert가 없는 것이죠. ert는 art의 고어로 '학습과 연습을 통해 배운 기술'을 뜻합니다. 수능에서는 변화를 위한 에너지나 기술, 열정이 없다는 뜻으로, There have been a series of measures taken to stimulate the **inert** economy and create jobs. (침체된 경제와 직업 창출을 촉진하기 위한 일련의 조치가 취해져 왔다.)와 같이 주로 활용되죠. 또한 화학 물질이 활성화가 되지 않는다는 뜻도 있어, inert gas(비활성 기체)라고도 합니다. invalid는 유효함(valid)이 없다는 의미로, Driving while intoxicated will render your license **invalid**. (음주운전을 하면 면허증이 무효화됩니다.) 라고 할 수 있죠. inaccurate는 정확하지 않다는 뜻(ex. His story was **inaccurate** and exaggerated. 그의 이야기는 정확하지 않고 과장되었다.), incomplete는 완전하지 않다는 뜻(ex. The results of their experiment are still **incomplete**. 그들의 실험 결과는 여전히 완전하지 않다.)을 각각 나타냅니다.

1 There have been a series of measures taken to stimulate the _____ economy and create jobs.
침체된 경제와 직업 창출을 촉진하기 위한 일련의 조치가 취해져 왔다.

2 Driving while intoxicated will render your license

_____.
음주운전을 하면 면허증이 무효화됩니다.

3 His story was _____ and exaggerated.
그의 이야기는 정확하지 않고 과장되었다.

4 The results of their experiment are still _____.
그들의 실험 결과는 여전히 완전하지 않다.

Ans 1 inert 2 invalid 3 inaccurate 4 incomplete

The nature of market development differs from development in the legal system, and therefore, the coexistence of the flexible market and the **inert** law has caused many social problems.

시장이 발전하는 속성과 법 제도가 발전하는 속성에는 차이가 있다. 그래서 상황에 맞게 바뀌는 시장과 변화에 무딘 법 제도의 공존은 많은 사회적 문제의 원인이 되어 왔다.

단어 활용 지문 강의

---

## 30 **infer**

중등
레벨

**infer**

[ɪnˈfɜː(r)]

**ⓥ 추론하다**

What can we **infer** from such a conclusion?
이런 결론에서 우리는 무엇을 추론할 수 있나요?

-fer은 '가져오다(bring)'란 뜻을 가진 접미사로, infer, confer, prefer, defer과 같은 수능 주요 단어의 모체가 됩니다. 우선 infer은 in- 즉, '안으로', '머릿속으로' 가져온다는 의미로 I was able to **infer** from her expression that she was hiding something. (나는 그녀의 표정에서 그녀가 무언가를 숨기고 있다는 것을 추론할 수 있었다.)과 같이 근거에 기반해 '추론하다'란 의미를 가지죠. confer은 '함께(together)'를 뜻하는 con-과 함께 '특정한 주제에 대해 서로의 의견을 교환하다'란 뜻으로, He wants to **confer** with his lawyer before making the final decision. (그는 최종 결정을 하기 전에 그의 변호사와 상의하기를 원한다.) 이라고 할 수 있죠. prefer은 '앞(in front)'을 뜻하는 pre와 합쳐져, '앞으로 가져오다', 즉 '선호하다'는 뜻(ex. They **prefer** staying home to going out. 그들은 돌아다니는 것보다 집에 있는 것을 선호하다.)으로 활용되죠. defer은 '떨어진(apart)'을 뜻하는 de-와 합쳐져 '멀리 보내다', 즉 '미루다'란 뜻(ex. He managed to **defer** the repayments of his loan. 그는 간신히 대출금 상환 일정을 미룰 수 있었다.)으로 쓰입니다.

1 I was able to _____ from her expression that she was hiding something.

나는 그녀의 표정에서 그녀가 무언가를 숨기고 있다는 것을 **추론할** 수 있었다.

2 He wants to _____ with his lawyer before making the final decision.

그는 최종 결정을 하기 전에 그의 변호사와 **상의하기를** 원한다.

3 They _____ staying home to going out.

그들은 돌아다니는 것보다 집에 있는 것을 **선호하다**.

4 He managed to _____ the repayments of his loan.

그는 간신히 대출금 상환 일정을 **미룰 수** 있었다.

---

**미리 만나보는 예상 수능**

〈2021학년도 38번〉, 〈2021학년도 41~42번〉, 〈2025학년도 38번〉, 〈2023학년도 22번〉

---

Although there was a clear intent to cause actual bodily harm to others, which can be **inferred** from the behavior of the gangsters, the police were not able to send them to jail without evidence.

실제적으로 타인의 신체를 다치게 하려고 했던 의도가 폭력배들의 행동에서 추론이 된다고 해도, 경찰은 증거 없이 이들을 감옥에 넣을 수 없었다.

단어 활용 지문 강의

---

31 **instruction**

중등
레벨 ☐

**instruction** ⓝ 설명, 지시

[ɪnˈstrʌkʃn]

She forgot her mother's **instruction** not to be late.
그녀는 늦지 말라는 엄마의 지시를 잊어버렸다.

고등
레벨 ☐

instruction은 '지시 혹은 가르침'으로 알려져 있습니다. 하지만 어원을 분석해 보면 '안으로'를 뜻하는 in-과 '차곡차곡 쌓아 올린다'란 뜻의 -struct가 합쳐져, '잘 정리되고 다듬어 놓은 정보의 덩어리'를 기본 뜻으로 합니다. 그래서 어떻게 해야 하는지를 알려주는 구체적인 정보(ex. This booklet provides **instructions** how to assemble an office chair. 이 소책자는 사무용 의자를 어떻게 조립하는지를 알려주는 정보를 제공한다.)나, 체계화된 구체적인 지시 사항(ex. My team quickly closed off the area under **instructions**. 우리 팀은 지시에 따라 이 지역을 바로 봉쇄했다.)을 뜻하게 되었죠. 그런 정보를 가르쳐주는 행위(ex. His religious **instruction** never stops. 그의 설교는 멈추지 않는다.)도 instruction을 씁니다. destruction은 그 쌓아올려 놓은 것을 무너뜨린다(de-)는 의미로 '파괴,' '파멸'을 뜻(ex. Buddhist priests are morally obligated not to participate in the **destruction** of life. 스님들은 도덕적으로 살생을 하지 않도록 되어 있다.)하게 되었죠. construction은 함께(con-) 쌓아 올린다는 의미로, 실제적인 구조물의 '건축' 혹은 '건설'(ex. The **construction** of a new road will benefit the whole community. 새로운 도로 건설은 전체 지역사회에 혜택을 줄 것이다.)뿐 아니라, 아이디어나 개념의 추상적인 구조를 쌓아 올려 만드는 작업(ex. Complex grammatical **constructions** sometimes makes it hard to stay focused. 복잡한 문법 구조는 때때로 집중을 어렵게 만든다.)을 뜻하기도 합니다.

1 This booklet provides _____ about how to assemble an office chair.
이 소책자는 사무용 의자를 어떻게 조립하는지를 알려주는 정보를 제공한다.

2 My team quickly closed off the area under _____.
우리 팀은 지시에 따라 이 지역을 바로 봉쇄했다.

3 His religious _____ never stops.
그의 설교는 멈추지 않는다.

4 Buddhist priests are morally obligated not to participate in the _____ of life.
스님들은 도덕적으로 살생을 하지 않도록 되어 있다.

5 The _____ of a new road will benefit the whole community.
새로운 도로 건설은 전체 지역사회에 혜택을 줄 것이다.

6 Complex grammatical _____ sometimes make it hard to stay focused.
복잡한 문법 구조는 때때로 집중을 어렵게 만든다.

Ans 1 instructions 2 instructions 3 instruction 4 destruction 5 construction 6 constructions

Many schools operate after-school programs that offer reading **instruction** to low-performing students who have difficulties with verbal communication.

많은 학교들은 말로 하는 소통에 어려움을 겪는 성적이 저조한 학생들을 위한 방과후 독서 프로그램을 운영한다.

단어 활용 지문 강의

---

## 32 interfere

중등 레벨 ☐

### interfere

[ˌɪntərˈfɪr]

**ⓥ 방해하다**

He didn't mean to **interfere** with her work.
그는 그녀의 일을 방해할 의도는 없었다.

---

interfere은 inter-의 '사이에(between)'와 -fere의 '치다(to strike)'가 합쳐, '사이에 들어가 치다'란 의미를 가지죠. 유의할 점은 뒤에 오는 전치사에 따라 의미가 미묘하게 달라진다는 겁니다. with를 취하면 '방해하다'란 뜻으로 Smoking **interferes** with a child's physical development. (흡연은 아이의 신체 발달을 방해한다.)라고 하고, in을 쓰면 '불필요하게 개입하다'란 뜻으로 I can't bear his **interfering** in my love affairs. (나는 내 연애사에 그가 개입하는 것을 참을 수가 없다.)라고 합니다. interrupt는 'inter + rupt(to break, 부수다)'의 구조로, '사이에 들어가 흐름을 끊어 버린다'는 의미(ex. Our talk was **interrupted** by a phone call. 전화벨이 울려 우리 대화의 흐름이 깨졌다.)로 쓰이죠. intervene은 'inter + vene(to come, 오다)'으로, '사이에 들어오다,' 즉 They decided to **intervene** in housing market to stabilize house prices. (그들은 집값 안정화를 위해 주택 시장에 개입하기로 결정했다.)와 같이 '개선을 위해 개입하다'란 뜻입니다.

1 Smoking _____ with a child's physical development.
   흡연은 아이의 신체 발달을 방해한다.

2 I can't bear his _____ in my love affairs.

나는 내 연애사에 그가 개입하는 것을 참을 수가 없다.

3 Our talk was _____ by a phone call.

전화벨이 울려 우리 대화의 흐름이 깨졌다.

4 They decided to _____ in the housing market to stabilize house prices.

그들은 집값 안정화를 위해 주택 시장에 개입하기로 결정했다.

**미리 만나보는 예상 수능**

〈2024학년도 32번〉, 〈2023학년도 23번〉, 〈2023학년도 43~45번〉, 〈2022학년도 31번〉

Some memories **interfere** with the retrieval of other similar memories, because it is challenging to recall a specific event when so many similar memories are encoded in long-term memory.

몇몇 기억들이 다른 유사한 기억들의 회기로 인해 생각이 나지 않는 경우가 있다. 이는 장기기억에 너무나 많은 유사한 기억들이 코딩되어 있을 때는 특정한 사건을 기억하기가 힘들기 때문이다.

단어 활용 지문 강의

---

## 33 **literacy**

중등 레벨 ☐

**literacy**

[ˈlɪtərəsi]

ⓝ 글을 읽고 쓸 수 있는 능력

You will have to stay on at school if you fail the **literacy** test.

글쓰기와 말하기 시험에서 떨어지면 넌 학교에 남아 있어야만 해.

고등 레벨 ☐ letter(글자)를 뜻하는 라틴어 littera에서 발전한 단어로는 literature(문학)가 대표적이죠. 하지만 같은 뿌리를 둔 literal, literacy, illiteracy 등도 수능에서 다양한 의미로 활용되고 있어요. 우선, literacy는 This country has the highest **literacy** rate in this region — over 80 percent of the population being able to read and write. (이 나라의 문해율은 이 지역에서 가장 높은

데, 국민의 80퍼센트 이상이 읽고 쓸 수 있다.)와 같이 '글을 읽고 쓸 수 있는 능력'을 뜻합니다. '잘못된' 혹은 '제대로 하지 못하는'의 뜻을 가진 접두사 ill-과 합쳐져 '글을 읽을 수 없음', 즉 '문맹'(ex. **Illiteracy** was one of the major problems in that period. 그 당시 문맹이 가장 큰 문제 중 하나였다.), 혹은 '특정 분야에 대한 지식 부족'(ex. Financial **illiteracy** can cause a capital loss. 자금 관리에 대한 지식이 부족하면 자본 손실이 일어날 수 있다.) 을 뜻합니다. literal은 '문자 그대로'라는 뜻으로 **Literal** translation of the text precludes an understanding of contextual situations. (텍스트를 문자 그대로 번역하면 맥락적인 상황을 이해하는 것이 불가능하다.)라고 할 수 있어요.

1  This country has the highest _____ rate in this region — over 80 percent of the population being able to read and write.
이 나라의 문해율은 이 지역에서 가장 높은데, 국민의 80퍼센트 이상이 읽고 쓸 수 있다.

2  _____ was one of the major problems in that period.
그 당시 문맹이 가장 큰 문제 중 하나였다.

3  Financial _____ can cause a capital loss.
자금 관리에 대한 지식이 부족하면 자본 손실이 일어날 수 있다.

4  _____ translation of the text precludes an understanding of contextual situations.
텍스트를 문자 그대로 번역하면 맥락적인 상황을 이해하는 것이 불가능하다.

**미리 만나보는 예상 수능**
〈2021학년도 31번〉, 〈2025학년도 31번〉, 〈2025학년도 33번〉, 〈2024학년도 39번〉

The new system pushed up living standards, resulting in a drop in the rates of poverty and **illiteracy**, which has eventually paved the way for the growth of the middle class.
새로운 시스템은 생활 수준을 끌어올려 빈곤과 문맹률을 크게 낮추었고, 이것은 결국 중산층 성장의 길을 열어 주었다.

단어 활용 지문 강의

**Ans** 11 literacy 2 Illiteracy 3 illiteracy 4 Literal

**mediate**

[ˈmiːdieɪt]

Ⓥ 중재하다

This book tells us how to **mediate** a disagreement.
이 책은 이견을 중재하는 방법을 우리에게 알려준다.

고등
레벨 ☐

mediate는 '중간(middle)'을 뜻하는 라틴어 medi에서 온 단어입니다. 즉 어느 한쪽에 치우치지 않고 중간에 있다는 의미로, '중재하다'(ex. The dispute between employees and employers was **mediated** by professional negotiators. 노사 분쟁은 전문 협상가들에 의해 중재되었다.)란 뜻을 가지죠. medium은 크기나 정도, 수준이 중간에 있다는 뜻으로, She is a woman of **medium** height, her hair long and curly. (그녀는 중간 정도의 키에 머리는 길고 곱슬곱슬하다.)와 같이 쓰입니다. 수능에서는 특정한 목적을 위해 중간에서 사용되는 '매체'나 '수단'으로 자주 등장하죠. A social network service has become an essential **medium** for sharing similar interests and activities. (SNS는 유사한 관심과 활동 공유를 위해 없어서는 안될 매체가 되었다.)라고 할 수 있어요. medieval 은 '중간에 있는 시기(-eval)', 즉 '중세'를 뜻해서, This practice dates back to **medieval** times. (이 관습은 중세시대까지 거슬러 올라간다.)라고 합니다.

1  The dispute between employees and employers was
   _____ by professional negotiators.
   노사 분쟁은 전문 협상가들에 의해 중재되었다.

2  She is a woman of _____ height, her hair long and
   curly.
   그녀는 중간 정도의 키에 머리는 길고 곱슬곱슬하다.

3  A social network service has become an essential
   _____ for sharing similar interests and activities.
   SNS는 유사한 관심과 활동 공유를 위해 없어서는 안될 매체가 되었다.

4  This practice dates back to _____ times.
   이 관습은 중세시대까지 거슬러 올라간다.

**Ans** 1 mediated  2 medium  3 medium  4 medieval

〈2025학년도 33번〉, 〈2023학년도 31번〉, 〈2022학년도 39번〉

Knowing how to **mediate** conflicts in the workplace can help companies avoid litigation costs and ease workplace tensions before they escalate to the point of being uncontrollable.

직장내 분쟁을 중재하는 방법을 알게 되면 회사가 소송비용 부담을 피할 수 있고, 직장내 갈등이 통제할 수 없는 상황까지 가기 전에 완화할 수 있다.

단어 활용 지문 강의

## 35 **misleading**

중등
레벨
☐

**misleading**

[ˌmɪsˈliːdɪŋ]

ⓐ 오해하게 하는, 틀린

It is **misleading** to think that they are true friends.
그들이 진정한 친구라고 생각하는 것은 잘못된 것이다.

고등
레벨
☐

misleading은 mis-는 '잘못된(wrongly)'을 뜻하는 접두사로 leading과 결합해 '잘못 이끈다', 즉 '사실이 아닌 것을 사실인 것으로 믿게 하는'이란 의미의 형용사로 수능에서 자주 볼 수 있는 단어입니다. 동사 mislead에 뿌리를 두고 있죠. This handbook is confusing and **misleading** because most of the information is inaccurate. (이 편람은 대부분의 정보가 정확하지 않아 이해가 어렵고 사실을 오도한다.)와 같이 활용됩니다. mis-에 use를 더하면 적합하지 못한 방식 혹은 의도되지 않은 방식으로 사용하다는 뜻으로, He has been accused of **misusing** corporate credit cards. (그는 법인카드를 적합하게 사용하지 않았다는 혐의로 고발되었다.)와 같이 쓸 수도 있어요. 참고로 유의어인 abuse는 잘못된 목적을 가지고 도덕적으로 맞지 않게 사용하는 것으로, They were found to **abuse** their power for their own sake. (그들은 자신들만의 이익을 위해 권력을 남용한 것으로 밝혀졌다.)라고 하죠. misrepresent는 어떤 생각이나 상황, 입장 등을 사익을 얻을 목적으로 틀리게 표현한다는 의미로, This book must be banned because it **misrepresents** historical facts. (이 책은 역사적인 사실을 왜곡했기 때문에 반드시 출판 금지되어야 한다.)라고 합니다.

1 This handbook is confusing and _____ because most of the information is inaccurate.

이 편람은 대부분의 정보가 정확하지 않아 이해가 어렵고 사실을 오도한다.

2 He has been accused of _____ corporate credit cards.

그는 법인카드를 적합하게 사용하지 않았다는 혐의로 고발되었다.

3 They were found to _____ their power for their own sake.

그들은 자신들만의 이익을 위해 권력을 남용한 것으로 밝혀졌다.

4 This book must be banned because it _____ historical facts.

이 책은 역사적인 사실을 왜곡했기 때문에 반드시 출판 금지되어야 한다.

Ans 1 misleading 2 misusing 3 abuse 4 misrepresents

**미리 만나보는 예상 수능**

〈2023학년도 34번〉, 〈2023학년도 40번〉, 〈2020학년도 30번〉, 〈2021학년도 34번〉

"Do you remember when I was furious with you for your having **misled** me about our relationship?" Andrew asked Grace. "Yes, I do," Grace answered with a smile.

"우리 관계에 대해 나를 속였다고 내가 당신에게 화냈던 거 기억해?"라고 Andrew가 Grace에게 물었다. Grace는 "그럼, 기억하지"라고 웃으며 답했다.

단어 활용 지문 강의

Build Vocabulary from Origins

**occur**

[əˈkɜː(r)]

중등 레벨 ☐

ⓥ 발생하다

The incident **occurred** when you were absent from work.
당신이 출근하지 않았을 때 사건이 발생했다.

고등 레벨 ☐

occur은 '발생하다'란 뜻입니다. 일반적으로 알려진 happen은 우연히 발생한 경우(ex. Do you know what **happened** yesterday? 어제 무슨 일이 있었는지 아세요?)라면, occur은 발생했다는 사실 그 자체(ex. Many errors have **occurred** in his experiment. 그의 실험에서 많은 에러가 발생했다.)를 뜻하죠. 접미사 –cur는 occur을 비롯해 recur, incur과 같은 다른 형태의 발생을 뜻하는 단어의 모체입니다. 예를 들어, recur은 뒤로 돌아가 다시 (re-) 발생한다는 의미로 '반복해서 발생하다'란 뜻(ex. If the same symptom **recurs**, you must see a doctor right away. 만약 같은 증상이 반복되면, 바로 병원에 가야만 합니다.)을 가집니다. incur은 안으로 급히 들어와(in-) 발생한다는 의미로, 불편하거나, 해롭거나, 힘든 일이 발생한 경우(ex. His impolite manner **incurred** the anger of the audience. 그의 무례한 행동으로 청중들은 분노를 느꼈다.)에 쓰입니다.

1 Do you know what _____ yesterday?
어제 무슨 일이 있었는지 아세요?

2 Many errors have _____ in his experiment.
그의 실험에서 많은 에러가 발생했다.

3 If the same symptom _____, you must see a doctor right away.
만약 같은 증상이 반복되면, 바로 병원에 가야만 합니다.

4 His impolite manner _____ the anger of the audience.
그의 무례한 태도가 관객의 분노를 초래했다.

**Ans** 1 happened  2 occurred  3 recurs  4 incurred

The development of conscience, a little voice that tells us the right thing to do, begins in infancy and **occurs** mainly within the caregiver-child relationship.

옳은 행동을 하도록 알려주는 작은 목소리, 즉 양심의 성장은 유아기 때 시작하며, 돌봄 제공자와 아기간 관계 속에서 주로 나타난다.

단어 활용 지문 강의

---

## 37 **outperform**

중등
레벨 □

**outperform** ⓥ 더 잘한다

[aʊtpərfɔ́ːrm]　We expect him to **outperform** his rivals this season.
우리는 그가 이번 시즌에 그의 경쟁자들보다 더 잘할 것이라고 기대한다.

---

고등
레벨 □

접두사 out-은 일반적으로 '밖'을 뜻하지만 '테두리를 뚫고 밖으로 나가다'란 뜻을 가지죠. 그래서 기존 단어에 out만 넣으면 손쉽게 새로운 의미를 창출할 수 있습니다. 예를 들어, perform과 합쳐지면 더 앞서거나, 더 잘한다는 뜻(ex. Experienced retirees may **outperform** younger employees. 경험이 많은 은퇴자가 젊은 직원들보다 일을 더 잘할 수도 있다.)을 만들 수 있죠. outweigh는 '~보다 더 중요하다'란 의미(ex. The benefits of this project will far **outweigh** its cost. 이번 프로젝트에서 잃는 것보다 얻는 것이 훨씬 많을 겁니다.), 혹은 '~보다 무게가 더 나가다'란 의미(ex. His cow **outweighs** its competitors. 그의 소는 경쟁 소들보다 무게가 더 나간다.)를 가집니다. outlive는 '~보다 더 오래 살다'(ex. I am certain that he will **outlive** all of us. (그가 우리 중 가장 오래 살 것이라고 확신한다.), outgrow는 '~보다 더 크다'(ex. I can't believe that he has **outgrown** his father. 그는 그의 아버지보다 더 크다는 게 믿기지 않는다.)는 뜻을 각각 가집니다.

1  Experienced retirees may _____ younger employees.

경험이 많은 은퇴자가 젊은 직원들보다 일을 더 잘할 수도 있다.

2  The benefits of this project will far _____ its cost.

이번 프로젝트에서 잃는 것보다 얻는 것이 훨씬 많을 겁니다.

3  His cow _____ its competitors.

그의 소는 경쟁 소들보다 무게가 더 나간다.

4  I am certain that he will _____ all of us.

그가 우리 중 가장 오래 살 것이라고 확신한다.

5  I can't believe that he has _____ his father.

그는 그의 아버지보다 더 크다는 게 믿기지 않는다.

**미리 만나보는 예상 수능**

〈2023학년도 41번〉, 〈2023학년도 32번〉

To **outperform** rivals, people challenge the self-limiting beliefs that constrain their potential and accomplish more than they have ever thought possible.

경쟁자들보다 더 좋은 성과를 내기 위해 자신의 잠재력을 제한하는 스스로 한계 짓는 믿음에 도전하고 그때까지 가능하다고 생각했던 것 이상의 성과를 낸다.

단어 활용 지문 강의

---

## 38 **paradox**

중등
레벨
☐

**paradox**

[pǽrədɑ̀:ks]

🅝 모순

She eats a lot but she is very thin. It is quite a **paradox**.

그녀는 엄청 먹는데도 심하게 말랐다. 이건 상당한 모순이다.

고등
레벨  ☐

para-는 '옆에(beside)', '나란히(side by side)'의 뜻을 가집니다.

'평행한'을 뜻하는 parallel은 para-(나란히)와 -llel(서로 간의)가 합쳐진 단어로, Two **parallel** lines in his picture indicate chopsticks. (그의 그림에 있는 두 개의 평행 선은 젓가락을 의미한다.)라고 하죠. paragraph도 para-(옆에)와 graph(쓰기)가 합쳐진 단어로, 문장이 끊어지지 않고 옆에 있다는 의미의 '단락'(ex. Each **paragraph** has its own function. 각각의 단락은 그만의 기능이 있다.)을 뜻하죠. paradigm은 para-(옆에)와 -digm(보여주기)이 합쳐진 단어로, 어떤 것에 옆에 두어 보여주는 '모델' 혹은 '전형' (ex. They are trying to shift cultural **paradigm** today. 그들은 오늘날 문화의 패러다임을 바꾸려고 하고 있다.)을 뜻하죠. 하지만 paradox의 para-는 '확실히 구별되는(distinct from)'이라 는 다소 다른 의미를 가집니다. '생각'과 '의견'을 뜻하는 -dox와 결합해 생각이나 의견이 너무나 달라 이해하기 힘들거나 양립할 수 없는, 즉 '모순'의 뜻(ex. It is a **paradox** that such a rich country has such a high level of poverty rate. 이렇게 부자 나라가 이렇게 높은 빈곤율을 가지고 있다는 것은 모순이다.)을 가지게 되었죠. 형용사형 paradoxical도 수능에 나올 수 있으니 기억해 두세요.

1 Two _____ lines in his picture indicate chopsticks.
그의 그림에 있는 두 개의 평행선은 젓가락을 의미한다.

2 Each _____ has its own function.
각각의 단락은 그만의 기능이 있다.

3 They are trying to shift the cultural _____ today.
그들은 오늘날 문화의 패러다임을 바꾸려고 하고 있다.

4 It is a _____ that such a rich country has such a high poverty rate.
이렇게 부자 나라가 이렇게 높은 빈곤율을 가지고 있다는 것은 모순이다.

**미리 만나보는 예상 수능**
〈2023학년도 31번〉, 〈2025학년도 23번〉, 〈2020학년도 32번〉

A **paradoxical** drug reaction is an effect of a medication that is opposite to the expected outcome. Taking a medication to reduce your pain may even worsen your current symptoms.
모순적 약물 반응이란, 예상했던 결과와는 반대로 나타나는 약물 효과를 말한다. 통증을 줄이기 위해 복용한 약이 오히려 현재 증상을 악화시킬 수도 있다.

단어 활용 지문 강의

Ans 1 parallel 2 paragraph 3 paradigm 4 paradox

# 39 perceive

중등 레벨 □

## perceive
[pərsíːv]

**ⓥ 인식하다**

How do Koreans **perceive** the Japanese?
한국인들은 일본인을 어떻게 인식하나요?

고등 레벨 □

perceive은 '완전히, 전적으로(entirely)'를 뜻하는 per-와 '가지다(take)'를 뜻하는 -ceive가 합쳐진 단어입니다. Many people **perceived** him as a kind of swindler. (많은 사람들이 그를 사기꾼 정도로 생각했다.)와 같이 감각·지각을 통해 어떤 것을 '인지하다'란 의미입니다. 깊이 있는 이해에 기반한 인지를 뜻하는 understand와 어떤 사실을 알아차리는 인지인 recognize와는 차이가 있죠. 한편, -ceive의 어원을 가진 또 다른 단어 receive는 '다시', '새롭게'의 re-와 합쳐져서 Have you **received** a letter from her? (그녀에게서 편지를 받았나요?)와 같이 '~을 받다'란 뜻을 가집니다. deceive는 '아님'과 '반대'를 뜻하는 de-와 합쳐져서 '가져간 것이 아닌 것이 되다', 즉 '~을 속이다'란 뜻으로 He tried to **deceive** me into believing that he was a millionaire. (그는 그가 백만장자라고 내가 믿게 속이려고 했다.)라고 할 수 있죠. conceive는 '~와 함께'의 con-과 결합해 '(어떤 대상과 함께) ~라고 마음속으로 품다', 즉 '상상하다'란 뜻으로, Can you **conceive** that such a crazy thing could happen in the 21st century? (이런 일이 21세기에 발생한다는 것을 상상할 수 있나요?)라고 할 수 있죠.

1 Many people _____ him as a kind of swindler.
많은 사람들이 그를 사기꾼 정도로 생각했다.

2 Have you _____ a letter from her?
그녀에게서 편지를 받았나요?

3 He tried to _____ me into believing that he was a millionaire.
그는 그가 백만장자라고 내가 믿게 속이려고 했다.

4 Can you _____ that such a crazy thing could happen in the 21st century?
이런 일이 21세기에 발생한다는 것을 상상할 수 있나요?

Ans 1 perceived 2 received 3 deceive 4 conceive

Designers sketch their ideas first. The process from the brain to the pen to the paper is an invaluable step in turning the images your mind **perceives** into visible patterns.

디자이너들은 자신들의 아이디어를 먼저 스케치한다. 머릿속에서 펜을 거쳐 종이로 이어지는 이 과정은, 마음이 인지한 이미지를 눈에 보이는 패턴으로 바꾸는 데 있어 매우 중요한 단계이다.

단어 활용 지문 강의

# 40 **persist**

중등 레벨 ☐

## **persist**

[pərsɪst]

**ⓥ 지속하다, 고집하다**

If you **persist**, you will make things worse.
계속 고집한다면 당신은 사태를 더 악화시킬 겁니다.

고등 레벨 ☐

접미사 -sist는 '서 있다(to stand)'란 의미를 가지죠. 단순히 서 있는 것보다는 흔들림과 방해에도 불구하고 지탱하고 서 있다는 뉘앙스가 강해서, persist, insist, resist와 같은 단어에서 활용되고 있습니다. 우선, persist는 '확고부동한' 혹은 '철저한'을 뜻하는 per-과 합쳐져 He **persisted** in asking ridiculous questions. (그는 말도 안 되는 질문을 계속해서 해댔다.) 와 같이 '계속 ~을 하다'로 활용되죠. 이외에도 나쁜 상황이나 기분이 계속 지속된다는 의미(ex. I could not get to sleep because the pain **persisted**. 고통이 계속되어 잠을 잘 수 없었다.)도 있어요. insist는 -sist가 upon(~에 대한)의 뜻을 가진 in-과 합쳐져 '반대 의견에도 불구하고 계속해서 강력하게 주장하다'란 뜻(ex. She **insists** that she did nothing illegal. 그녀는 불법적인 것은 전혀 하지 않았다고 주장한다.)과 '~을 고집스럽게 요구하다'란 뜻(ex. My mother **insisted** on my wearing a coat. 엄마는 나에게 코트를 입으라고 계속 말씀하셨다.)을 가지죠. resist는 반대를 뜻하는 re-와 결합해 '~에 맞서 싸우다'란 뜻(ex. Our bodies can **resist** the virus. 우리 몸은 바이러스와 맞서 싸울 수 있다.)과 '충동이나 요구를 거부하다'란 뜻(ex. They called the police but she **resisted** arrest. 그들이 경찰을 불렀지만 그녀는 체포를 거부했다.)을 가집니다.

1 He _____ in asking ridiculous questions.

그는 말도 안 되는 질문을 계속해서 해댔다.

2 I could not get to sleep because the pain _____.

고통이 계속되어 잠을 잘 수 없었다.

3 She _____ that she did nothing illegal.

그녀는 불법적인 것은 전혀 하지 않았다고 주장한다.

4 My mother _____ on my wearing a coat.

엄마는 나에게 코트를 입으라고 계속 말씀하셨다.

5 Our bodies can _____ the virus.

우리 몸은 바이러스와 맞서 싸울 수 있다.

6 They called the police but she _____ arrest.

그들이 경찰을 불렀지만 그녀는 체포를 거부했다.

Ans 1 persisted 2 persisted 3 insists 4 insisted 5 resist 6 resisted

**미리 만나보는 예상 수능**

〈2023학년도 40번〉, 〈2021학년도 34번〉, 〈2024학년도 41~42번〉

Anna, on the other hand, looked disappointed and said firmly, "The longer a problem **persists**, the harder it becomes to solve." Her brother responded by nodding uneasily.

반면 Anna는 실망한 표정으로 단호하게 말했다. "문제가 오래 지속될수록 해결하기 더 어려워져." 그녀의 동생은 불편한 기색을 보이며 마지못해 고개를 끄덕였다.

단어 활용 지문 강의

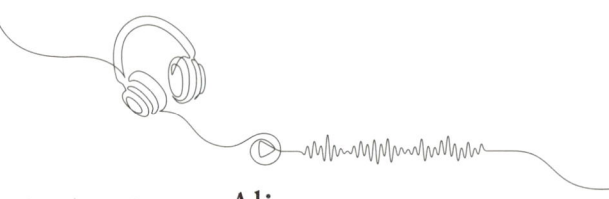

Where Words Come Alive

중등
레벨
☐

## prescribe
[prɪˈskraɪb]

**ⓥ 처방하다. 규정하다**

Your doctor may **prescribe** something for your cough.
당신 의사가 기침을 멈추게 하는 뭔가를 처방해 주겠죠.

고등
레벨
☐

prescribe는 '미리(pre-) 쓰다(-scribe)'란 의미로, My doctor has **prescribed** me tranquilizers. (내 주치의는 나에게 신경안정제를 처방해 주었다.)와 같이 '처방하다'란 뜻을 가집니다. 하지만 수능에서는 무언가를 미리 써놓는 것처럼 '규정하다'란 뜻에 유의해야 합니다. The regulations **prescribe** that all members should attend meetings at least once a month. (법령은 모든 회원들이 적어도 한 달에 한 번은 회의에 참석해야 한다고 규정하고 있다.)가 있습니다. 아래로 (down)를 뜻하는 de-와 scribe가 합쳐져 '어떤 것에 대해 말하거나 쓰다'란 의미의 describe(ex. Can you **describe** what exactly happened yesterday? 어제 정확히 무슨 일이 있었는지 설명해 줄 수 있나요?)가 있죠. inscribe는 안으로(in-) 쓰다(-scribe)로 '새기다'(ex. The names of contributors are **inscribed** on the wall of a library. 도서관 벽에 기증자들의 이름이 새겨져 있다.), ascribe는 ~을 향해(a-) 쓰다(-scribe)로 '~에게 원인을 돌리다'(ex. They **ascribed** their failure to a lack of funds. (그들은 자신들의 실패를 기금 부족 탓으로 돌렸다.)라고 합니다.

1 My doctor has ＿＿＿＿＿＿＿ me tranquilizers.
내 주치의는 나에게 신경안정제를 처방해 주었다.

2 The regulations ＿＿＿＿＿＿＿ that all members should attend meetings at least once a month.
법령은 모든 회원들이 적어도 한 달에 한 번은 회의에 참석해야 한다고 규정하고 있다.

3 Can you ＿＿＿＿＿＿＿ what exactly happened yesterday?
어제 정확히 무슨 일이 있었는지 설명해 줄 수 있나요?

4 The names of contributors are ＿＿＿＿＿＿＿ on the wall of a library.
도서관 벽에 기증자들의 이름이 새겨져 있다.

Ans 1 prescribed 2 prescribe 3 describe 4 inscribed 5 ascribed

**5** They _____ their failure to a lack of funds.

그들은 자신들의 실패를 기금 부족 탓으로 돌렸다.

**미리 만나보는 예상 수능**

〈2024학년도 37번〉, 〈2020학년도 36번〉, 〈2024학년도 38번〉

Norms sometimes **prescribe** how to make important life choices and how to behave in certain social situations, which can preclude a profound understanding of one's true nature.

규범은 때때로 중요한 인생 결정을 어떻게 내릴지와 특정 사회적 상황에서 어떻게 행동할지를 규정하는데, 이는 자신 본연의 모습을 깊이 이해하는 것을 방해할 수도 있다.

단어 활용 지문 강의

---

## 42 **recount**

중등 레벨

**recount**

[rɪˈkaʊnt]

**ⓥ 자세히 말하다**

The police asked him to **recount** what he had seen.
경찰은 그에게 본 것을 자세히 말하라고 요청했다.

count는 '수를 세다'란 뜻으로, He was **counting** sheep as they got into the fence. (그는 울타리 안으로 들어가는 양들의 수를 세고 있었다.)라고 하죠. 차감의 뜻을 나타내는 접두사 dis-와 결합해 '할인'이라는 뜻의 discount(ex. We can give you a **discount** if you pay in cash. 현금으로 지불하면 할인해 드립니다.)가 생겨났죠. recount는 접두사 '반복해서'를 뜻하는 re-와 count가 합쳐져 A news report **recounted** how heavily armed soldiers had stormed into the conference hall. (뉴스 보도는 어떻게 무장한 군인들이 회의장에 쳐들어왔는지를 자세하게 전했다.)과 같이 '(수를 세는 것처럼) 자세히 말한다'는 의미로 활용됩니다. 같은 뿌리를 가진 counter-는 counterpart(상대편), counterattack(반격), countermeasure(대응책)과 같이 '~에 맞서는'의 뜻으로 자주 활용되죠. 또한 Many actions have been taken to **counter** economic inequality. (경제 불평등에 맞서기 위해 많은 조치가 취해졌다.)와 같이 동사로도 쓰입니다.

1 He was _____ sheep as they got into the fence.

그는 울타리 안으로 들어가는 양들의 수를 세고 있었다.

2 We can give you a _____ if you pay in cash.

현금으로 지불하면 할인해 드립니다.

3 A news report _____ how heavily armed soldiers had stormed into the conference hall.

뉴스 보도는 어떻게 무장한 군인들이 회의장에 쳐들어왔는지를 자세하게 전했다.

4 Many actions have been taken to _____ economic inequality.

경제 불평등에 맞서기 위해 많은 조치가 취해졌다.

### 미리 만나보는 예상 수능

〈2021학년도 35번〉, 〈2025학년도 21번〉, 〈2025학년도 30번〉

After hearing each of her students **recount** their experience of the night before, Laura pondered what she would have done if she had been in the same place.

지난 밤 일에 대한 학생 각각의 이야기를 듣고 나서 Laura는 만약 자신이 같은 장소에 있었다면 어떻게 했을지에 대해 곰곰이 생각했다.

단어 활용 지문 강의

---

# 43 **replace**

중등 레벨 ☐

**replace**

[rɪˈpleɪs]

**ⓥ 대체하다**

**Robots will shortly replace human workers.**

로봇이 곧 인간 노동자들을 대체할 것이다.

고등 레벨 ☐

re-는 again(다시)과 back(뒤쪽)의 의미를 가지는 접두사입니다.

place는 동사로 '특정한 장소나 위치에 놓는다'는 뜻이죠.

replace는 '(다른 것을) 다시 그 자리에 놓는다'는 뜻으로, '교체하다'란 뜻 (ex. You need to **replace** your phone so that you can enjoy the benefits of social media. 소셜미디어의 혜택을 누리기 위해 당신은 전화기를 교체해야 해요.)으로 쓰입니다. 하지만 수능에서는 원래 있던 사람이나 물건의 자리를 차지한다는 의미로 (ex. We expect tourism to **replace** agriculture as its main industry. 우리는 관광이 이곳의 주요 산업으로 농업을 대체할 것이라고 기대한다.) 활용되는 경우가 잦죠. displace는 제자리가 아닌 곳에 멀리(dis-) 둔다는 의미로 They are checking the lamps that have been **displaced** by the strong wind. (그들은 강한 바람으로 떨어져 나간 전등들을 확인하고 있다.)라고 할 수 있죠. The storm that had hit the east coast **displaced** hundreds of people. (동해안을 강타한 태풍으로 수백 명의 사람들이 집을 잃었다.)과 같이 '강제로 살던 집에서 쫓겨나다'란 뜻도 있습니다.

1 You need to _____ your phone so that you can enjoy the benefits of social media.
소셜미디어의 혜택을 누리기 위해 당신은 전화기를 교체해야 해요.

2 We expect tourism to _____ agriculture as its main industry.
우리는 관광이 이곳의 주요 산업으로 농업을 대체할 것이라고 기대한다.

3 They are checking the lamps that have been _____ by the strong wind.
그들은 강한 바람으로 떨어져 나간 전등들을 확인하고 있다.

4 The storm that had hit the east coast _____ hundreds of people.
동해안을 강타한 태풍으로 수백 명의 사람들이 집을 잃었다.

**미리 만나보는 예상 수능**
〈2022학년도 38번〉, 〈2025학년도 41~42번〉, 〈2024학년도 39번〉

Facial expression is a form of nonverbal communication that conveys the emotional state of an individual. We can easily catch a smile **replaced** by a frown when a person gets angry.
얼굴 표정은 개인의 감정 상태를 전달하는 비언어적 의사소통 방식이다. 사람이 화가 나면 미소가 찡그림으로 바뀌는 것을 우리는 쉽게 알아차릴 수 있다.

단어 활용 지문 강의

192

## retain

[rɪˈteɪn]

**ⓥ 유지하다**

They want to **retain** control of the organization.
그들은 조직에 대한 통제권을 유지하고 싶어한다.

고등
레벨

retain에서 re-는 back을, -tain은 hold를 뜻합니다. hold back 즉, 계속해서 붙잡고 있는 거죠. How could this company **retain** the lead in such a competitive market? (이렇게 경쟁이 치열한 시장에서 이 회사는 어떻게 주도권 놓치지 않고 있을까요?)과 같이 쓰입니다. 일시적 보관보다 지속적인 유지·보존의 뉘앙스가 강해서 정보, 지식, 권한, 소유 등을 가진다는 내용의 수능 지문에서 볼 수 있습니다. maintain은 손으로(main-) 관리하며 잡고 있다는 의미로, Does he still **maintain** this building on his own? (그가 여전히 혼자 힘으로 이 빌딩을 유지 관리하고 있나요?)이라고 하죠. sustain은 '아래에서부터(from below)'를 뜻하는 sub-과 합쳐져 '아래에서 받쳐주듯 잡고 있다'(ex. The expert expects its growth to be **sustained** for a while. 전문가들은 성장이 어느정도 지속될 것이라고 예측한다.) 라고 할 수 있죠. detain의 주지 않고 '멀리(de-) 붙잡고 있다'는 의미로, He has been **detained** for questioning. (그는 심문을 위해 구금되었다.)과 같이 '구금하다'란 뜻을 가집니다.

1 How could this company _____ the lead in such a competitive market?
이렇게 경쟁이 치열한 시장에서 이 회사는 어떻게 주도권 놓치지 않고 있을까요?

2 Does he still _____ this building on his own?
그가 여전히 혼자 힘으로 이 빌딩을 유지 관리하고 있나요?

3 The expert expects its growth to be _____ for a while.
전문가들은 성장이 어느정도 지속될 것이라고 예측한다.

4 He has been _____ for questioning.
그는 심문을 위해 구금되었다.

**Ans** 1 retain  2 maintain  3 sustained  4 detained

Memory process and learning are closely linked, because through active learning, repetition, and recall, our brain can **retain** information in the memory store.

기억 프로세스와 학습은 밀접하게 연결되어 있다. 적극적인 학습, 반복, 회상을 통해 우리의 뇌가 기억 저장고에 정보를 계속 보관할 수 있기 때문이다.

단어 활용 지문 강의

---

## ⁴⁵ **reverse**

중등 레벨 ☐

**reverse**

[rɪˈvɜːrs]

ⓥ 뒤집다, 번복하다

The school committee has agreed to **reverse** its decision.

학교 위원회는 자신들의 결정을 번복하기로 합의했다.

---

re-는 back을, -verse는 turn을 담당합니다. 즉, turn back은 가던 방향을 바꿔 뒤로 간다는 말이죠. reverse, reversal, reversion 모두 같은 뿌리를 두고 있지만, 의미상의 미묘한 차이가 있으니 정확한 독해를 위해 정리가 필요합니다. 우선 The Supreme Court has **reversed** the earlier judgement. (대법원은 이전 판결을 뒤집었다.)와 같이 reverse는 '가던 방향을 뒤집다'란 뜻의 동사로 쓰입니다. '반대'라는 뜻의 명사(ex. He insisted on his innocence, but the **reverse** was true. 그는 자신의 무죄를 주장했지만 사실은 그 반대였다.)의 뜻도 있어 유의해야 하죠. 또 다른 명사형인 reversion은 이전 상태로 돌아간다는 의미로 We have seen a **reversion** to traditional, inefficient ways of farming. (우리는 전통적이며 비효율적인 농업 방식으로의 회귀를 목격했다.)이라고 하죠. 이에 반해 명사 reversal은 The council members have demanded a **reversal** of the current housing policy. (위원들은 현재 주택 정책의 180도 전환을 요구했다.)와 같이 '반전'으로 해석되죠. 참고로 regress는 뒤(re-)로 나감(-gress) 즉, '퇴보하다'라는 뜻(ex. The society has **regressed** in terms of political participation. (정치 참여 측면에서 봤을 때 이 사회는 퇴보해 왔

다.)으로 쓰입니다.

1. The Supreme Court has _____ the earlier judgement.
   대법원은 이전 판결을 뒤집었다.

2. He insisted on his innocence, but the _____ was true.
   그는 자신의 무죄를 주장했지만 사실은 그 반대였다.

3. We have seen a _____ to traditional, inefficient ways of farming.
   우리는 전통적이며 비효율적인 농업 방식으로의 회귀를 목격했다.

4. The council members have demanded a _____ of the current housing policy.
   위원들은 현재 주택 정책의 180도 전환을 요구했다.

5. The society has _____ in terms of political participation.
   정치 참여 측면에서 봤을 때 이 사회는 퇴보해 왔다.

**미리 만나보는 예상 수능**

〈2025학년도 32번〉, 〈2021학년도 25번〉

Every good story has reversals. The **reversals** throw both the main characters and readers into a new realm of emotions and add variety to a series of events that the story is dramatizing.

모든 훌륭한 이야기는 반전이 있다. 반전은 주인공과 독자를 새로운 영역의 감정에 휩싸이게 하고, 극적으로 흘러가는 일련의 사건들에 다양성을 첨가한다.

단어 활용 지문 강의

**Ans** 1 reversed  2 reverse  3 reversion  4 reversal  5 regressed

**revolve**
[rɪˈvɑːlv]

중등
레벨
☐

**ⓥ** 주변을 돌다, 회전하다

Once the wheel began to **revolve**, the car moved.
바퀴가 회전하기 시작하자, 차가 움직였다.

고등
레벨 ☐

revolve는 again과 back을 뜻하는 re-와 roll을 뜻하는 volve가 합쳐진 단어로 원래 있던 자리로 다시 굴러간다, 즉, '회전하다'란 뜻(ex. How long does it take for a satellite to **revolve** around the earth? 인공위성이 지구를 회전하는 데 얼마나 오래 걸리나요?)을 가집니다. 수능에서는 어떤 주제나 활동, 생각의 주변을 맴돈다는 의미(ex. Their conversation **revolved** around a poor man. 불쌍한 한 남자에 대한 이야기를 중심으로 그들의 대화는 계속됐다.)로 활용되는 경우에 유의해야 합니다. evolve는 밖으로(e-)으로 굴러간다는 뜻으로, 외부의 새로운 환경과 조건을 접하게 되어 점점 발전하고 복잡해지는, 즉 '진화하다'란 뜻(ex. Her hobby of dancing has **evolved** into profession. 취미로 하던 그녀의 춤이 전문적인 직업이 되었다.)을 가지게 되었죠. devolve는 down을 뜻하는 de-와 합쳐져 '아래로 굴러가다', 즉 아래 방향으로 '이양하다'란 뜻(ex. The central body must **devolve** its power to local divisions. 중앙조직은 권력을 반드시 지역분과에 이양해야 한다.)을 가집니다.

1 How long does it take for a satellite to _____ around the earth?
인공위성이 지구를 회전하는 데 얼마나 오래 걸리나요?

2 Their conversation _____ around a poor man.
불쌍한 한 남자에 대한 이야기를 중심으로 그들의 대화는 계속됐다.

3 Her hobby of dancing has _____ into profession.
취미로 하던 그녀의 춤이 전문적인 직업이 되었다.

4 The central body must _____ its power to local divisions.
중앙조직은 권력을 반드시 지역분과에 이양해야 한다.

**Ans** 1 revolve 2 revolved 3 evolved 4 devolve

The debate **revolves** around the pros and cons of requiring every cigarette packet to carry a health warning with graphic images that show the harmful effect of smoking.

이 토론은 흡연의 유해성을 보여주는 충격적인 그림이 포함된 경고문을 모든 담뱃갑에 부착해야 하는지에 대한 찬반을 중심으로 전개되고 있다.

단어 활용 지문 강의

---

# 47 **substitute**

중등 레벨 ☐

## substitute · ⓥ 대신으로 쓰다

[sʌbstɪtuːt]

You can **substitute** yoghurt for the sour cream.
사워크림 대신 요구르트를 써도 됩니다.

---

고등 레벨 ☐

sub-는 under(아래)를 뜻하는 접두사입니다. 여기에 -stitute는 to set up 혹은 to stand와 같이 '준비해 두거나, 서 있다'란 의미를 담당하죠. 즉 다른 것을 대신해 쓰이기 위해 '아래에서 대기하고 있다'는 뜻으로, They can be **substituted** for one another. (이것들은 서로 대체해서 쓸 수 있다.)라고 할 수 있어요. 수능에서는 명사로 쓰이는 '대체물' 혹은 '대체자'라는 뜻 (ex. We do not have **substitutes** in the event of someone's absence. 누군가 결근하면 대체할 사람이 없다.)에 유의할 필요가 있습니다. subconscious는 의식의 아래, 즉 잠재되어 있는 의식으로, My memory of him remains at the **subconscious** level. (그에 대한 나의 기억은 잠재의식 속에 여전히 남아 있다.)이라고 하죠. subdivision은 어떤 것을 아래에서 다시 나눈 것을 뜻하며, We have four categories, each with separate **subdivisions**. (우리는 네 개의 카테고리를 가지고 있고, 각각의 카테고리는 별개의 하부 구획을 가지고 있다.)라고 합니다. subordinate는 -ordinate(to order, 명령하다)와 합쳐져 '아래에 있으라고 명령하는 것', 즉 Political equality should not be **subordinate** to economic benefits. (정치적인 평등이 경제적인 이익 아래에 있어서는 안된다.)와 같이 '부수적인', 혹은 '부하, 하급자'의 뜻을 가집니다.

1   They can be _____ for one another.
이것들은 서로 대체해서 쓸 수 있다.

2   We do not have _____ in the event of someone's absence.
누군가 결근하면 대체할 사람이 없다.

3   My memory of him remains at the _____ level.
그에 대한 나의 기억은 잠재의식 속에 여전히 남아 있다.

4   We have four categories, each with separate _____.
우리는 네 개의 카테고리를 가지고 있고, 각각의 카테고리는 별개의 하부 구획을 가지고 있다.

5   Political equality should not be _____ to economic benefits.
정치적인 평등이 경제적인 이익 아래에 있어서는 안된다.

**미리 만나보는 예상 수능**

⟨2024학년도 33번⟩, ⟨2022학년도 36번⟩, ⟨2021학년도 30번⟩, ⟨2021학년도 22번⟩

Whether unconditional basic income can **substitute** for other social welfare measures remains in question among scholars in the fields of social sciences.

무조건적 기본소득이 다른 사회복지 제도를 대체할 수 있는지에 대해서는 사회과학 분야 학자들 사이에서 여전히 논쟁이 이어지고 있다.

단어 활용 지문 강의

---

# 48 **transit**

중등 레벨 ☐

**transit**
[trǽnzɪt]

ⓝ 운송, 통과
The goods we have ordered are still in **transit**.
우리가 주문한 제품이 아직도 운송 중이다.

 ☐ '가로지르기, 넘어가기(across, beyond)'를 뜻하는 접두사
trans-은 transit, transportation, transmit, transform과 같은

다양한 파생 단어들을 가지고 있는데, 모두 수능에서 자주 볼 수 있습니다. transit은 '가다(go)'를 뜻하는 라틴어 -ire와 trans-가 합쳐진 단어입니다. '물건이나 사람이 한곳에서 다른 곳으로 가는 것'을 뜻하며, Any goods lost or damaged in **transit** are eligible for free replacement. (운송 중 분실되거나 손상된 제품은 모두 무료 교환이 가능합니다.)와 같이 명사, Thousands of passengers use this **transit** card every day. (수천 명의 승객이 매일 이 교통카드를 이용한다.)와 같이 형용사로도 활용됩니다. transmit는 '보내다(send)'란 뜻을 가진 라틴어 -mittere에서 온 단어로, '감정, 질병, 신호 등을 전파하다'란 뜻(ex. Your anxiety can **transmit** to the baby you are feeding. 당신의 불안한 감정이 수유를 하고 있는 아이에게 전달될 수 있다.)을 가집니다. transform은 형체(form)를 바꾼다는 의미(ex. The abandoned factory has been **transformed** into a fancy restaurant. 버려진 공장부지가 멋진 레스토랑으로 변모했다.), transportation은 '나르다(carry)'의 뜻을 가진 라틴어 portare와 합쳐져 '수송', '이동'(ex. Urban areas have a lot of means of **transportation**. 도시 지역에는 많은 이동 수단이 있다.)을 의미하게 되었죠.

1. Any goods lost or damaged in _____ are eligible for free replacement.
   운송 중 분실되거나 손상된 제품은 모두 무료 교환이 가능합니다.

2. Thousands of passengers use this _____ card every day.
   수천 명의 승객이 매일 이 교통카드를 이용한다.

3. Your anxiety can _____ to the baby you are feeding.
   당신의 불안한 감정이 수유를 하고 있는 아이에게 전달될 수 있다.

4. The abandoned factory has been _____ into a fancy restaurant.
   버려진 공장부지가 멋진 레스토랑으로 변모했다.

5. Urban areas have a lot of means of _____.
   도시 지역에는 많은 이동 수단이 있다.

Ans 1 transit 2 transit 3 transmit 4 transformed 5 transportation

〈2024학년도 34번〉, 〈2025학년도 35번〉, 〈2022학년도 39번〉, 〈2021학년도 36번〉

In designing a public **transit** system, it is crucial to consider the types of trips the city's residents usually take — commuting to work, heading to school, shopping, and visiting hospitals or places of worship.

공공 수송체계를 설계하는 데 있어, 출근, 등교, 쇼핑, 병원, 예배 등을 위해 도시 거주자들이 어떤 경로를 자주 이용하는지를 살펴보는 것이 중요하다.

단어 활용 지문 강의

## 49 underpin

중등
레벨

**underpin**

[ʌndərpɪn]

ⓥ 떠받치다, 지지하다

We are looking for something that can **underpin** our new idea.

우리의 새로운 아이디어를 뒷받침해 줄 수 있는 무언가를 찾고 있다.

고등
레벨

underpin은 '아래(below)'를 뜻하는 under-와 '핀으로 고정하다'란 뜻의 -pin이 합쳐진 단어입니다. Such reforms will **underpin** the political system. (이런 개혁은 정치 시스템의 근간을 견고하게 할 것이다.)과 같이 어떤 것을 밑에서 '고정시키거나 받쳐준다'는 뜻과 어떤 주장이나 입장을 '뒷받침해 주다'란 뜻(Ex. His argument was **underpinned** by extensive data. 그의 주장은 광범위한 데이터를 통해 뒷받침되었다.)으로 활용이 가능하죠. 수능에서는 '뒷받침해 주는 것'이라는 뜻의 명사형인 underpinning에 유의해야 합니다. What are the legal **underpinnings** of their action? (그들 행동의 법적 근거는 무엇인가요?)과 같이 '논리의 근거나 바탕'을 뜻합니다. undergo는 '아래로 지나간다', 즉 '변화나 힘들 일을 겪어낸다'는 뜻으로, He had to **undergo** a ten-hour operation after the accident. (그는 사고 후 10시간 동안 진행된 수술을 받아야만 했다.)라고 하죠. underrepresent에서 under은 '덜하다(less)'란 의미로, The survey has **underrepresented** minority groups. (이 설문조사는 소수집단의 의견을 제대로 반영하지 못했다.)와 같이 실제보다 덜 중요하거나 규모가 작은 것으로 나타낸다는 뜻으로 쓰이죠. underreport도 실제 규모보다 더 작은 것으로 보고한다는 뜻(ex. Why do you think this company **underreported** its revenue? 이 회사는 왜 수익을 실제보다 낮게 보고한 걸까요?)이 있습니다.

1   Such reforms will _____ the political system.
이런 개혁은 정치 시스템의 근간을 견고하게 할 것이다.

2   His argument was _____ by extensive data.
그의 주장은 광범위한 데이터를 통해 뒷받침되었다.

3   What are the legal _____ of their action?
그들 행동의 법적 근거는 무엇인가요?

4   He had to _____ a ten-hour operation after the accident.
그는 사고 후 10시간 동안 진행된 수술을 받아야만 했다.

5   The survey has _____ minority groups.
이 설문조사는 소수집단의 의견을 제대로 반영하지 못했다.

6   Why do you think this company _____ its revenue?
이 회사는 왜 수익을 실제보다 낮게 보고한 걸까요?

**미리 만나보는 예상 수능**

〈2025학년도 30번〉, 〈2025학년도 39번〉, 〈2025학년도 36번〉, 〈2021학년도 21번〉

Darwinian approaches can be applied to a field in the social sciences that studies the mechanisms **underpinning** human cultural evolution and associated adaptations.
다윈주의적 접근은 인간의 문화적 진화와 그에 수반되는 적응 과정을 떠받치는 메커니즘을 연구하는 사회과학의 분야에서도 적용될 수 있다.

단어 활용 지문 강의

**Ans** 1 underpin   2 underpinned   3 underpinnings   4 undergo   5 underrepresented   6 underreported

# WORD SHIFT

# 4

## 유의어 구별을
## 놓치지 않는 단어 학습

Key Insight

단어 하나로 만족하지 말고 유의어로 어휘력을 확장하라

## Teachers' Whisper

**"유의어는 단어의 확장판이다."**

**"단어 하나에서 스무 개의 감각을 만들어라."**

**"어휘력은 연결이 만든다."**

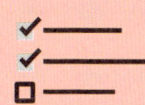

## Strategy Guide

한국어 단어는 뜻이 포괄적인데 비해, 영어 단어는 뜻이 매우 구체적입니다. 예를 들어, 한국어의 '기간'이라는 단어는 영어에서 문맥에 따라 period, duration, term, span 등의 단어로 표현할 수 있죠. **이런 유의어들을 연관시켜 암기하면 알고 있는 어휘력의 양이 기하급수적으로 늘어나고, 수능 독해를 위한 기초 체력이 향상**됩니다. 이와 더불어, **단어에 대한 정확한 이해를 가능케 해서 독해의 정확도를 높입니다.** 예를 들어, 한국어의 '참여'는 영어로 participation, engagement, involvement로 표현할 수 있습니다. 이 단어들은 유사하기도 하지만 분명 차이도 있습니다. 예를 들어, 마라톤 경기에서 달리기 위한 참여라면 participation, 마라톤 경기를 준비하고 조직하는 일에 참여했다면 engagement, 상호이해에 기반한 자발적 참여라면 involvement를 선택해야 합니다. 유사성 내의 차이성에 기반한 이러한 비교 접근은 **어휘력의 양뿐 아니라 질을 향상**시키는 결과를 가져와 전반적인 독해력이 개선됩니다.

MP3
다운로드&듣기

**abbreviate** ⓥ 축약하다

[əˈbriːvieɪt]

'Artificial Intelligence' is usually **abbreviated** to 'AI.'

인공지능은 보통 AI로 축약된다.

단어를 머리글자로 축약하는 것을 abbreviate(ex. We **abbreviate** common words and phrases to save space. 공간을 확보하기 위해 우리는 일반적인 단어나 표현을 축약형으로 쓴다.)라고 하죠. 어떤 단어(word)나 구(phrase)를 짧게 줄인 형태, 즉 '약어', '축약형'의 뜻을 가진 명사 abbreviation도 수능에 나올 수 있죠. 한편 책이나 글의 주요 내용을 축약하는 것은 abridge(ex. This book has been **abridged** for children. 이 책은 어린이를 위해 축약되었다.)라고 합니다. 어떤 것의 '양, 크기, 수를 줄인다'는 의미로, They asked me to **cut down** ten pages of speech to three. (그들은 나에게 10페이지짜리 연설문을 3페이지로 줄이라고 요청했다.)와 같이 cut down을 쓸 수 있죠. 참고로 cut down에는 '(나무 등을) 잘라 넘어뜨리다'란 의미(ex. They **cut down** the tree for pavement. 길을 내기 위해 그들은 나무를 잘라버렸다.)도 있습니다. 일정이나 정도, 시간을 줄이는 경우는 curtail (ex. The wedding was **curtailed** due to heavy rain. 비가 많이 내려서 결혼식이 일찍 끝났다.)이 가능합니다.

1 We _____ common words and phrases to save space.
공간을 확보하기 위해 우리는 일반적인 단어나 표현을 축약형으로 쓴다.

2 This book has been _____ for children.
이 책은 어린이를 위해 축약되었다.

3 They asked me to _____ ten pages of speech to three.
그들은 나에게 10페이지짜리 연설문을 3페이지로 줄이라고 요청했다.

4 They _____ the tree for pavement.
길을 내기 위해 그들은 나무를 잘라버렸다.

5 The wedding was _____ due to heavy rain.
비가 많이 내려서 결혼식이 일찍 끝났다.

**Ans** 1 abbreviate　2 abridged　3 cut down　4 cut down　5 curtailed

Effective note-taking requires **abbreviation**, because you need to write down the main ideas as quickly as you can so that you can save time spent in listening.

필기를 효과적으로 하기 위해서는 약어 사용이 필요하다. 주요 내용을 가능한 한 빨리 적어 듣는 데 쓸 시간을 아껴야 하기 때문이다.

단어 활용 지문 강의

---

## 02 **accelerate**

중등
레벨

**accelerate** ⓥ 촉진하다, 속도를 내다

[əkˈseləreɪt]

This car can **accelerate** faster than any other car.
이 차는 다른 어떤 차보다 빨리 속도를 낼 수 있다.

고등
레벨

accelerate는 움직임이나 발생의 속도를 높여 촉진한다는 뜻을 가집니다. 물론 자동차가 속도를 높일 때도 The accident occurred when he **accelerated** to overtake my car. (그가 내 차를 따라잡으려고 속도를 낼 때 사고가 났다.)라고 할 수 있죠. 하지만 Exposure to constant stress can **accelerate** inflammation in the body. (지속적으로 스트레스에 노출되면 체내 염증 발생이 촉진될 수 있다.)와 같이 발생 속도를 높여 촉진한다는 의미로도 쓰입니다. 이와 비교해 facilitate는 어떤 것이 수월하게 진행되도록 해서 촉진한다는 의미로, The new highway will **facilitate** inter-city transport. (새로운 고속도로의 건설로 도시간 이동이 나아질 것이다.)라고 합니다. intensify는 강도나 정도를 더 강력하게 해서 촉진한다는 뜻으로, The company promised to **intensify** its effort to solve its problem. (회사는 문제 해결을 위한 노력을 강화하겠다고 약속했다.)라고 하죠.

1   The accident occurred when he _____ to overtake my car.

그가 내 차를 따라잡으려고 속도를 낼 때 사고가 났다.

2 Exposure to constant stress can _____ inflammation in the body.
지속적으로 스트레스에 노출되면 채내 염증 발생이 촉진될 수 있다.

3 The new highway will _____ inter-city transport.
새로운 고속도로의 건설로 도시간 이동이 나아질 것이다.

4 The company promised to _____ its effort to solve its problem.
회사는 문제 해결을 위한 노력을 강화하겠다고 약속했다.

### 미리 만나보는 예상 수능

〈2021학년도 21번〉, 〈2023학년도 40번〉, 〈2025학년도 34번〉, 〈2025학년도 35번〉

Using fertilizers can be an effective method to **accelerate** the growth of plants, but over-fertilization harms the soil by creating too high a salt concentration.

비료를 사용하는 것은 식물의 성장을 촉진하는 데 효과적인 방법이 될 수 있다. 하지만 지나친 비료 사용은 지나치게 높은 염분 농도를 만들어 토양을 해친다.

단어 활용 지문 강의

---

## 03 **accommodate**

중등 레벨 ☐

## accommodate ⓥ 수용하다

[əkɑ́ːmədeɪt]  How many people can this hotel **accommodate**?
이 호텔은 몇 명을 수용할 수 있나요?

고등 레벨 ☐  accommodate는 '살 공간 혹은 저장할 공간을 제공하다', 즉 '수용하다'란 뜻(ex. We don't have enough space to **accommodate** all this stuff. 이 물건들을 다 보관할 충분한 공간이 없다.)으로 알려져 있지만, 수능에서는 원하는 것을 제공하여 필요에 부응한다는 의미로 This new policy has failed to **accommodate** the disadvantaged people. (이 새로운 정책은 소외계층의 필요에 부응하지 못했다.)과 같이 자주 활용됩니다. satisfy는 원하는 것을 충분히 제공하여 만족시킨다는 의미(ex. It is almost impossible to **satisfy** both sides. 양쪽을 모두 만족시키는 것은 거의 불가능하다.), fulfill은 약속한 것 혹은 예상되는 행위를 함으로써 부응한다는 의미(ex. You should **fulfill** your duties as a teacher. 당신은 교사로서의 의무를 다해야 합니다.)로 각각 쓰이죠.

1 We don't have enough space to _____ all this stuff.
이 물건들을 다 보관할 충분한 공간이 없다.

2 This new policy has failed to _____ the disadvantaged people.
이 새로운 정책은 소외계층의 필요에 부응하지 못했다.

3 It is almost impossible to _____ both sides.
양쪽을 모두 만족시키는 것은 거의 불가능하다.

4 You should _____ your duties as a teacher.
당신은 교사로서의 의무를 다해야 합니다.

**미리 만나보는 예상 수능**
〈2025학년도 22번〉, 〈2025학년도 35번〉, 〈2022학년도 20번〉

To **accommodate** changing values, behaviors that correspond to new standards must be shared and distributed throughout the organization as written examples.
변화하는 가치에 부응하기 위해서는, 새로운 기준에 부합하는 행동들이 문서화된 예시의 형태로 조직 전체에 공유되고 배포되어야 한다.

단어 활용 지문 강의

**Ans** 1 accommodate  2 accommodate  3 satisfy  4 fulfill

---

## 04 **adapt**

중등 레벨 ☐

**adapt**
[əˈdæpt]

**v** 적응하다

We need to **adapt** ourselves to a new neighborhood.
우리는 새로운 동네에 적응해야 한다.

adapt는 '무언가를 바꾼다'는 뜻을 가집니다. 하지만 **변화하는 상황과 조건에 맞추기 위해 바꾸는 것을** 의미하죠. 그래서 His novel has been **adapted** for television. (그의 소설은 TV 드라마용으로 수정되었다.)과 같이 '적응하다'라고 표현합니다. alter는 **일부를 바꿨는데 전체적인 큰 변화를 가져오는 경우**(ex. Possessing a car will **alter** your lifestyle. 차를 소유하면 당신 삶이 완전히 달라질 겁니다.), modify는 **바뀌서 개선되는 경우**(ex. He is trying to discipline himself to **modify** his eating habit. 그는 식습관을 바꾸기 위해 스스로 절제하고 있다.)라고 할 수 있어요. convert는 **형태나 속성을 완전히 바꾼다**는 의미로, They have **converted** the old warehouse to a cozy café. (그들은 오래된 창고를 아늑한 카페로 바꿨다.)라고 합니다.

1 His novel has been _____ for television.
그의 소설은 TV 드라마용으로 수정되었다.

2 Possessing a car will _____ your lifestyle.
차를 소유하면 당신 삶이 완전히 달라질 겁니다.

3 He is trying to discipline himself to _____ his eating habit.
그는 식습관을 바꾸기 위해 스스로 절제하고 있다.

4 They have _____ the old warehouse to a cozy café.
그들은 오래된 창고를 아늑한 카페로 바꿨다.

**미리 만나보는 예상 수능**

〈2023학년도 22번〉, 〈2024학년도 40번〉, 〈2023학년도 30번〉, 〈2023학년도 36번〉

The Third Industrial Revolution, driven by electronics, computers, and information technology, has brought on an automated environment that workers must **adapt** to.

전자기술, 컴퓨터, 정보기술의 힘으로 진행된 제3차 산업혁명은 노동자들이 반드시 적응해야만 하는 자동화 환경을 가져왔다.

단어 활용 지문 강의

**Ans** 1 adapted   2 alter   3 modify   4 converted

## affect
[ə´fekt]

Ⓥ 영향을 미치다

Your decision would not **affect** her plan to leave.
당신의 결정은 떠나겠다는 그녀의 계획에 영향을 미치지 못할
것이다.

'~에 영향을 미친다'고 할 때, 수능에서는 affect, influence, impact 모두를 사용합니다. 하지만 분명 뉘앙스의 차이가 있죠. affect는 '영향을 미쳐 결과가 바뀌는' 경우로, Agricultural products have been badly **affected** by the recent acid rain. (농업 생산물들이 최근 내린 산성비에 심각한 영향을 받았다.)이라고 하죠. influence는 어떠한 것에 서서히 스며들어 영향을 미치는 것으로, His view on life was **influenced** by his parents. (그의 삶에 대한 생각은 부모님들로부터 영향을 받았다.)라고 합니다. impact는 '강력함'을 나타내는 영향으로 Climate change has **impacted** the country's agricultural sector. (기후 변화가 이 나라 농업 분야에 큰 영향을 미치고 있다.)라고 하죠. impact와 influence는 모두 명사 활용이 가능하지만, affect는 동사로만 활용됩니다. 참고로 affection은 '애정', '애착'이라는 전혀 다른 뜻(ex. He has no **affection** for his family. 그는 가족에 대한 애정이 전혀 없다.)이니 유의하세요.

1   Agricultural products have been badly _____ by
    the recent acid rain.
    농업 생산물들이 최근 내린 산성비에 심각한 영향을 받았다.

2   His view on life was _____ by his parents.
    그의 삶에 대한 생각은 부모님들로부터 영향을 받았다.

3   Climate change has _____ the country's
    agricultural sector.
    기후변화가 이 나라 농업분야에 큰 영향을 미치고 있다.

4   He has no _____ for his family.
    그는 가족에 대한 애정이 전혀 없다.

**Ans** 1 affected   2 influenced   3 impacted   4 affection

〈2025학년도 29번〉, 〈2024학년도 34번〉, 〈2023학년도 30번〉, 〈2023학년도 23번〉

Robots' social behavior in learning situations is expected to greatly **affect** learners' motivation, as robot-assisted language learning places strong emphasis on contextual communication.

학습 상황에서 로봇의 사회적 행동은 학습자의 동기에 큰 영향을 미칠 것으로 예상된다. 왜냐하면 로봇을 활용한 언어 학습은 맥락적 소통을 강조하기 때문이다.

단어 활용 지문 강의

---

# 06 **attainment**

중등
레벨

☐

## attainment ⓝ 성과, 성취

[ə'teɪnmənt]

They looked down on her scientific **attainment**.
그들은 그녀의 과학적 성과를 업신여겼다.

☐

attainment는 수능에 비교적 자주 등장하는 '성취'의 뜻을 가진 단어입니다. 매우 훌륭하고 어려운 일을 해냈다는 뉘앙스의 achievement (ex. Keeping on working despite adversity can reinforce your sense of achievement. 역경에도 불구하고 계속하다 보면 성취감이 높아지게 된다.)와 달리, attainment는 노력을 통해 얻어낸 일상적인 성과나 성취를 뜻하죠. They have a reasonable system for assessing the students' educational **attainment**. (그들은 학생들의 학업 성취를 평가하기 위한 합리적인 체계를 갖추고 있다.)와 같이 활용됩니다. accomplishment는 만족감과 자긍심을 강조한 성취로, Their discovery is considered a remarkable scientific **accomplishment** in the 20th century. (그들의 발견은 20세기 주요한 과학 성과로 여겨진다.)라고 할 수 있죠. 마지막으로 fulfillment는 원하는 것을 이룬 성과(ex. Having such a good family was the **fulfillment** of his life-long dream. 이렇게 훌륭한 가정을 꾸리는 것이 그의 평생의 꿈을 이룬 것이었다.), 혹은 해야 할 일을 했을 때의 성과(ex. This religion places the emphasis on the **fulfillment** of a child's obligation to his parents. 이 종교는 자식이 부모에게 도리를 다하는 것을 강조한다.)를 뜻합니다.

1   Keeping on working despite adversity can reinforce your sense of _____.

역경에도 불구하고 계속하다 보면 성취감이 높아지게 된다.

2   They have a reasonable system for assessing the students' educational _____.

그들은 학생들의 학업 성취를 평가하기 위한 합리적인 체계를 갖추고 있다.

3   Their discovery is considered a remarkable scientific _____ in the 20th century.

그들의 발견은 20세기 주요한 과학 성과로 여겨진다.

4   Having such a good family was the _____ of his life-long dream.

이렇게 훌륭한 가정을 꾸리는 것이 그의 평생의 꿈을 이룬 것이었다.

5   This religion places the emphasis on the _____ of a child's obligation to his parents.

이 종교는 자식이 부모에게 도리를 다하는 것을 강조한다.

**미리 만나보는 예상 수능**

〈2024학년도 40번〉, 〈2025학년도 30번〉, 〈2022학년도 20번〉

---

This study has shown that reducing teacher workload can improve pupil **attainment**, which confirms the earlier observations advocated by the Teacher's Association.

이 연구는 교사의 업무량 감소가 학생의 학업 성과 향상을 가져온다고 밝히고 있는데, 이는 교원 단체가 지지하고 있는 이전 연구들의 입장을 뒷받침한다.

단어 활용 지문 강의

Similar Words, Different Choices

**component**
[kəmpoʊnənt]

🄝 구성요소, 부품

This machine is made of many different **components**.
이 기계는 다양한 많은 부품들로 만들어진다.

'요소'라고 하면 element가 먼저 생각납니다. 하지만 수능에서는 component가 꽤 자주 보이죠. 어떤 것에 속해 있는 일부를 뜻하는 element (ex. We will introduce new **elements** of our current financial policies. (우리는 현재 재정 정책에서 새롭게 바뀐 내용을 소개할 것이다.)와 비교해, component는 Water has two main **components**: oxygen and hydrogen. (물은 산소와 수소 두 개의 주요한 구성요소를 가지고 있다.)과 같이 '어떤 체계나 과정을 구성하는 요소'를 뜻하죠. 기계의 '부품'이라는 뜻도 있어, This factory produces television **components**. (이 공장은 TV 부품을 생산한다.)라고도 합니다. ingredient도 요리를 구성하는 요소 즉, '재료'(ex. Only organic **ingredients** are used in this cooking show. 이 요리 프로그램에서는 유기농 재료만 사용된다.)를 뜻하지만, 어떤 것을 성공적으로 만들기 위한 필수 요소라는 뜻(ex. Honesty is a vital **ingredient** in any relationship. 정직은 그 어떤 관계에 있어서도 가장 중요한 요소이다.)도 있죠.

1 We will introduce new _____ of our current financial policies.
우리는 현재 재정 정책에서 새롭게 바뀐 내용을 소개할 것이다.

2 Water has two main _____: oxygen and hydrogen.
물은 산소와 수소 두 개의 주요한 구성 요소를 가지고 있다.

3 This factory produces television _____.
이 공장은 TV 부품을 생산한다.

4 Only organic _____ are used in this cooking show.
이 요리 프로그램에서는 유기농 재료만 사용된다.

5 Honesty is a vital _____ in any relationship.
정직은 그 어떤 관계에 있어서도 가장 중요한 요소이다.

212

The content of culture is commonly classified into two large **components**: tangibles and intangibles. The former includes language, artifacts, and technology; the latter includes norms, values, and morals.

문화의 내용은 일반적으로 크게 두 가지 구성요소로 분류된다. 실재하는 것과 실재하지 않는 것이다. 전자는 언어, 공예품, 기술을 포함하고, 후자는 규범, 가치, 도덕을 포함한다.

단어 활용 지문 강의

## 08 **composite**

중등
레벨
☐

# composite ❶ 합성물

[kəmˈpɑːzət]

His book is a **composite** of reality and fiction.
그의 책은 현실과 가상의 합성물이다.

고등
레벨
☐

composite는 '합성물'을 뜻합니다. 하지만 composite를 비롯해 composition, compound 모두가 '합성'이라는 이름으로 사용되고 있어, 정확한 독해를 위해서는 이들 간의 차이를 정리할 필요가 있습니다. 우선, composite는 다양한 요소들의 합성물 (ex. The main character in his recent movie is a **composite** of various figures he had met. (그의 최근 영화에 등장한 주인공은 그가 지금까지 만나온 다양한 사람들의 특징을 접목한 합성물이다.)을 뜻하죠. **Composite** pictures were put together to make it look real. (이것을 진짜 같이 보이게 하기 위해 합성 사진들을 한데 모았다.)과 같이 형용사 활용도 가능합니다. composition은 합쳐지는 형태나 방식에 대한 것으로, Each substance has a different **composition**. (각각의 물질들은 서로 다른 배합 형태를 가지고 있다.)이라고 합니다. compound는 부분의 다양성을 부각시키기보다는 단순히 부분이 합쳐져 만들어진 하나의 물질이라는 뜻으로, This medicine is made of **compounds** derived from plants. (이 약은 식물에서 온 합성물들로 만들어진다.)고 하죠. 참고로 aggregate는 여기저기에서 집계되어 모인 총합의 결과물로, Personal image is the **aggregate** of others' perceptions about an individual's character. (개인의 이미지는 한 개인의 특징에 대한 타인들의 인식의 총합이다.) 라고 합니다.

1 The main character in his recent movie is a _____ of various figures he had met.

그의 최근 영화에 등장한 주인공은 그가 지금까지 만나온 다양한 사람들의 특징을 접목한 합성물이다.

2 _____ pictures were put together to make it look real.

이것을 진짜 같이 보이게 하기 위해 합성 사진들을 한데 모았다.

3 Each substance has a different _____.

각각의 물질들은 서로 다른 배합 형태를 가지고 있다.

4 This medicine is made of _____ derived from plants.

이 약은 식물에서 온 합성물로 만들어진다.

5 Personal image is the _____ of others' perceptions about an individual's character.

개인의 이미지는 한 개인의 특징에 대한 타인들의 인식의 총합이다.

**미리 만나보는 예상 수능**
〈2023학년도 32번〉, 〈2025학년도 40번〉

A **composite** shape is defined as a shape created with two or more basic shapes. A hexagon, for example, is a composite shape made of six triangles.

합성 도형이란 두 개 이상의 기본 도형으로 만들어진 도형으로 정의된다. 예를 들어, 육각형은 여섯 개의 삼각형으로 이루어진 합성 도형이다.

단어 활용 지문 강의

Ans 1 composite 2 Composite 3 composition 4 compounds 5 aggregate

214

**consensus**
[kənˈsensəs]

중등
레벨

☐

**ⓝ** 합의, 의견 일치

There is a **consensus** among teachers on how to solve this problem.
이 문제를 어떻게 해결할지에 대한 선생님들간 합의가 있다.

고등
레벨

☐

'의견 일치'라고 하면 처음 생각나는 단어 agreement는 당사자간의 의견 일치(ex. They are in **agreement** with their counterparts on the need for food security. 그들은 식량 확보의 필요성에 대해 상대편과 의견이 일치한다.)를 뜻합니다. 이와 비교해 consensus는 '한 집단 내에서 전체적으로 일치된 의견이나 결정'을 뜻하죠. Member states should reach a **consensus** on this matter by next week. (회원국들은 다음 주까지 이 문제에 대한 합의를 이끌어내야 한다.)라고 활용할 수 있어요. consent는 어떤 것을 할 수 있도록 허락하는 동의로, Students are not allowed to leave here without the **consent** of their teachers. (선생님의 동의 없이 학생들은 이곳을 떠날 수 없다.)라고 하죠. acceptance는 어떤 것이 만족스럽고 훌륭하다고 보는 전체적인 의견 일치로, The company's new products have gained widespread **acceptance** from consumers. (이 회사의 신제품은 소비자들로부터 폭넓은 지지를 얻어냈다.)와 같이 쓰입니다.

1 They are in _____ with their counterparts on the need for food security.
그들은 식량 확보의 필요성에 대해 상대편과 의견이 일치한다.

2 Member states should reach a _____ on this matter by next week.
회원국들은 다음 주까지 이 문제에 대한 합의를 이끌어내야 한다.

3 Students are not allowed to leave here without the _____ of their teachers.
선생님의 동의 없이 학생들은 이곳을 떠날 수 없다.

4 The company's new products have gained widespread _____ from consumers.
이 회사의 신제품은 소비자들로부터 폭넓은 지지를 얻어냈다.

Ans 1 agreement 2 consensus 3 consent 4 acceptance

〈2024학년도 30번〉, 〈2021학년도 29번〉, 〈2024학년도 26번〉

Unified decision-making requires a **consensus**-building effort; it involves creating agreement among stakeholders, fostering their collaboration, and ensuring all voices are heard.

통합적인 의사결정에는 합의를 만들어 내는 노력이 필요하다. 즉, 이해관계자들 사이의 합의를 형성하고, 그들의 협력을 촉진하며, 모든 의견이 반영되도록 하는 것을 포함한다.

단어 활용 지문 강의

---

## 10 consequence

**consequence** ⓝ 결과

[ˈkɑːnsəkwens]

Smoking can have serious **consequences** for your health.
흡연은 당신 건강에 심각한 결과를 가져올 수 있다.

☐

'결과'라고 하면 result나 outcome이 생각납니다. 하지만 수능에서는 consequence가 의외로 자주 등장하는데요, 부정적인 상황과 행동의 결과라는 뜻을 가집니다. Hundreds of employees have been laid off as a direct **consequence** of the merger. 합병의 직접적인 결과로 수백 명의 직원이 정리해고되었다.)라고 하죠. result는 원인의 결과(ex. This accident was a **result** of his carelessness. 이 사고는 그의 부주의함의 결과다.), outcome은 최종 결과물(ex. The **outcome** of the election came as a shock to the ruling party. 선거 결과는 여당에 충격으로 다가왔다.)을 뜻하죠. 그래서 부사 consequently도 This town is overpopulated, and **consequently** it is short of space. (이 도시는 인구가 많아, 결과적으로 공간이 부족하다.)와 같이 부정적인 상황의 결과를 뜻하는 경우가 많죠. 유의어인 as a result는 '원인의 결과로'(ex. A strong storm hit yesterday. **As a result**, my flight was canceled. 강력한 폭풍이 어제 몰아쳐 그로 인해 내 항공편이 결항되었다.), in turn은 어떤 상황에 대한 '대응의 결과로'(ex. Developing new items costs a lot, so companies **in turn** rely on imported goods. 제품 개발 비용이 많이 들어서 그 결과 회사들은 수입품에 의존한다.)라고 이해하시면 됩니다.

1 Hundreds of employees have been laid off as a direct _____ of the merger.

합병의 직접적인 결과로 수백 명의 직원이 정리해고되었다.

2 This accident was a _____ of his carelessness.

이 사고는 그의 부주의함의 결과다.

3 The _____ of the election came as a shock to the ruling party.

선거 결과는 여당에 충격으로 다가왔다.

4 This town is overpopulated, and _____ it is short of space.

이 도시는 인구가 많아, 결과적으로 공간이 부족하다.

5 A strong storm hit yesterday. As a _____, my flight was canceled.

강력한 폭풍이 어제 몰아쳐 그로 인해 내 항공편이 결항되었다.

6 Developing new items costs a lot, so companies _____ rely on imported goods.

제품 개발 비용이 많이 들어서 그 결과 회사들은 수입품에 의존한다.

**미리 만나보는 예상 수능**

〈2024학년도 39번〉, 〈2025학년도 30번〉, 〈2023학년도 24번〉

Parents often take things away from their children as a form of discipline for disobedience or as a **consequence** of neglecting their responsibilities, such as refusing to do chores or failing to complete homework.

부모들은 아이가 집안일을 거부하거나 숙제를 하지 않는 등 지시를 따르지 않거나 책임을 소홀히 했을 때, 징계의 한 형태로 아이에게서 물건을 빼앗는 경우가 많다.

단어 활용 지문 강의

**consistent**

## consistent ⓐ 일관된

[kənˈsɪstənt]

They are not **consistent** in applying the rules.
그들은 규칙을 적용하는 데 있어 일관적이지 않다.

consistent는 Her performance is quite good but the problem is that she is not **consistent**. (그녀의 연기는 꽤 좋지만, 문제는 일관적이지 않다는 것이다.)와 같이 '행동이나 발생'이 일관적이라는 의미로 쓰이죠. 전치사 with와 함께 쓰면 '일치하다'란 의미로, His remarks are not **consistent** with what you have said. (그의 발언이 당신이 말한 것과 일치하지 않는다.)라고 합니다. 유의어인 constant는 '정도나 수준'이 일관된다는 의미로, Driving at a **constant** speed can prevent an accident. (일관된 속도로 운전하면 사고를 예방할 수 있다.)라고 하죠. '끊임없이 항상 있는'이란 뜻도 있어, **Constant** attention is required to keep this area safe. (이 지역을 안전하게 유지하기 위해서는 지속적인 관심이 필요하다.)라고도 합니다. coherent는 논리적이고 합리적인 일관성을 뜻하는데요, They are working on building a **coherent** development plan. (그들은 일관성 있는 개발 계획을 만들기 위해 고심 중이다.)이라고 할 수 있습니다.

1   Her performance is quite good but the problem is that she is not
　　_____.
　　그녀의 연기는 꽤 좋지만, 문제는 일관적이지 않다는 것이다.

2   His remarks are not _____ with what you have said.
　　그의 발언이 당신이 말한 것과 일치하지 않는다.

3   Driving at a _____ speed can prevent an accident.
　　일관된 속도로 운전하면 사고를 예방할 수 있다.

4   _____ attention is required to keep this area safe.
　　이 지역을 안전하게 유지하기 위해서는 지속적인 관심이 필요하다.

5   They are working on building a _____
　　development plan.
　　그들은 일관성 있는 개발 계획을 만들기 위해 고심 중이다.

**Consistency** is considered a crucial aspect of design, because being inconsistent often suggests that your work is unprofessional or leads users to become confused about its functionality.

일관성은 디자인의 중요한 부분으로 간주된다. 왜냐하면 일관성이 없으면 작업이 비전문적이라고 여겨지거나, 사용자가 그 기능성을 이해하는 데 어려워하는 경우가 많기 때문이다.

단어 활용 지문 강의

## 12 **correrspond**

### correspond

[kɔːrəspaːnd]

중등 레벨 ☐

**ⓥ 일치하다**

It is important to make sure that your actions **correspond** with your words.
행동과 말이 일치하도록 하는 것은 중요하다.

고등 레벨 ☐

correspond는 내용과 기능이 일치한다는 뜻으로, His accounts **correspond** to what the witness has said. (그의 진술은 목격자가 말한 것과 일치한다.)라고 하거나, 크기와 양이 일치한다고 할 때도 The money I have earned this month almost **corresponds** to my tuition fee next semester. (이번 달 내가 번 돈은 다음 학기 내 학비와 거의 일치한다.)와 같이 쓸 수 있죠. coincide는 시기가 일치한다는 뜻으로, Her graduation **coincides** with the birth of her baby. (그녀의 졸업 시기는 그녀 아기의 출산 시기와 일치한다.)라고 합니다. 의견이 일치할 때는 agree with (ex. They **agreed with** us on ways to improve the quality of our crops. 우리 농작물의 품질 향상 방법에 대해 그들은 우리와 의견이 일치했다.)를 쓰면 되죠. correspond는 '일치하다'란 뜻 외에도 '이메일이나 서안 등으로 연락하다'란 뜻이 있어, Who is **corresponding** with the headquarters? (누가 본사와 연락을 취하고 있죠?)라고 할 수도 있죠.

1　His accounts _____ to what the witness has said.
그의 진술은 목격자가 말한 것과 일치한다.

2  The money I have earned this month almost _____ to my tuition fee next semester.

이번 달 내가 번 돈은 다음 학기 내 학비와 거의 일치한다.

3  Her graduation _____ with the birth of her baby.

그녀의 졸업 시기는 그녀 아기의 출산 시기와 일치한다.

4  They _____ us on ways to improve the quality of our crops.

우리 농작물의 품질 향상 방법에 대해 그들은 우리와 의견이 일치했다.

5  Who is _____ with the headquarters?

누가 본사와 연락을 취하고 있죠?

**미리 만나보는 예상 수능**

〈2023학년도 31번〉, 〈2025학년도 21번〉, 〈2022학년도 39번〉

---

Pay transparency—the practice of openly displaying employees' salary information—is one of the most effective methods to ensure that employees' pay **corresponds** to their market value.

종업원들의 급여 정보를 공개적으로 밝히는 임금 투명성은 직원들의 임금이 그들의 시장 가치와 일치하도록 보장하는 가장 효과적인 방법 중 하나이다.

단어 활용 지문 강의

---

## 13 **detect**

중등 레벨 ☐

**detect**

[dɪˈtekt]

ⓥ 알아내다, 발견하다

These sensors help us **detect** fire as early as possible.

이 센서들은 우리가 가능한 한 빨리 화재를 감지하도록 도와준다.

고등 레벨 ☐

de-는 '반대 방향(reversal)', -tect는 '가리다(cover)'의 뜻이 있습니다. 즉, 가려 놓은 것을 벗긴다는 의미로, This sound is hardly **detected** by the human ear. (이 소리는 사람의 귀로는 거의 감지되지 않는다.)와

같이 '분명치 않거나 숨겨져 있는 것을 알아낸다'는 뜻이 쓰이죠. 일반적으로 쓰이는 discover와는 매우 유사한 구조를 가지지만, Robert Ballard **discovered** the wreck of the Titanic in 1985. (로버트 발라드가 1985년 타이타닉 난파선을 발견했다.) 와 같이 discover는 처음으로 무언가를 찾아냈다는 뉘앙스가 강합니다. ascertain 은 알아내기 힘든 것을 많은 주의와 노력을 통해 알아낸다는 뜻으로, Her doctor has finally **ascertained** why she is ill. (의사는 그녀가 왜 아픈지 마침내 알아냈다.) 이라고 할 수 있죠.

1 This sound is hardly _____ by the human ear.

이 소리는 사람의 귀로는 거의 감지되지 않는다.

2 Robert Ballard _____ the wreck of the Titanic in 1985.

로버트 발라드가 1985년 타이타닉 난파선을 발견했다.

3 Her doctor has finally _____ why she is ill.

의사는 그녀가 왜 아픈지 마침내 알아냈다.

**미리 만나보는 예상 수능**

〈2023학년도 24번〉, 〈2023학년도 43~45번〉, 〈2021학년도 31번〉,

Chemical **detectors** are used to verify the presence of chemical substances in the field, and they have small handheld scanners that can detect a variety of chemicals within seconds.

화학 검출기는 현장에서 화학 물질의 존재 여부를 확인하는 데 사용되며, 단 몇 초 만에 다양한 화학 물질을 감지할 수 있는 소형 휴대용 스캐너를 갖추고 있다.

단어 활용 지문 강의

**Ans** 1 detected  2 discovered  3 ascertained

Precision Makes the Difference

# 14 **devise**

**devise**

[dɪˈvaɪz]

Ⓥ 고안하다, 구상하다

We have **devised** a plan to develop a friendly relationship.
우리는 우호적인 관계 형성을 위한 계획을 구상했다.

고등
레벨

세상에 없던 것을 만들어 낸다고 할 때 invent(ex. The first elevator was **invented** in 1903. 최초의 엘리베이터는 1903년에 발명되었다.)가 자주 등장하죠. devise는 주로 계획이나 체계, 대상 등을 상상력과 명석함을 이용해 만들어 낸다는 의미로, A new system has been **devised** to store supplies in order of date. (날짜 순으로 용품을 저장하기 위한 새로운 시스템이 만들어졌다.)라고 할 수 있죠. formulate는 세심한 주의를 가지고 구체적인 부분까지 신경 써서 만들어 낸다는 뜻으로, This book teaches you how to **formulate** a theory. (이 책은 어떻게 이론을 만들어 내는지를 당신에게 가르쳐 줍니다.)라고 합니다. produce는 어떤 기술을 이용해 공을 들여 만들어 낸다는 뜻(ex. She **produced** her first novel after she quit her job in 2012. 그녀는 2012년 직장을 그만두고 그녀의 첫 번째 소설을 완성했다.)을 가집니다.

1 The first elevator was ＿＿＿＿＿＿＿ in 1903.
최초의 엘리베이터는 1903년 만들어졌다.

2 A new system has been ＿＿＿＿＿＿＿ to store supplies in order of date.
날짜 순으로 용품을 저장하기 위한 새로운 시스템이 만들어졌다.

3 This book teaches you how to ＿＿＿＿＿＿＿ a theory.
이 책은 어떻게 이론을 만들어 내는지를 당신에게 가르쳐 줍니다.

4 She ＿＿＿＿＿＿＿ her first novel after she quit her job in 2012.
그녀는 2012년 직장을 그만두고 그녀의 첫 번째 소설을 완성했다.

**Ans** 1 invented 2 devised 3 formulate 4 produced

The experts have **devised** a comprehensive transportation plan that aims to identify the future needs of the transportation system by examining current traffic flows, roadway conditions, and patterns of commuter behavior.

전문가들은 현재의 교통 흐름, 도로 상태, 통근자의 이동 패턴을 분석하여 미래 교통 체계가 어떤 필요를 갖게 될지를 파악하는 것을 목표로 하는 종합적인 교통 계획을 마련했다.

단어 활용 지문 강의

---

## 15 **diminish**

| | | 중등<br>레벨 |
|---|---|---|

**diminish**

[dɪˈmɪnɪʃ]

**ⓥ 줄이다, 약화시키다**

She won the prize even though they tried to **diminish** her effort.

그들이 그녀의 노력을 깎아내리려고 했지만 그녀는 상을 수상하였다.

---

| 고등<br>레벨 | |
|---|---|

diminish는 '작게(mini) 혹은 약하게 만들다'란 의미로, Growing inflation has **diminished** purchasing power. (인플레이션이 심해지면서 구매력이 약화되었다.)와 같이 어떤 힘이나 중요성, The value of this house has significantly **diminished** since the accident. (사고 이후로 이 집의 가치가 크게 떨어졌다.)와 같이 가치나 크기 등이 작아진다는 의미로 쓸 수 있죠. decrease는 수치나 양이 예전보다 적어진다는 의미로, Household income has gradually **decreased** over the past few years. (지난 수년간 가계 소득이 점진적으로 감소해 왔다.)라고 합니다. decline은 시간을 두고 천천히 줄어든다는 의미로, In order to encourage spending, interest rates typically **decline** in the early stage of a recession. (소비를 독려하기 위해 불황 초기에는 이자율이 점진적으로 낮아지는 것이 일반적이다.)이라고 하죠. decline은 또한 '정중히 거절하다'란 뜻(ex. They **declined** our invitation. 그들은 우리의 초청을 거절했다.)도 있습니다.

1 Growing inflation has _____ purchasing power.

인플레이션이 심해지면 구매력이 약화되었다.

2 The value of this house has significantly _____ since the accident.

사고 이후로 이 집의 가치가 크게 떨어졌다.

3 Household income has gradually _____ over the past few years.

지난 수년간 가계 소득이 점진적으로 감소해 왔다.

4 In order to encourage spending, interest rates typically _____ in the early stage of a recession.

소비를 독려하기 위해 불황 초기에는 이자율이 점진적으로 낮아지는 것이 일반적이다.

5 They _____ our invitation.

그들은 우리의 초청을 거절했다.

Ans 1 diminished 2 diminished 3 decreased 4 decline 5 declined

**미리 만나보는 예상 수능**

〈2025학년도 30번〉, 〈2024학년도 40번〉, 〈2023학년도 40번〉, 〈2023학년도 33번〉

While distorted rules may **diminish** productivity, sound rules, by contrast, provide a framework for proper conduct in the market and establish clear boundaries and expectations.

잘못된 규칙은 생산성을 떨어뜨릴 수 있지만, 그와 대조적으로 건전한 규칙은 시장에서의 적절한 행동을 위한 틀을 제공하고, 명확한 경계와 기대치를 설정한다.

단어 활용 지문 강의

---

## 16 **disposition**

중등 레벨 ☐

### disposition
[ˌdɪspəˈzɪʃn]

**ⓝ** 기질

Her cheerful **disposition** always makes people around her happy.

그녀의 활기찬 기질은 주변 사람들을 항상 행복하게 만든다.

disposition은 사람의 '기질'을 말할 때(ex. Bungee jumping is not a big deal for people of decisive action and adventurous **disposition**. 결단력 있게 행동하고 모험적인 기질을 가진 사람에게 번지 점프는 큰 문제가 되지 않는다.) 등장하는 단어입니다. –position은 '특정한 위치에 둔다'는 의미, de–는 '위치를 뒤로 이동시킨다'는 의미로 disposition은 사람의 마음 이면의 본질적인 특정한 배열 방식을 뜻한다고 볼 수 있죠. 하지만 유의어인 temperament는 타고난 주어진 행위적 감성적 기질을 뜻하며, This primitive society shows an aggressive **temperament**. (이 원시 사회는 공격적인 기질을 보이고 있다.)라고 할 수 있어요.

마지막으로 characteristic은 다른 것과 구별되는 그것만이 가지고 있는 눈에 띄는 기질로서, This dog does not show any **characteristics** typically associated with his breed. (이 개는 같은 종들이 전형적으로 가지고 있는 기질을 보이지 않는다.)라고 합니다.

1  Bungee jumping is not a big deal for people of decisive action and adventurous _____.

결단력 있게 행동하고 모험적인 기질을 가진 사람에게 번지 점프는 큰 문제가 되지 않는다.

2  This primitive society shows an aggressive _____.

이 원시 사회는 공격적인 기질을 보이고 있다.

3  This dog does not show any _____ typically associated with his breed.

이 개는 같은 종들이 전형적으로 가지고 있는 기질을 보이지 않는다.

**미리 만나보는 예상 수능**

〈2024학년도 29번〉, 〈2024학년도 33번〉, 〈2023학년도 23번〉

The language is the essence of communicative interaction and outweighs other factors such as the speaker's behavioral **disposition**, negotiating tactics, and types of chosen information.

언어는 의사소통의 상호 작용에 있어 핵심이며, 화자의 행위적인 기질, 협상 기술, 선택된 정보의 유형과 같은 다른 요인보다 중요한 역할을 한다.

단어 활용 지문 강의

**Ans** 1 disposition  2 temperament  3 characteristics

## domain
[doʊmeɪn]

**n** 영역

Music used to be a male **domain**.
음악은 한때 남성의 영역이었다.

domain은 '영역' 혹은 '분야'를 뜻합니다. 특정한 권한을 가지는 분리된 영역(ex. In this case, information from the private **domain** easily flows out into the public domain. 이 경우 사적 영역의 정보가 공적 영역으로 쉽게 흘러들어 가게 된다.)을 나타내죠. 활동 영역을 뜻하는 field나 area(ex. She has spent many years working in the **field** of artificial intelligence. 그는 인공지능 분야에서 수년간 일하고 있다.)와는 차이가 있죠. realm은 주로 관심이나 지식 영역을 말하는데, This method used to be confined to the **realm** of scientists. (이 방식은 과학자들만의 영역에만 국한되어 있곤 했다.)고 합니다. territory도 지형적인 영역(ex. The law bans the passage of foreign planes across the nation's **territory**. 이 법은 외국 국적기가 영토를 통과하는 것을 금지한다.)뿐만 아니라, 개인적인 수준에서 잘하는 영역(ex. Gardening is not my **territory** at all. 정원 가꾸기는 내가 잘하는 영역이 절대 아니다.)을 뜻하기도 하죠.

1 In this case, information from the private _____ easily flows out into the public domain.
이 경우 사적 영역의 정보가 공적 영역으로 쉽게 흘러들어 가게 된다.

2 She has spent many years working in the _____ of artificial intelligence.
그는 인공지능 분야에서 수년간 일하고 있다.

3 This method used to be confined to the _____ of scientists.
이 방식은 과학자들만의 영역에만 국한되어 있곤 했다.

4 The law bans the passage of foreign planes across the nation's
_____.
이 법은 외국 국적기가 영토를 통과하는 것을 금지한다.

5 Gardening is not my _____ at all.

**Ans** 1 domain 2 field 3 realm 4 territory 5 territory

정원 가꾸기는 내가 잘하는 영역이 절대 아니다.

**미리 만나보는 예상 수능**

〈2021학년도 20번〉, 〈2025학년도 22번〉, 〈2023학년도 40번〉, 〈2022학년도 21번〉

---

Creative works generally considered to be within the public **domain**, such as those of William Shakespeare and Ludwig van Beethoven, are not subject to intellectual property laws.

윌리엄 셰익스피어나 루트비히 판 베토벤의 작품과 같이 일반적으로 공공 영역에 속한다고 여겨지는 창작물들은 지적 재산권 법의 적용을 받지 않는다.

단어 활용 지문 강의

---

## 18 **drawback**

중등
레벨 ☐

**drawback** ⓝ 단점

[ˈdrɔːbæk]

The one **drawback** of our plan is its high cost.
우리 계획의 한 가지 단점은 높은 비용이다.

고등
레벨 ☐

drawback은 어떤 상황이나 조건의 부정적인 면을 뜻합니다. 예를 들어, One of the **drawbacks** of living in the countryside is that it is too boring. (시골 생활의 나쁜 점 중 하나는 너무 지겹다는 것이다.)과 같이 쓸 수 있죠. downside 주로 유리한 부분을 언급하면서 그럼에도 불구하고 겪을 수 있는 불리한 점을 이야기할 경우(ex. The **downside** of being rich is having trouble trusting people. (부자가 되면 겪게 되는 안 좋은 점은 사람을 믿기 힘들어진다는 것이다.)에 쉽게 볼 수 있습니다. 마지막으로 disadvantage는 무언가를 이루는 데 있어 상대적으로 불리한 상황이나 조건을 뜻합니다. advantage는 '유리한 상황과 조건'으로 반대의 뜻을 가지죠. The **advantages** outweigh the disadvantages. (유리한 점이 불리한 점을 앞선다.)라고 할 수 있어요.

1　One of the ＿＿＿＿＿＿＿ of living in the countryside is that it is too boring.

시골 생활의 나쁜 점 중 하나는 너무 지겹다는 것이다.

2　The _____ of being rich is having trouble trusting people.

부자가 되면 겪게 되는 안 좋은 점은 사람을 믿기 힘들어진다는 것이다.

3　The _____ outweigh the disadvantages.

유리한 점이 불리한 점을 앞선다.

---

**미리 만나보는 예상 수능**

〈2021학년도 29번〉, 〈2025학년도 38번〉, 〈2023학년도 23번〉

---

The **drawback** of this type of autobiography is the lack of transparency between what was experienced and what was later written, which inevitably poses a problem for a new trend of life writing.

이러한 유형의 자서전의 단점은 실제로 경험한 것과 나중에 글로 쓰인 것 사이에 투명성이 부족하다는 점이며, 이는 필연적으로 새로운 생애 글쓰기의 흐름에 문제를 제기한다.

단어 활용 지문 강의

---

## 19　**ease**

중등 레벨 ☐

**ease**

[iːz]

ⓥ 완화하다

I hope these pills will **ease** your pain.

나는 이 약들이 당신의 고통을 완화해 주길 바라고 있다.

고등 레벨 ☐　ease는 '쉬운,' '수월한'의 뜻을 가진 형용사 easy의 동사입니다. 수능에는 They are working hard to come up with an idea to **ease** traffic congestion here. (이곳의 교통체증을 완화하기 위한 아이디어를 생각해 내느라 열심히 일하고 있다.)와 같이 어떤 문제나, She is working to figure out how to **ease** her troubled mind. (그녀는 혼란스러운 마음을 어떻게 편안하게 할지를 알아내기 위해 고민 중이다.)와 같은 마음의 상태를 덜 힘들고 어렵게 만든다는 뜻으로 쓰이죠. 명사 ease는 at과 함께 전치사구를 만들어, The speaker seemed **at ease** during the presentation. (발제하는 동안 연설자는 편안한 듯했다.)과 같이 '편안한', '느긋한'의 뜻을 가지기도 하죠. 유의어인 alleviate는 보다 격식을 갖춘 단어로 이미 심각해진 문제나 고통을 완화시키는 경우에 It is said that these pills **alleviate** suffering immediately. (이 약이 고통을 바로 완화해준다는 말이 있어요.)와 같이 쓸 수 있어요. relieve는 고통, 감정, 상황 등의 완화(ex. The city has decided to build a new town to **relieve** the overcrowding downtown. 시는 도심 과밀을 해소하기 위해 새로운 타운을 만들기로 결정했다.)로 활용 범위가 상대적으로 넓습니다.

1   They are working hard to come up with an idea to
_____ traffic congestion here.
이곳의 교통체증을 완화하기 위한 아이디어를 생각해 내느라 열심히 일하고 있다.

2   She is working to figure out how to _____ her
troubled mind.
그녀는 혼란스러운 마음을 어떻게 편안하게 할지를 알아내기 위해 고민 중이다.

3   The speaker seemed _____ during the
presentation.
발제하는 동안 연설자는 편안한 듯했다.

4   It is said that these pills _____ suffering immediately.
이 약이 고통을 바로 완화해 준다는 말이 있어요.

5   The city has decided to build a new town to _____
the overcrowding downtown.
시는 도심 과밀을 해소하기 위해 새로운 타운을 만들기로 결정했다.

**미리 만나보는 예상 수능**
〈2022학년도 38번〉, 〈2024학년도 19번〉

Détente, French for "relaxation," was a process of **easing** tensions between two potentially hostile countries, a strategy that had been devised to prevent an escalation of international conflicts.

데탕트는 프랑스어로 '휴식'이라는 뜻으로 잠재적으로 적대적인 두 국가 간의 긴장을 완화하는 과정으로, 이 전략은 국제 분쟁 악화를 막기 위해 고안되었다.

단어 활용 지문 강의

Ans  1 ease   2 ease   3 at ease   4 alleviate   5 relieve

중등 레벨

**eliminate**
[ɪˈlɪmɪneɪt]

Ⓥ 제거하다

She has **eliminated** sugar in her diet.
그녀는 자신의 식단에서 설탕을 완전히 없앴다.

고등 레벨

e-는 ex-의 변형으로 out(밖으로)를 의미합니다. limin-은 threshold(문지방)를 뜻하는 라틴어입니다. '문지방 밖으로 쳐낸다'는 의미로, The adoption of robot systems is expected to **eliminate** any human errors and shorten the production process. (로봇 시스템의 도입으로 인적 오류가 완전히 사라지고, 생산과정은 단축될 것으로 기대된다.)와 같이 eliminate는 '완전히 없애다'란 뜻을 가지죠. eradicate는 근원을 제거한다는 의미로, radic-가 '뿌리'를 뜻하는 라틴어에서 와서 '뿌리째 뽑아 버린다'는 뉘앙스로 이해하시면 됩니다. The government has made an all-out effort to **eradicate** corruption. (정부는 부패 근절을 위한 전면적 조치를 취해 왔다.)라고 할 수 있죠. 일반적으로 알려진 remove 는 있던 장소에서 떼어 낸다는 의미로, You can use this detergent to **remove** any stains. (이 세제로 어떤 얼룩도 제거할 수 있습니다.)와 같이 쓰이죠. 사람을 중요한 지위 나 자리에서 제거한다는 뜻(ex. We expect the president to be **removed** because of the recent scandal. 우리는 최근 스캔들로 인해 대통령이 자리에서 물러날 것이라고 예상하고 있다.)으로 활용될 수도 있어요.

1  The adoption of robot systems is expected to
   _____any human errors and shorten the
   production process.
   로봇 시스템의 도입으로 인적 오류가 완전히 사라지고, 생산과정은 단축될
   것으로 기대된다.

2  The government has made an all-out effort to
   _____ corruption.
   정부는 부패 근절을 위한 전면적 조치를 취해 왔다.

3  You can use this detergent to _____ any stains.
   이 세제로 어떤 얼룩도 제거할 수 있습니다.

**Ans** 1 eliminate  2 eradicate  3 remove  4 removed

4    We expect the president to be _____ because of
     the recent scandal.

우리는 최근 스캔들로 인해 대통령이 자리에서 물러날 것이라고 예상하고 있다.

**미리 만나보는 예상 수능**

〈2023학년도 20번〉, 〈2022학년도 22번〉, 〈2024학년도 40번〉

Risk assessment is a process of identifying threats and evaluating the risk associated with them, while risk management is any measure to **eliminate** or control threats at an acceptable level.

리스크 평가는 위협 요인을 발견하고 이와 관련된 리스크를 평가하는 과정이며, 반면 리스크 관리는 수용 가능한 수준에서 위협 요인을 제거하거나 통제하는 조치 과정이다.

단어 활용 지문 강의

---

## 21 **embrace**

중등
레벨
☐

**embrace**

[ɪmˈbreɪs]

ⓥ 포옹하다, 수용하다

People tend to **embrace** new technologies.
사람들은 새로운 기술을 적극적으로 수용하는 경향이 있다.

em-은 '안으로', -brace는 '팔'을 뜻합니다. 팔을 이용해 안으로 보내는 것이니 '포옹하다'는 의미(ex. We saw many couples embracing on the platform. 우리는 플랫폼에서 껴안고 있는 많은 커플들을 봤다.)를 가지죠. 수능에서 embrace는 포옹하듯이 적극적으로 수용하다는 뜻도 있어, Many voters are **embracing** new policies the candidate has proposed. (많은 투표자들이 후보자가 제시한 새로운 정책을 적극적으로 수용하고 있다.)라고 합니다. accept는 제안을 수용한다는 의미(ex. They must **accept** an offer of admission by the deadline indicated on the offer letter. 그들은 제안서에 표시된 마감일까지 입학 제안을 수락해야만 한다.), approve는 긍정적인 입장에서 수용한다는 의미(ex. I can't **approve** of my son marrying this woman. 나는 내 아들이 이 여자와 결혼하는 것을 수용할 수 없다.)를 가집니다.

1 We saw many couples _____ on the platform.

우리는 플랫폼에서 껴안고 있는 많은 커플들을 봤다.

2 Many voters are _____ new policies the candidate has proposed.

많은 투표자들이 후보자가 제시한 새로운 정책을 적극적으로 수용하고 있다.

3 They must _____ an offer of admission by the deadline indicated on the offer letter.

그들은 제안서에 표시된 마감일까지 입학 제안을 수락해야만 한다.

4 I can't _____ of my son marrying this woman.

나는 내 아들이 이 여자와 결혼하는 것을 수용할 수 없다.

**미리 만나보는 예상 수능**

〈2024학년도 40번〉, 〈2026학년도 34번〉

Filler words such as "um," "ah," and "you know" disrupt the normal flow of language, making it difficult to understand your point. Instead of using a filler, **embrace** a pause.

'음', '아', '알다시피'와 같은 필러 단어들(filler words)은 언어의 정상적인 흐름을 방해해 요점을 이해하기 어렵게 만든다. 필러를 쓰는 대신 잠시 멈춤을 활용하자.

단어 활용 지문 강의

**Ans** 1 embracing 2 embracing 3 accept 4 approve

## 22 **encounter**

중등 레벨 ☐

**encounter** Ⓥ 마주치다, 직면하다

[ɪnˈkaʊntə(r)] They had **encountered** a wild boar in the mountain.

그들은 산에서 야생 멧돼지와 맞닥뜨렸다.

고등 레벨 ☐ encounter은 '예상치 못한 대상과 마주치다'란 뜻으로, One winter's day, she **encountered** an old man begging for money. (어느 겨울날, 그녀는 돈을 구걸하는 한 나이 든 남자와 마주쳤다.)와 같이 쓸 수 있죠.

'특정한 상황에 맞닥뜨리다'란 의미도 있어, They had **encountered** considerable resistance, and therefore they had to change their plan. (그들은 상당한 저항에 부딪쳐서 기존 계획을 수정해야만 했다.)이라고 할 수도 있어요. come across는 예상치 못한 것을 우연히 발견한 경우(ex. I have **come across** this book in the library. 나는 이 책을 도서관에서 우연히 발견했다.), run into는 예상치 못한 사람과 우연히 만났을 경우(ex. She was glad to **run into** her old friend on the street. 그녀는 길에서 옛날 친구를 우연히 만나 기뻤다.)에 쓰입니다. 맞닥뜨리다고 할 때 confront를 사용하기도 하는데요. 이는 헤쳐 나가야 하는 어렵고 힘든 상황에 맞닥뜨린다는 뜻(ex. They were **confronted** with many difficulties when they tried to build their own house. 그들 자신만의 집을 지으려고 했을 때 많은 어려움에 직면했다.)을 가지고 있습니다.

1 One winter's day, she _____ an old man begging for money.
어느 겨울날, 그녀는 돈을 구걸하는 한 나이 든 남자와 마주쳤다.

2 They had _____ considerable resistance, and therefore they had to change their plan.
그들은 상당한 저항에 부딪쳐서 기존 계획을 수정해야만 했다.

3 I have _____ this book in the library.
나는 이 책을 도서관에서 우연히 발견했다.

4 She was glad to _____ her old friend on the street.
그녀는 길에서 옛날 친구를 우연히 만나 기뻤다.

5 They were _____ with many difficulties when they tried to build their own house.
그들 자신만의 집을 지으려고 했을 때 많은 어려움에 직면했었다.

**미리 만나보는 예상 수능**

〈2022학년도 37번〉, 〈2024학년도 33번〉, 〈2023학년도 40번〉, 〈2023학년도 20번〉

When high achievers **encounter** obstacles on their path to success, they subject themselves to brutal self-assessments of why things are not working and summon the courage to act on that information.

성공한 사람들이 성공으로 가는 길에서 장애물을 만나면, 무엇이 잘못되었는지 알기 위해 냉혹하게 자신을 평가하고 그 정보에 따라 실천할 수 있도록 용기를 내게 된다.

단어 활용 지문 강의

**engagement**

**engagement** ❶ 약속, 참여

[ɪnˈɡeɪdʒmənt]

He did not come because he had a dinner **engagement** with his girlfriend.
그는 여자친구와 저녁 약속이 있어서 오지 않았다.

 ☐
'약속'의 뜻으로 알려진 engagement는 사실 '참여'라는 훨씬 중요한 뜻을 가지고 있습니다. participation은 조직된 활동이나 행사에 참여한다는 뜻으로, There was a high level of **participation** in the recent promotion events. (최근 판촉 행사에 많은 사람들의 참여가 있었다.)라고 할 수 있죠. engagement는 공동의 이익을 위한 주도적인 적극적인 참여로, Youth **engagement** in the agriculture sector is critical for lifting the country out of poverty. (청년들의 농업 참여가 이 나라를 빈곤에서 탈출시키는 데 중요하다.)라고 하죠. 앞에 dis-를 넣으면 참여를 그만둔다는 뜻(ex. There is a growing concern about young people's **disengagement** from politics. 젊은 층의 정치로부터의 이탈에 대한 우려가 크다.)도 가집니다. involvement는 engagement와 매우 유사하지만 The school needs full **involvement** of parents in its decision-making. (학교는 의사 결정에 학부모들의 적극적인 참여를 필요로 한다.)과 같이 상호간 이해에 기반한 자발적인 참여에 가깝다고 볼 수 있죠.

1 There was a high level of _____ in the recent promotion events.

최근 판촉 행사에 많은 사람들의 참여가 있었다.

2 Youth _____ in the agriculture sector is critical for

lifting the country out of poverty.

청년들의 농업 참여가 이 나라를 빈곤에서 탈출시키는 데 중요하다.

3   There is a growing concern about young people's
_____ from politics.

젊은 층의 정치로부터의 이탈에 대한 우려가 크다.

4   The school needs full _____ of parents in its
decision-making.

학교는 의사 결정에 학부모들의 적극적인 참여를 필요로 한다.

**미리 만나보는 예상 수능**

〈2025학년도 33번〉, 〈2022학년도 31번〉, 〈2025학년도 31번〉, 〈2025학년도 39번〉

Young children will **engage** more actively in activities and daily routines with their peers when they receive appropriate adult guidance and consistent involvement.

적절한 어른의 지도와 지속적인 참여가 이루어질 때, 어린아이들은 또래와 함께하는 활동과 일상적인 루틴에 더 적극적으로 참여하게 된다.

단어 활용 지문 강의

# 24 **fabricate**

중등 레벨 ☐

**fabricate**
[ˈfæbrɪkeɪt]

ⓥ 조작하다, 위조하다

There has been an attempt to **fabricate** the evidence.
증거를 조작하려는 시도가 있었다.

고등 레벨 ☐

fabricate는 가짜 물건이나 거짓된 사실을 만들어 낸다는 뜻으로, He **fabricated** an excuse to avoid blame for his negligence. (부주의에 대한 비난을 피하기 위해 그는 핑계를 만들어 냈다.)라고 할 수 있죠. forge는 불법적으로 위조하는 것으로, **Forged** passports are detected with this new digital technique. (위조된 여권은 이 새로운 디지털 기법을 통해 적발됩니다.)이라고 합니다.

수능에서는 fabricate가 '위조하다'란 뜻 외에도 '제조하다'란 뜻으로 등장하는 경우도 있습니다. This company has **fabricated** semiconductors since 1990. (이 회사는 1990년부터 반도체를 제조해 오고 있다.)라고 하죠. manufacture는 대량으로 제조한다는 의미로, His company **manufactures** a large amount of steel. (그의 회사는 엄청난 양의 철강 제품을 생산한다.)이라고 하죠.

1 He _____ an excuse to avoid blame for his negligence.

부주의에 대한 비난을 피하기 위해 그는 핑계를 만들어 냈다.

2 _____ passports are detected with this new digital technique.

위조된 여권은 이 새로운 디지털 기법을 통해 적발됩니다.

3 This company has _____ semiconductors since 1990.

이 회사는 1990년부터 반도체를 제조해 오고 있다.

4 His company _____ a large amount of steel.

그의 회사는 엄청난 양의 철강 제품을 생산한다.

**미리 만나보는 예상 수능**

〈2022학년도 24번〉, 〈2023학년도 23번〉

Cutting is one of the most versatile processes in metal **fabrication**, used from early shaping to final finishing. It works by penetrating the workpiece with a sharp tool to remove part of its material.

절단은 금속 가공에서 초기 형상 제작부터 최종 마감 작업에 이르기까지 사용되는 가장 다용도의 공정 중 하나이다. 이 공정은 날카로운 도구로 작업물을 관통해 그 재료의 일부를 제거하는 방식으로 이루어진다.

단어 활용 지문 강의

**Ans** 1 fabricated 2 Forged 3 fabricated 4 manufactures

# 25 hazard

## hazard
[hǽzərd]

**ⓝ** 위험물질 (요인)

Drinking too much can be a serious health **hazard**.
과음은 건강을 해치는 심각한 위험요인이 될 수 있다.

hazard는 위험하고 손상을 입힐 수 있는 어떤 것을 뜻합니다. Exposure to health **hazards** can have negative impacts on both short-term and and long-term health. (건강에 유해한 것에 노출되면 단기 혹은 장기 건강 모두에 부정적인 영향을 미칠 수 있다.)와 같이 활용되죠. 우리가 알고 있는 danger는 해를 끼치거나 목숨을 앗아갈 가능성으로 쓰이는데요, People working in this field face **danger** every day. (이 분야에서 일하는 사람들은 매일 위험에 직면한다.) 라고 합니다. peril은 danger와 유사하지만 훨씬 더 위험한 상황을 강조할 때(ex. If you continue doing this, your life will be in **peril**. 네가 만약 이것을 계속한다면 너의 삶은 엄청난 위험에 휩싸이게 될 거야.) 쓰입니다. 마지막으로 risk는 나쁜 일이 발생할 가능성으로 There is a high **risk** of transmission of the virus from patients to medical practitioners. (바이러스가 환자로부터 의료진에게 전염될 가능성이 매우 높습니다.)라고 할 수 있죠.

1   Exposure to health _____ can have negative impacts on both short-term and long-term health.
건강에 유해한 것에 노출되면 단기 혹은 장기 건강 모두에 부정적인 영향을 미칠 수 있다.

2   People working in this field face _____ every day.
이 분야에서 일하는 사람들은 매일 위험에 직면한다.

3   If you continue doing this, your life will be in _____.
네가 만약 이것을 계속한다면 너의 삶은 엄청난 위험에 휩싸이게 될 거야.

4   There is a high _____ of transmission of the virus from patients to medical practitioners.
바이러스가 환자로부터 의료진에게 전염될 가능성이 매우 높습니다.

**Ans** 1 hazards   2 danger   3 peril   4 risk

---

There are many fire **hazards** in the workplace that can lead to devastating fires, including flammable materials, combustible liquids, electrical equipment, and even dust.

일터에는 끔찍한 화재로 이어질 수 있는 많은 화재 위험 요인들이 있는데, 가연성 물질, 불이 잘 붙는 액체, 전기기기, 그리고 심지어 먼지도 포함된다.

단어 활용 지문 강의

---

## 26 **illusion**

중등 레벨 ☐

**illusion**
[ɪˈluːʒn]

🔵 **ⓝ 착각, 환상**

She is under the **illusion** that he is honest.
그녀는 그가 정직하다는 착각에 빠져 있다.

---

 ☐

illusion은 사실과 맞지 않는 생각이나 믿음을 뜻합니다. The virtual world gave her the **illusion** that she was with her baby. (가상세계는 그녀에게 자신의 아이와 함께 있다는 착각을 주었다.)라고 할 수 있죠. 여기에 접두어 dis-를 붙이면 '착각에서 깨어나게 만들다'란 동사(ex. I hate to **disillusion** you, but you have lost a fortune gambling. 너의 환상을 깨고 싶진 않지만, 너는 도박으로 엄청나게 많은 돈을 잃었어.)로도 활용되죠. 유의어인 hallucination은 존재하지 않는 것이 보이거나 느껴지거나 들리는 경험(ex. A drug-induced **hallucination** can cause a serious crime. 마약으로 인한 환각 증세는 심각한 범죄의 원인이 될 수 있다.)으로, 주로 신체나 정신에 이상이 있을 경우 나타납니다. deception은 자신의 이익을 얻기 위해 사실을 숨기는 행위를 뜻하는데요, He got this from his girlfriend by **deception**. (그는 속임수를 써서 여자친구로부터 이것을 얻어냈다.)과 같이 쓰이죠.

1  The virtual world gave her the ＿＿＿＿＿＿＿ that she was with her baby.

가상세계는 그녀에게 자신의 아이와 함께 있다는 착각을 주었다.

2   I hate to _____ you, but you have lost a fortune gambling.

너의 환상을 깨고 싶진 않지만, 너는 도박으로 엄청나게 많은 돈을 잃었어.

3   A drug-induced _____ can cause a serious crime.

마약으로 인한 환각 증세는 심각한 범죄의 원인이 될 수 있다.

4   He got this from his girlfriend by _____.

그는 속임수를 써서 여자친구로부터 이것을 얻어냈다.

**미리 만나보는 예상 수능**

〈2022학년도 34번〉, 〈2022학년도 39번〉

When people share information online, they believe that it will remain private and secure. This sense of security is an **illusion**, however, as many companies seek profit from people's personal data.

사람들이 온라인에서 정보를 공유할 때, 이 정보가 사적이고 안전할 것이라고 믿는다. 하지만 안전하다는 이런 느낌은 착각이다. 왜냐하면 많은 회사들이 이들의 개인 정보로부터 이익을 창출하려 하고 있기 때문이다.

단어 활용 지문 강의

---

## 27 **impulse**

|  | 중등레벨 ☐ |
|---|---|

**impulse**
[ˈɪmpʌls]

**ⓝ** 충동, 자극

She had a strong **impulse** to run away.
그녀는 뛰어나가고 싶은 강한 충동을 느꼈다.

고등
레벨 ☐

impulse는 갑작스럽게 무언가 하고 싶은 강한 충동(ex. Doctors advise patients to look away and think of different things when they are not able to resist the **impulse**. 의사들은 환자들에게 충동을 이겨낼 수 없을 때 다른 쪽을 보고 다른 것을 생각하라고 조언한다.)을 뜻하죠. 이에 비해 urge는 impulse만큼 갑작스럽지 않은 본능적인 충동(ex. He sometimes has difficulty in controlling his **urge**. 그는 때때로 충동을 억제

하는 데 어려움이 있다.)에 가깝습니다. impulse의 두 번째 뜻은 '어떤 것을 진척시키게 하는 자극'(ex. The new policy acted as an **impulse** that prompted the system change. 새로운 정책은 시스템 변화를 촉진하는 자극제 역할을 했다.)입니다. 이와 비교해 유의어인 stimulus은 '적극적인 활동과 성장을 가져오는 자극'(ex. Your words of praise will serve as a **stimulus** for your kids to work harder. 당신의 칭찬 한마디가 아이들이 열심히 공부하게 하는 자극제가 될 것이다.), incitement는 '폭력적이거나 나쁜 일을 하게 만드는 자극'(ex. He will face charges of political **incitement**. 그는 정치 선동 혐의를 받게 될 것이다.)을 뜻합니다.

1 Doctors advise patients to look away and think of different things when they are not able to resist the _____.
의사들은 환자들에게 **충동**을 이겨낼 수 없을 때 다른 쪽을 보고 다른 것을 생각하라고 조언한다.

2 He sometimes has difficulty controlling his _____.
그는 때때로 **충동**을 억제하는 데 어려움이 있다.

3 The new policy acted as an _____ that prompted the system change.
새로운 정책은 시스템 변화를 촉진하는 **자극제** 역할을 했다.

4 Your words of praise will serve as a _____ for your kids to work harder.
당신의 칭찬 한마디가 아이들이 열심히 공부하게 하는 **자극제**가 될 것이다.

5 He will face charges of political _____.
그는 정치 **선동** 혐의를 받게 될 것이다.

**미리 만나보는 예상 수능**
〈2023학년도 40번〉, 〈2021학년도 33번〉

The study has indicated many different reasons for **impulse** buying: consumers' emotional state, effective advertising tactics, cultural factors, and the desire for instant satisfaction.
연구에 따르면, 충동구매에는 구매자의 감정 상태, 효과적인 광고 전략, 문화적 요인, 그리고 즉각적인 만족을 얻으려는 욕구 등 여러 가지 이유가 존재한다.

단어 활용 지문 강의

**Ans** 1 impulse  2 urge  3 impulse  4 stimulus  5 incitement

# 28 **integrate**

중등 레벨 ☐

**integrate** ⓥ 합치다, 통합하다
[ˈɪntɪɡreɪt]

It is not easy to **integrate** theory with practice.
이론을 실전에 통합하는 것은 쉬운 일이 아니다.

고등 레벨 ☐ 둘 이상을 하나로 합친다고 할 때 combine, integrate, incorporate 등의 단어가 있습니다. combine은 단순히 둘을 합친다는 의미로 They **combined** to compete against their common enemy. (공동의 적과 싸우기 위해 그들은 합쳤다.)라고 하죠. integrate는 '효율성을 높이기 위해' 라는 전제가 붙어 **Integrating** learning with play is one of the best methods of teaching children. (학습과 놀이를 통합하는 것이 유아 교육에 가장 좋은 방법 중 하나이다.) 이라고 합니다. 이외에도 다른 사회나 문화에 적응하여 통합된다는 뜻(ex. They found it difficult to **integrate** with the new community. 그들은 새로운 동네에서 어울려 사는 것이 힘들다는 것을 알았다.)도 있죠. incorporate는 큰 것의 일부로 작은 것을 통합시킨다는 뜻으로, The new opera has **incorporated** some elements of popular culture. (이 새로운 오페라는 대중 문화의 일부 요소들을 통합시켰다.)라고 합니다.

1  They _____ to compete against their common enemy.
공동의 적과 싸우기 위해 그들은 합쳤다.

2  _____ learning with play is one of the best methods of teaching children.
학습과 놀이를 통합하는 것이 유아 교육에 가장 좋은 방법 중 하나이다.

3  They found it difficult to _____ with the new community.
그들은 새로운 동네에서 어울려 사는 것이 힘들다는 것을 알았다.

4  The new opera has _____ some elements of popular culture.
이 새로운 오페라는 대중 문화의 일부 요소들을 통합시켰다.

Ans 1 combined  2 Integrating  3 integrate  4 incorporated

Jazz-Rock fusion is a popular music genre that represents a successful **integration** of the improvisational nature of Jazz with the powerful energy of Rock.

재즈록 퓨전 음악은 재즈의 즉흥 연주 속성과 록의 강력한 에너지의 성공적인 통합을 보여주는 대중 음악 장르이다.

단어 활용 지문 강의

---

### 29 **mend**

중등 레벨 ☐

**mend**
[mend]

**ⓥ 수리하다, 수선하다**

It is going to take a few hours to **mend** your skirt.
당신 치마를 수선하는 데 몇 시간 걸릴 겁니다.

고등 레벨 ☐

mend는 '부서지거나 손상된 것을 수리한다'는 뜻으로 특정 물건뿐 아니라, To **mend** a broken relationship, people must first listen actively to the other person. (망가진 관계를 회복하기 위해서는 먼저 다른 사람의 말을 적극적으로 들어야 한다.)에서와 같이 다양한 문맥에서 쓰일 수 있습니다. repair는 기존의 기능을 제대로 수행할 수 있도록 고치는 것을 말하죠. 그래서 The roof of his house is being **repaired** while he is on leave. (그가 없는 동안 집 지붕을 수리 중이다.)라고 합니다. fix는 문제가 되는 것을 제거하여 수리한다는 뜻으로 Before **fixing** a computer, restart the computer, check all the connections, and disconnect unnecessary devices. (컴퓨터를 수리하기에 앞서 재부팅을 하고 모든 연결 장치를 확인하고 불필요한 장비는 연결을 끊으세요.)라고 하죠. 참고로 물건, 시선, 관심, 생각 등을 고정시킨다는 뜻(ex. The idea that she had a crush on me was **fixed** in my mind. 그녀가 나에게 빠졌다는 생각이 머릿속에서 떠나지 않았다.)도 있어 주의가 필요합니다.

1 To _____ a broken relationship, people must first listen actively to the other person.
   망가진 관계를 회복하기 위해서는 먼저 다른 사람의 말을 적극적으로 들어야 한다.

2 The roof of his house is being _____ while he is on leave.

그가 없는 동안 집 지붕을 수리 중이다.

3 Before _____ a computer, restart the computer, check all the connections, and disconnect unnecessary devices.

컴퓨터를 수리하기에 앞서 재부팅을 하고 모든 연결 장치를 확인하고 불필요한 장비는 연결을 끊으세요.

4 The idea that she had a crush on me was _____ in my mind.

그녀가 나에게 빠졌다는 생각이 머릿속에서 떠나지 않았다.

**미리 만나보는 예상 수능**

〈2022학년도 24번〉, 〈2021학년도 13번〉, 〈2024학년도 43~45번〉

**Mending** physical objects like torn trousers or a broken table is a practical way to save money as it allows you to repair them instead of buying replacements.

찢어진 바지나 부서진 테이블과 같은 물리적인 물건들을 수리하는 것은 새로운 물건을 사는 것보다 수리를 해서 돈을 아낄 수 있는 실용적인 방법이다.

단어 활용 지문 강의

# 30 outrage

중등 레벨 ☐

**outrage**

[ˈaʊtreɪdʒ]

**ⓝ 격노, 격분**

Such a stupid plan will be met with **outrage** from the students' parents.

이런 바보 같은 계획은 학부모들의 분노에 직면하게 될 것이다.

고등 레벨 ☐

outrage는 부당한 것에 대한 화나는 감정으로, Many politicians have expressed **outrage** at the recent electoral reform. (최근 선거구 개편에 많은 정치인들이 격분하였다.)라고 하거나, 도덕적으로 용납이 안 되는 폭력 행위라는 뜻으로, It is an **outrage** that innocent civilians were killed by armed soldiers. (무장한 군인에 의해 무고한 시민들이 살해된 것은 용납할 수 없는 폭력 행위이다.) 라고 할 수도 있죠. The ill-treatment in the detention center **outraged** many asylum seekers. (수용소의 부당한 처우로 많은 망명자들이 격분했다.)에서와 같이 '부당한 어떤 일에 격분하게 하다'란 동사 활용도 가능합니다. 이와 달리 rage는 단순히 통제할 수 없는 폭력적인 격분으로 I have never seen my mother in such a **rage**. (나는 우리 엄마가 그렇게 화내는 것을 본 적이 없다.)라고 할 수 있죠. anger는 rage에 비해 통제할 수 있는 불편한 감정(ex. Neither **anger** nor persuasion has influenced his stubbornness. 화를 내도 설득을 해도 그의 고집을 꺾을 수 없었다.)를 뜻합니다.

1  Many politicians have expressed _____ at the recent electoral reform.

최근 선거구 개편에 많은 정치인들이 격분하였다.

2  It is an _____ that innocent civilians were killed by armed soldiers.

무장한 군인에 의해 무고한 시민들이 살해된 것은 용납할 수 없는 폭력 행위이다.

3  The ill-treatment in the detention center _____ many asylum seekers.

수용소의 부당한 처우로 많은 망명자들이 격분했다.

4  I have never seen my mother in such a _____.

나는 우리 엄마가 그렇게 화내는 것을 본 적이 없다.

5  Neither _____ nor persuasion has influenced his stubbornness.

화를 내도 설득을 해도 그의 고집을 꺾을 수 없었다.

**미리 만나보는 예상 수능**

〈2022학년도 22번〉, 〈2021학년도 35번〉

Moral **outrage** can arise when we are confronted with a situation in which we feel our ethical values are being violated. Such a feeling can ironically erode our capacity for empathy and clear thinking.

Ans 1 outrage  2 outrage  3 outraged  4 rage  5 anger

우리가 윤리적 가치가 훼손되었다고 느끼는 상황에 직면하게 되면 도덕적 격분(moral outrage)이 일어난다. 이런 감정은 공교롭게도 우리의 공감과 사고 역량을 약화시킬 수도 있다.

단어 활용 지문 강의

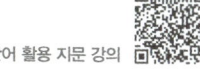

# ³¹ **perception**

중등
레벨

## perception ⓝ 인식

[pərsépʃn]

Drugs can affect your power of **perception**.
약물이 당신의 인지력에 영향을 미칠 수 있다.

고등
레벨

우리가 가지고 있는 감각 작용을 통한 인식을 perception이라고 합니다. Our **perception** of reality depends on where we are and who is with us. (실제에 대한 우리의 인식을 우리가 어디에 있는지 그리고 누구와 있는지에 달려 있다.)이라고 하죠. awareness는 주변에 발생하고 있는 어떤 사실을 충분히 알고 있는 인식으로, This organization has been working to raise the **awareness** of environmental pollution. (이 단체는 환경 오염에 대한 인식을 높이기 위해 활동해 오고 있다.)이라고 합니다. cognition은 뇌의 작용을 통한 인식인데, 여기에서 파생된 recognition은 '다시(re-) 인식한다'는 뜻(ex. He left the room without any sign of **recognition**. 그는 아는 척도 하지 않고 방을 나갔다.)이 있죠. 수능에서는 어떤 것이 정당하며 맞다고 인식한다는 문맥(ex. There is a growing **recognition** of the urgent need for birth control. 출산 조절의 시급한 필요성에 대한 인식이 점점 커지고 있다.)에서 종종 등장합니다.

1  Our _____ of reality depends on where we are and who is with us.
   실제에 대한 우리의 인식은 우리가 어디에 있는지 그리고 누구와 있는지에 달려 있다.

2  This organization has been working to raise _____ of environmental pollution.
   이 단체는 환경 오염에 대한 인식을 높이기 위해 활동해 오고 있다.

3  He left the room without any sign of _____.
   그는 아는 척도 하지 않고 방을 나갔다.

4   There is a growing _____ of the urgent need for
    birth control.
    출산 조절의 시급한 필요성에 대한 인식이 점점 커지고 있다.

**미리 만나보는 예상 수능**

〈2021학년도 24번〉, 〈2025학년도 30번〉, 〈2024학년도 40번〉, 〈2023학년도 24번〉

The disconnection between reality and **perception** has preoccupied
Western philosophers since the pre-Socratic Greek philosopher
Parmenides proclaimed that our senses deceive us.

실제와 인식의 불일치는 소크라테스 이전 그리스 철학자 파르메니데스가 우리의 감각이 우리를
속인다고 주창한 이후 서양 철학자들을 사로잡아 왔다.

단어 활용 지문 강의

---

## 32 **portray**

중등
레벨

☐

**portray**

[pɔːrtreɪ]

ⓥ **묘사하다, 표현하다**

This painting **portrays** nature untouched by
human hands.
이 그림은 사람의 손이 닿지 않은 자연을 묘사하고 있다.

고등
레벨   ☐

portray는 '~을 (책이나 그림에서) 묘사하다'란 의미로, 초상화를
뜻하는 명사 portrait에서 온 동사입니다. This little girl is

**portrayed** in the book as an embodiment of uncanny nature. (이 책에서 이 작은
여자아이가 경이로운 자연의 실체로 묘사된다.)와 같이 쓰이죠. 수능에서는 portray가
'~을 특정한 방식으로 나타내다'란 의미(ex. In the trial, she tried to **portray** herself as the
victim of violence. 재판에서 그녀는 자신을 폭력의 피해자로 보이게 하려고 했다.)로 쓰이기도
합니다. 유의어인 demonstrate는 '명확하게 나타내다'란 의미(ex. This accident
**demonstrates** the importance of cooperative actions. (이번 사고는 공동행동의 중요성을 보여준다.),
illustrate는 '~을 예시 등을 제시해서 확실히 나타내다'란 뜻(ex. They **illustrated** their
point with photos and videos. 그들은 자신들의 주장을 시청각 자료를 활용해 명확히 설명했다.)을

가집니다.

Ans 1 portrayed 2 portray 3 demonstrates 4 illustrated

1 This little girl is _____ in the book as an embodiment of uncanny nature.

이 책에서 이 작은 여자아이가 경이로운 자연의 실체로 묘사된다.

2 In the trial, she tried to _____ herself as the victim of violence.

재판에서 그녀는 자신을 폭력의 피해자로 보이게 하려고 했다.

3 This accident _____ the importance of cooperative actions.

이번 사고는 공동행동의 중요성을 보여준다.

4 They _____ their point with photos and videos.

그들은 자신들의 주장을 시청각 자료를 활용해 명확히 설명했다.

**미리 만나보는 예상 수능**

〈2021학년도 33번〉, 〈2025학년도 24번〉, 〈2021학년도 30번〉, 〈2021학년도 41~42번〉

Humans develop common habits and behaviors. In some places, people view marriage as being based on mutual feelings of love; in other places, marriage is **portrayed** as a process of negotiation between families.

인간은 공통된 습관과 행동을 형성한다. 어떤 곳에서는 결혼을 상호간의 사랑을 근간으로 한다고 보지만, 다른 곳에서는 결혼이 집안간 협상의 과정으로 그려진다.

단어 활용 지문 강의

Choose the Right Word

# 33 **potent**

**potent**

[poʊtnt]

**ⓐ 강력한**

A gun used to be considered a **potent** weapon, but it is no longer so.
총은 강력한 무기로 여겨졌지만 지금은 아니다.

potent는 영향력이나 효과성이 강력하다고 할 때, A **potent** drug is likely to cause drug addiction. (강력한 약물은 약물 중독을 일으킬 가능성이 높다.)과 같이 활용됩니다. 모양이 비슷한 potential은 강력해질 잠재력을 가지고 있다는 의미(ex. He is viewed as a **potential** successor to the Pope. 그는 교황의 강력한 후계자로 여겨지고 있다.), powerful은 힘을 가지고 있어 강력하다는 의미(ex. A **powerful** storm has swept the West Coast. 강력한 태풍이 서해안을 휩쓸었다.), vigorous는 활기와 에너지가 넘쳐 강력하다는 의미(ex. The reform plan has encountered a **vigorous** opposition of local residents. 개혁 계획은 지역 주민들의 강력한 반대에 부딪쳤다.), mighty는 힘이 세고 규모나 무게가 압도적이라서 강력하다는 의미(ex. **Mighty** empires were founded, extending from Central Asia to Eastern Europe. (중앙아시아에서 동유럽에 이르기까지 강력한 제국들이 건설되었다.)로 각각 쓰이는 맥락이 다릅니다.

1   A _____ drug is likely to cause drug addiction.
강력한 약물은 약물 중독을 일으킬 가능성이 높다.

2   He is viewed as a _____ successor to the Pope.
그는 교황의 강력한 후계자로 여겨지고 있다.

3   A _____ storm has swept the West Coast.
강력한 태풍이 서해안을 휩쓸었다.

4   The reform plan has encountered _____ opposition from local residents.
개혁 계획은 지역 주민들의 강력한 반대에 부딪쳤다.

5   _____ empires were founded, extending from Central Asia to Eastern Europe.
중앙아시아에서 동유럽에 이르기까지 강력한 제국들이 건설되었다.

**Ans** 1 potent 2 potential 3 powerful 4 vigorous 5 Mighty

National flags, a **potent** symbol representing collective citizenship, began to foster a sense of unity among people, with nationalism becoming predominant across Europe in the 19th century.

19세기 유럽에서 민족주의가 본격 대두되면서 집단적 시민의식을 대변하는 강력한 상징인 국기가 사람들 간의 일체감을 독려하기 시작했다.

단어 활용 지문 강의

---

## 34 **precise**

중등 레벨 ☐

**precise**
[prɪ´saɪs]

ⓐ 정확한, 정밀한

Her instruction was so **precise** that everything was done smoothly.
그녀의 지시가 너무나 정확해서 모든 것이 순조롭게 진행되었다.

---

고등 레벨 ☐

precise는 그 자체가 매우 정밀하고 정확하다는 뜻을 가지죠. They have developed a **precise** model that shows how atmospheric pressure affects weather. (그들은 기압이 날씨에 어떻게 영향을 미치는지를 보여주는 매우 정밀한 모델을 개발했다.)라고 할 수 있죠. 사람이 매우 꼼꼼하고 신중하다는 뜻도 있어, Her long semiconductor career has made her **precise** in everything she does. (오랜 기간 반도체 분야에 종사하면서 그녀는 자신이 하는 모든 것에 매우 꼼꼼한 성격이 되었다.)라고도 할 수도 있습니다. 명사형인 precision은 Pilots are trained to make a **precision** approach for landing in case of an emergency. (비행사들은 비상시 정밀 착륙을 할 수 있도록 훈련을 받는다.)에서와 같이 복합명사로 쓰여 정밀함을 강조하죠. accurate는 측정치가 정확하다는 의미로, They are studying how to make the prediction of volcanic eruptions more **accurate**. (그들은 화산폭발 예측을 더 정확하게 하기 위해 연구 중이다.), exact는 틀림이 없는 정확함을 강조하는 의도로, The **exact** location has not been decided. (정확한 위치가 결정이 나지 않았다.)와 같이 쓰입니다.

1 They have developed a _____ model that shows how atmospheric pressure affects weather.

그들은 기압이 날씨에 어떻게 영향을 미치는지를 보여주는 매우 **정밀한** 모델을 개발했다.

2 Her long semiconductor career has made her _____ in everything she does.

오랜 기간 반도체 분야에 종사하면서 그녀는 자신이 하는 모든 것에 매우 **꼼꼼한** 성격이 되었다.

3 Pilots are trained to make a _____ approach for landing in case of an emergency.

비행사들은 비상시 정밀 착륙을 할 수 있도록 훈련을 받는다.

4 They are studying how to make the prediction of volcanic eruptions more _____.

그들은 화산 폭발 예측을 더 **정확하게** 하기 위해 연구 중이다.

5 The _____ location has not been decided.

**정확한** 위치가 결정이 나지 않았다.

**미리 만나보는 예상 수능**

〈2021학년도 23번〉, 〈2025학년도 41~42번〉, 〈2024학년도 33번〉, 〈2023학년도 30번〉

Most domesticated birds love to play, but even playtime needs structure; it operates as a form of communication that requires an owner's **precise** direction and a relaxing, comfortable environment.

대부분의 가정에서 키우는 새들은 놀기를 좋아하지만 노는 데에도 체계가 필요하다. 이는 보호자의 정확한 지시와 안락하고 편안한 환경이 요구되는 소통의 방식으로 진행된다.

단어 활용 지문 강의

Meaning Is in the Difference

## 35 predominate

**중등 레벨** ☐

**predominate** ⓥ 우세하다, 지배하다

[prɪdɑ́ːmɪneɪt]

African Americans once **predominated** in this district.

이 지역에서 한때 흑인이 다수를 차지하고 있었다.

---

**고등 레벨** ☐

predominate는 어떤 요소가 많은 부분을 차지하고 있어 지배적이라는 의미입니다. The fire advanced quickly because pine trees **predominated** in the forest. (숲에 소나무가 대부분을 차지하고 있었기 때문에 산불이 빠르게 번졌다.)와 같이 활용됩니다. 일반적으로 알려진 dominate는 어떤 장소나 대상에게 통제권이나 영향력의 행사를 통한 지배(ex. These top companies **dominate** the household appliances market. 이들 선두 기업들이 가전제품 시장을 지배하고 있다.)를 뜻하죠. 이외에도 The worst accounting scandal **dominated** today's headlines. (최악의 회계 스캔들이 오늘의 헤드라인을 장악했다.)에서와 같이 중요한 역할을 하기 때문에 지배적이라고 할 경우도 있습니다. prevail은 현재는 지배적이지만 언제든지 바뀔 수 있다는 전제를 가지고 있죠. 예를 들어, The anti-government sentiment still **prevails** among young people. (반정부 정서는 여전히 젊은 층 사이에서 팽배하다.)이라고 할 수 있어요.

1 The fire advanced quickly because pine trees ＿＿＿＿＿＿＿＿ in the forest.

숲에 소나무가 대부분을 차지하고 있었기 때문에 산불이 빠르게 번졌다.

2 These top companies ＿＿＿＿＿＿＿＿ the household appliances market.

이들 선두 기업들이 가전제품 시장을 지배하고 있다.

3 The worst accounting scandal ＿＿＿＿＿＿＿＿ today's headlines.

최악의 회계 스캔들이 오늘의 헤드라인을 장악했다.

4 The anti-government sentiment still ＿＿＿＿＿＿＿＿ among young people.

반정부 정서는 여전히 젊은 층 사이에서 팽배하다.

**Ans 1 predominated 2 dominate 3 dominated 4 prevails**

Because the high cost of collecting extensive biological data on humans is prohibitive, clinical and behavioral approaches have come to **predominate** in the field of psychiatry.

인간에 대한 광범위한 생물학적 데이터를 수집하는 데 드는 비용이 너무 높아서, 정신의학 분야에서는 임상적·행동적 접근이 주류를 이루게 되었다.

단어 활용 지문 강의

---

## 36 **prolong**

중등
레벨 ☐

**prolong**

[prəlɔːŋ]

ⓥ 장기화하다, 연장하다

We have decided to **prolong** our stay in the hotel.
우리는 호텔에 더 오래 머무르기로 결정했다.

고등
레벨 ☐

prolong은 원래 끝나야 하는 것이 시간 내 끝나지 않고 앞으로 (pro-) 계속된다는 의미입니다. 예를 들어, **Prolonged** drought forced people to leave their village. (가뭄이 길어지자 사람들은 마을을 떠나야만 했다.)와 같이 쓰일 수 있죠. protract에는 long 대신에 tract이 있습니다. 이것은 '끌고 감'을 뜻하죠. 그래서 끝나야 하는 것을 질질 끌고 간다는 의미로 The **protracted** war has inflicted great damage on this country. (전쟁이 장기화되면서 이 나라는 엄청난 피해를 입고 있다.)라고 할 수 있습니다. sustain은 일정 기간 동안 계속된다는 의미로 **Sustainable** growth is more appropriate than rapid growth. (급작스러운 성장보다는 지속가능한 성장이 더 적절하다.)와 같이 형용사형의 활용이 잦습니다.

1  _____ drought forced people to leave their village.
가뭄이 길어지자 사람들은 마을을 떠나야만 했다.

2  The _____ war has inflicted great damage on this country.
전쟁이 장기화되면서 이 나라는 엄청난 피해를 입고 있다.

3 _____ growth is more appropriate than rapid growth.

급작스러운 성장보다는 <mark>지속가능한</mark> 성장이 더 적절하다.

**미리 만나보는 예상 수능**

〈2025학년도 39번〉, 〈2022학년도 30번〉, 〈2021학년도 21번〉

The artificial light at night **prolongs** the day, which has a negative effect not only on the birds' physical condition but also on the quality of their singing, as it interferes with their rest cycles.

야간의 인공조명은 낮을 인위적으로 연장시키며, 이는 새들의 휴식 주기를 방해하기 때문에 신체 상태는 물론 울음소리의 질에도 부정적인 영향을 미친다.

단어 활용 지문 강의

---

# 37 **proposition**

중등 레벨 ☐

## **proposition**

[prɑ:pəzɪʃn]

❶ ⓝ 공식적인 제안, 주장

Their **propositions** have been proved incorrect.
그들의 주장이 틀렸음이 밝혀졌다.

---

고등 레벨 ☐

proposition은 '공식적이고 구체적인 입장이나 제안'을 뜻합니다. Have you sent your business **proposition** to the company director? (회사 대표에게 사업 제안서를 보냈나요?)와 같이 사업상의 제의를 뜻할 수 있고, 공식적으로 표명된 입장이나 이론(ex. The **proposition** he had advocated was finally accepted in mainstream schools. 그가 주장해온 입장이 주류 학계에서 마침내 받아들여졌다.)을 뜻할 수도 있죠. proposal은 수락 여부를 알기 위한 제안으로, The **proposal** for a new construction project has been rejected. (새로운 건설 프로젝트 제안은 거절당했다.)라고 하죠. 일반적으로 쓰이는 suggestion은 I didn't like his **suggestion** that we should move on to another place. (다른 곳으로 이사하자는 그의 제안이 나는 마음에 들지 않았다.)와 같이 proposition에 비해 구체성과 공식성이 낮다고 볼 수 있습니다.

1 Have you sent your business _____ to the company director?

회사 대표에게 사업 제안서를 보냈나요?

2 The _____ he had advocated was finally accepted in mainstream schools.

그가 주장해온 입장이 주류 학계에서 마침내 받아들여졌다.

3 The _____ for a new construction project has been rejected.

새로운 건설 프로젝트 제안은 거절당했다.

4 I didn't like his _____ that we should move on to another place.

다른 곳으로 이사하자는 그의 제안이 나는 마음에 들지 않았다.

**미리 만나보는 예상 수능**

〈2024학년도 35번〉, 〈2024학년도 34번〉, 〈2025학년도 43~45번〉

A value **proposition** is a company's marketing statement that summarizes the products and services it promises to deliver to its current and future customers.

가치 제안서는 현재와 미래 고객에게 회사가 제공할 것을 약속하는 제품과 서비스를 정리 요약한 회사의 마케팅 성명서라고 볼 수 있다.

단어 활용 지문 강의

---

## 38 **prospect**

중등 레벨 ☐

**prospect**

[prɒspekt]

🄝 가능성, 전망

There is little **prospect** of seeing him again.

그를 다시 만날 가능성은 거의 없다.

고등 레벨 ☐

'가능성'으로 일반적으로 알려진 단어인 possibility는 불확실한 가능성을 뜻합니다. We cannot rule out the **possibility** of his being killed. (우리는 그가 살해당했을 가능성을 배제할 수 없다.)라고 하죠. prospect는 바라는 일이 발생할 가능성으로, Is there any **prospect** that the current stagnation will be reduced by cooperation among member states? (회원국간 협력으로 현재 경기 침체가 완화될 가능성이 있나요?)라고 할 수 있어요. 더 구체적으로는 성공할 가능성(ex. He did whatever he could to improve his career **prospects**. 그는 자신의 성공 가능성을 높이기 위해 무엇이든 했다.)을 뜻하기도 합니다. 또한 앞으로 일어날 일에 대한 전망의 뜻도 있어, They were excited at the **prospect** of working with such highly-rated musicians. (이렇게 높은 평가를 받는 음악가들과 함께 일할 거라는 사실에 그들은 흥분했다.)라고도 하죠. 다른 유의어인 likelihood는 어떤 일이 발생할 가능성으로, The latest hostilities greatly increased the **likelihood** of an all-out war. (최근 교전으로 전면전으로 번질 가능성이 커졌다.)라고 하죠.

1 We cannot rule out the _____ of his being killed.
   우리는 그가 살해당했을 가능성을 배제할 수 없다.

2 Is there any _____ of the current stagnation being eased through cooperation among member states?
   회원국간 협력으로 현재 경기침체가 완화될 가능성이 있나요?

3 He did whatever he could to improve his career _____.
   그는 자신의 직업 성공 가능성을 높이기 위해 무엇이든 했다.

4 They were excited at the _____ of working with such highly-rated musicians.
   이렇게 높은 평가를 받는 음악가들과 함께 일할 거라는 사실에 그들은 흥분했다.

5 The latest hostilities greatly increased the _____ of an all-out war.
   최근 교전으로 전면전으로 번질 가능성이 커졌다.

**미리 만나보는 예상 수능**
〈2022학년도 33번〉, 〈2026학년도 33번〉, 〈2023학년도 32번〉

---

Accurate weather forecasts can improve **prospects** for a good harvest by giving farmers precise information about atmospheric conditions like rainfall, sunshine, temperature, humidity, etc.

정확한 날씨예보는 강수량, 일조량, 온도, 습도와 같은 대기 조건에 대한 정확한 정보를 농부들에게 제공함으로써 풍작의 가능성을 높일 수 있다.

단어 활용 지문 강의

## 39 regulate

**regulate**
[ˈregjuleɪt]

**ⓥ 관리하다, 통제하다**

The machine is set to **regulate** the temperature of the house.
이 기계는 집의 온도를 관리하도록 세팅되어 있다.

중등 레벨 ☐

고등 레벨 ☐

regulate는 법과 규칙에 따라 관리한다는 의미입니다. Traffic congestion can be reduced with the assistance of a computer system that **regulate** traffic. (교통을 관리하는 컴퓨터 시스템의 도움으로 교통체증은 감소할 수 있다.)이라고 할 수 있죠. 명사형인 regulation은 '규칙'(ex. He has violated safety **regulations**. 그는 안전 수칙을 위반했다.), regularity는 '규칙성'(ex. Such things happen with alarming **regularity**. 이런 것들은 놀라운 규칙성을 가지고 발생한다.)의 뜻을 가집니다. manage는 사업, 조직, 팀, 활동 등을 관리하는 것으로, This agency has **managed** hundreds of entertainers. (이 에이전시는 수백 명의 연예인들을 관리해 왔다.)와 같이 쓰입니다. supervise는 일이 제대로 진행되고 있는지를 관리한다는 뜻으로, International organizations **supervise** the implementation of international treaties. (국제기구들은 국제 조약의 이행을 감독한다.)라고 하죠. maintain은 상태나 수준을 유지할 수 있도록 관리하는 것으로, The owner spends over $800 a month on building **maintenance**. (집 주인은 건물 유지 관리에 한 달에 800달러 이상을 쓴다.)라고 할 수 있죠.

1 Traffic congestion can be reduced with the assistance of a computer system that _____ traffic.
교통을 관리하는 컴퓨터 시스템의 도움으로 교통체증은 감소할 수 있다.

2 He has violated safety _____.
그는 안전 수칙을 위반했다.

3 Such things happen with alarming _____.

이런 것들은 놀라운 규칙성을 가지고 발생한다.

4 This agency has _____ hundreds of entertainers.

이 에이전시는 수백 명의 연예인들을 관리해 왔다.

5 International organizations _____ the implementation of international treaties.

국제기구들은 국제 조약의 이행을 감독한다.

6 The owner spends over $800 a month on building

_____.

집 주인은 건물 유지 관리에 한 달에 800달러 이상을 쓴다.

**미리 만나보는 예상 수능**

〈2025학년도 34번〉, 〈2025학년도 41~42번〉, 〈2022학년도 33번〉, 〈2021학년도 29번〉

Some schools argue that modern states developed, provided, and **regulated** mass education as a state-building tool, particularly when their vitality was threatened by mass violence.

몇몇 학파들은 근대 국가들이 대중적 폭력으로 인해 국가의 생존력이 위협받을 때, 특히 국가 건립의 도구로 대중교육을 개발하고 제공하며 규제해 왔다고 주장한다.

단어 활용 지문 강의

## ⁴⁰ **reinforce**

중등 레벨 ☐

**reinforce**

[riːínfɔ́ːrs]

ⓥ 강화하다

Your behavior has **reinforced** my belief about you.

당신의 행동으로 당신에 대한 나의 믿음이 더 확고해졌다.

고등 레벨 ☐

reinforce안에는 force가 있습니다. '물리적인 힘'을 뜻하죠. 여기에 en-을 더하면 법이나 규칙을 '집행한다'는 뜻으로

The police have a duty to **enforce** the law. (경찰은 법을 집행해야 할 의무가 있다.)라

고 합니다. 여기에 re-가 또 추가되면 This building needs urgent **reinforcement**. (이 빌딩은 보강 작업이 당장 필요합니다.)로, 시설 등을 '보강하다'란 뜻이 됩니다. 수능에서 reinforce는 어떤 관념이나 성질을 반복적인 방식으로 '강화하다'(ex. Artificial intelligence can **reinforce** human prejudice. 인공지능이 인간의 선입견을 강화할 수 있다.) 란 뜻으로 자주 등장합니다. strengthen은 더 강력하고 효과적으로 만든다는 의미 (ex. The art center was founded to **strengthen** ties with other communities. 다른 지역사회와의 유대를 강화하기 위해 이 아트센터가 건립되었다.), consolidate는 더 확고하게 만든다는 의미 (ex. They had a discussion about how to **consolidate** their position in the future. 그들은 앞으로 그들이 입지를 어떻게 더 강화할 것인지에 대한 논의를 했다.)를 가집니다.

1 The police have a duty to ＿＿＿＿＿＿＿＿ the law.
경찰은 법을 집행해야 할 의무가 있다.

2 This building needs urgent ＿＿＿＿＿＿＿＿.
이 빌딩은 보강 작업이 당장 필요합니다.

3 Artificial intelligence can ＿＿＿＿＿＿＿＿ human prejudice.
인공지능이 인간의 선입견을 강화할 수 있다.

4 The art center was founded to ＿＿＿＿＿＿＿＿ ties with other communities.
다른 지역사회와의 유대를 강화하기 위해 이 아트센터가 건립되었다.

5 They had a discussion about how to ＿＿＿＿＿＿＿＿ their position in the future.
그들은 앞으로 그들이 입지를 어떻게 더 강화할 것인지에 대한 논의를 했다.

**미리 만나보는 예상 수능**
〈2021학년도 35번〉, 〈2025학년도 34번〉

A new neural pathway is formed the moment you learn something or are exposed to a new environment. The old one can be **reinforced** or diminished depending on what you learned or experienced.

어떤 것을 배우거나 새로운 환경에 노출되는 순간 새로운 신경 연결 통로가 형성된다. 무엇을 배우고 경험했는가에 따라 이전에 있던 통로가 더 강화되기도 하고 약화되기도 한다.

단어 활용 지문 강의

**Ans** 1 enforce　2 reinforcement　3 reinforce　4 strengthen　5 consolidate

# 41 **restrict**

중등
레벨

## restrict

[rɪˈstrɪkt]

**ⓥ** 제한하다

This national park **restricts** visitor numbers.
이 국립 공원은 입장객 수를 제한한다.

---

고등
레벨

restrict는 어떤 것이 더 발전하거나 증가하는 것을 제한한다는 뜻으로, 특히 법이나 규칙에 따른 제한에 쓰이는 경우가 많습니다. Measures to **restrict** drug use have ironically exacerbated drug addiction. (약물 사용을 제한하려는 조치가 아이러니하게도 약물 중독을 악화시켰다.)이라고 할 수 있죠. 명사형인 restriction은 법률이나 규범 등을 통해 제한하는 것, 즉 '규제'라는 뜻(ex. A strong **restriction** has been imposed on the import of harmful substances. 유해물질 수입에 대한 강력한 규제가 있어 왔다.)을 가집니다. limit는 수준이나 정도를 제한한다는 뜻을 가지고 있죠. My mother used to **limit** my spending to 10 dollars maximum a day. (엄마는 내가 하루에 최고 10달러까지만 쓸 수 있도록 지출을 제한했었다.) 라고 합니다. confine은 구역이나 범위를 제한한다는 뜻으로, We have been asked to **confine** the use of this computer to business matters. (우리는 이 컴퓨터를 사무적인 목적으로만 사용하도록 요청받았다.)라고 합니다.

---

1 Measures to _____ drug use have ironically exacerbated drug addiction.
약물 사용을 제한하려는 조치가 아이러니하게도 약물 중독을 악화시켰다.

2 A strong _____ has been imposed on the import of harmful substances.
유해물질 수입에 대한 강력한 규제가 있어 왔다.

3 My mother used to _____ my spending to 10 dollars maximum a day.
엄마는 내가 하루에 최고 10달러까지만 쓸 수 있도록 지출을 제한했었다.

4 We have been asked to _____ the use of this computer to business matters.
우리는 이 컴퓨터를 사무적인 목적으로만 사용하도록 요청받았다.

**Ans** 1 restrict  2 restriction  3 limit  4 confine

Lively debate has continued over whether **restricting** the hours when alcohol may be sold is an effective strategy for reducing excessive consumption and harms associated with alcohol.

알코올 판매 시간을 제한하는 것이 알코올의 과도한 소비와 알코올 관련 피해를 줄이는 데 효과적인 전략인지에 대해 열띤 토론이 계속되고 있다.

단어 활용 지문 강의

---

## 42 **status**

중등 레벨 ☐

**status**

[ˈsteɪtəs]

🄝 지위

They want to improve their **status** as engineers.
그들은 기술자로서 지위가 더 높아지기를 원한다.

고등 레벨 ☐

'특정 위치에 서 있다(to stand)'라는 어원을 가진 status는 사회적으로 공공연하게 인정받는 지위를 말합니다. His sudden success gave him celebrity **status**. (갑작스러운 성공으로 그는 유명인사의 지위를 얻게 되었다.)라고 할 수 있죠. standing은 특정 활동, 조직, 혹은 체제 내에서의 지위나 명성을 뜻해서 The accident has shaken the company's **standing** in the IT community. (이번 사고로 IT 업계에서 회사의 입지가 흔들리게 되었다.)라고 합니다. stance는 어떤 사안에 대해 공공연하게 내세우는 입장(ex. Their **stance** on the issue of abortion is quite similar to ours. 낙태 문제에 대한 그들의 입장은 우리 입장과 상당히 비슷하다.)을 뜻하죠. stance는 또한 접두사 circum-과 결합하여 '주변에 돌아가는 상황'(ex. There is nothing we can do under such **circumstances**. 그런 주변 상황에서 우리가 할 수 있는 일은 없다.)을, happen과 결합하여 '어쩌다 (서서) 보니'(ex. By **happenstance**, we came to live in the same house. 어쩌다 보니 우리는 같은 집에 살게 되었다.)와 같은 복합 의미를 만들어 내기도 합니다.

1　His sudden success gave him celebrity _____.
　　갑작스러운 성공으로 그는 유명인사의 지위를 얻게 되었다.

2 The accident has shaken the company's _____ in the IT community.

이번 사고로 IT 업계에서 회사의 입지가 흔들리게 되었다.

3 Their _____ on the issue of abortion is quite similar to ours.

낙태 문제에 대한 그들의 입장은 우리 입장과 상당히 비슷하다.

4 There is nothing we can do under such _____.

그런 주변 상황에서 우리가 할 수 있는 일은 없다.

5 By _____, we came to live in the same house.

어쩌다 보니 우리는 같은 집에 살게 되었다.

**미리 만나보는 예상 수능**

〈2023학년도 31번〉, 〈2023학년도 21번〉

Socioeconomic **status** is commonly measured by multiple factors such as income level, educational attainment, occupational prestige, and subjective perception of social status.

사회경제적 지위는 일반적으로 소득 수준, 교육 정도, 직업적인 명망, 사회적 지위에 대한 주관적 인식과 같은 다양한 요소들에 의해서 측정된다.

단어 활용 지문 강의

---

# 43 **track**

중등레벨 ☐

**track**

[træk]

ⓝ **트랙, 길**

The running **track** was being repaired, so we took a break.

달리기 트랙이 수리 중이어서 우리는 휴식을 취했다.

고등레벨 ☐

track은 흙길, 기차 선로, 경기장의 트랙과 같은 명사로 알고 있겠지만, 수능에서는 동사로, 뒤를 추적한다는 뜻(ex. Scientists

**track** migrating birds using many different kinds of devices. 과학자들은 많은 다양한 종류의 장치

를 이용해 철새를 추적한다.)에 유의해야 하죠. 어떤 것의 변화한 정도나 내용을 추적한다는 뜻도 있어, They offer a package **tracking** service for your shipment. (그들은 선적품의 배달 과정을 알려주는 서비스를 제공한다.)라고 할 수 있죠. pursue는 '잡기 위한 추적'으로, Hunters used to spend several days **pursuing** their prey. (사냥꾼들은 사냥감을 잡기 위해 여러 날을 추적하곤 했다.)라고 하죠. 이외에도 특정한 목적을 달성하기 위해 오랜 기간 노력한다는 뜻(ex. He has a plan to **pursue** his career in the agriculture sector. (그는 농업 분야에서 자신의 경력을 쌓아 나갈 계획을 가지고 있다.)도 있습니다. follow는 '~을 따르거나, 발생한다'는 의미로, Hundreds of children **followed** him into the mosque. (수백 명의 아이들이 그를 따라 이슬람 예배당 안으로 들어갔다.)라고 하죠.

1 Scientists _____ migrating birds using many different kinds of devices.
과학자들은 많은 다양한 종류의 장치를 이용해 철새를 추적한다.

2 They offer a package _____ service for your shipment.
그들은 선적품의 배달 과정을 알려주는 서비스를 제공한다.

3 Hunters used to spend several days _____ their prey.
사냥꾼들은 사냥감을 잡기 위해 여러 날을 추적하곤 했다.

4 He has a plan to _____ his career in the agriculture sector.
그는 농업 분야에서 자신의 경력을 쌓아 나갈 계획을 가지고 있다.

5 Hundreds of children _____ him into the mosque.
수백 명의 아이들이 그를 따라 이슬람 예배당 안으로 들어갔다.

**미리 만나보는 예상 수능**
〈2021학년도 41~42번〉, 〈2024학년도 34번〉, 〈2021학년도 23번〉, 〈2025학년도 37번〉

Individual organs of the same organism may age at different rates. Proteins in the blood are used to **track** their aging and serve as a predictor of possible diseases.

Ans 1 track 2 tracking 3 pursuing 4 pursue 5 followed

같은 유기체 내 각각의 장기들은 노화 속도가 다를 수 있다. 혈액 속의 단백질이 장기들의 노화 정도를 추적하는 데 활용되고 질병의 예측변수로 쓰인다.

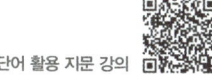

단어 활용 지문 강의

# 44 **utterance**

**utterance** ❶ 언급, 발언

['ʌtərəns]

중등 레벨 ☐

Her **utterance** was brief and clear.
그녀의 발언은 짧고 명료했다.

고등 레벨 ☐

'말하다'라고 할 때 입을 벌려 소리를 낸다는 행위에 초점을 둔 단어가 utter입니다. He did not **utter** a word in the meeting. (그는 회의에서 한마디도 하지 않았다.)이라고 하죠. 명사형인 utterance는 말로 표현하는 언어 단위(ex. Can you distinguish among speakers based on their **utterances**? 그들의 발화를 기반으로 화자들을 구분할 수 있나요?)라는 의미로, 언어학에서는 '발화'라는 용어를 씁니다. 이에 비해 remark는 개인 의견으로, 내용에 초점이 맞춰진 발언(ex. Her **remarks** on a childcare issue led to a lively debate among lawmakers. 육아 문제에 대한 그녀의 발언은 의원들 간의 열띤 논쟁을 가져왔다.)을 뜻하죠. 마지막으로 comment는 판단하고 평가하는 의견에 가깝습니다. 그래서 I don't want to hear your **comments** about my new dress. (나의 새 옷에 대한 당신의 발언을 듣고 싶지 않다.)라고 할 수 있죠.

1 He did not _____ a word in the meeting.
그는 회의에서 한마디도 하지 않았다.

2 Can you distinguish among speakers based on their _____?
그들의 발화를 기반으로 화자들을 구분할 수 있나요?

3 Her _____ on a childcare issue led to a lively debate among lawmakers.
육아 문제에 대한 그녀의 발언이 의원들 간의 열띤 논쟁을 가져왔다.

**4** I don't want to hear your _____ about my new dress.

나의 새 옷에 대한 당신의 발언을 듣고 싶지 않다.

**미리 만나보는 예상 수능**

〈2024학년도 37번〉, 〈2021학년도 40번〉, 〈2024학년도 22번〉, 〈2022학년도 21번〉

Noam Chomsky pointed out that all languages hold similar structures—or a universal grammar—which is not derived from the surface of spoken **utterances** but from the deep mental structures.

노암 촘스키(Noam Chomsky)는 모든 언어가 유사한 구조, 즉 보편적 문법을 가지고 있다고 지적했는데, 이것은 언급되는 발언의 표면이 아니라 깊이 자리잡고 있는 정신 구조에서 비롯된 것이다.

단어 활용 지문 강의

---

## 45 **veil**

중등
레벨 ☐

**veil**
[veɪl]

🔵 📵 베일, 면사포

She lifted her **veil**, and then looked down at her feet.

그녀는 베일을 들어올리고 나서 자신의 발을 내려다보았다.

고등
레벨 ☐

veil은 얼굴을 가리는 '베일'이나 '면사포'를 뜻하는 명사입니다. 수능에서는 무언가를 알아차릴 수 없게 베일로 가린다는 뜻의 동사(ex. The sun was **veiled** by clouds when they reached the top. 그들이 정상에 올랐을 때 태양은 구름에 가려져 있었다.)로 쓰이는 경우가 있습니다. 일상적으로 사용하는 hide는 발견되거나 보이지 않게 하려고 숨긴다는 의미로, He **hid** himself behind the tree. (그는 나무 뒤에 몸을 숨겼다.)라고 하죠. conceal은 의도적인 목적을 가지고 숨긴다는 뜻으로, He **concealed** his health problems when he signed the insurance contract. (보험 계약을 할 때 그는 병이 있다는 사실을 숨겼다.)라고 합니다. camouflage는 동물들이 보호색으로 위장하여 몸을 숨기는 것처럼 '~을 위장하거나 감춘다'는 뜻(ex. The soldiers **camouflage** their vehicles with leaves. 군인들은 차량을 나뭇잎을 이용해 위장한다.)이 있어요.

1 The sun was _____ by clouds when they reached the top.

그들이 정상에 올랐을 때 태양은 구름에 가려져 있었다.

2 He _____ himself behind the tree.

그는 나무 뒤에 몸을 숨겼다.

3 He _____ his health problems when he signed the insurance contract.

보험 계약을 할 때 그는 병이 있다는 사실을 숨겼다.

4 The soldiers _____ their vehicles with leaves.

군인들은 차량을 나뭇잎을 이용해 위장한다.

**미리 만나보는 예상 수능**

〈2022학년도 39번〉, 〈2024학년도 43~45번〉, 〈2023학년도 34번〉

The picture represents a young European woman with an oval face, heart-shaped lips, bright eyes partly **veiled** by her long dark hair, and a perfectly symmetrical nose.

이 그림은 계란형의 얼굴, 하트 모양의 입술, 길고 검은 머리로 일부 가려진 빛나는 눈, 완벽하게 대칭을 이루는 코를 가진 젊은 유럽 여성을 표현하고 있다.

단어 활용 지문 강의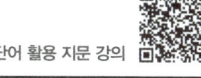

**Ans** 1 veiled 2 hid 3 concealed 4 camouflage

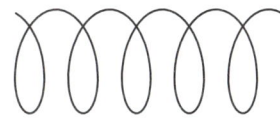

From Similar to Accurate

# WORD SHIFT

# 5

## 맥락과 개념을
## 놓치지 않는 단어 학습

Key Insight

고립된 단어 암기는 오래가지 않는다, 맥락을 확장하라

# Teachers' Whisper

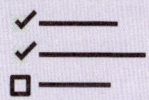

"맥락은 단어를 살아 있게 한다."

"문장 안에서 배운 단어는 오래 간다."

"맥락은 기억의 스위치다."

# Strategy Guide

수능에서 단어 공부의 핵심은 얼마나 많이 외우느냐가 아니라, 하나의 단어를 얼마나 넓게 그리고 깊이 이해하느냐에 있습니다. 하나의 단어를 배웠다면, 그것으로 끝내지 말고 **그 단어를 축으로 다양한 방향으로 탐구**해야 합니다. 예를 들어 construct 를 배웠다면, 단순히 '짓다'라고 외우는 대신 construction, reconstruct, constructive, deconstruct처럼 형태의 변화를 살펴보세요. 그리고 이 단어가 '물리적 건축'에서 '사상의 구성'으로 확장되는 **의미적 여정을 따라가 보세요.** 이처럼 하나의 단어를 중심으로 파생어·유의어·반의어·비슷한 어원·실제 문맥 속 활용까지 탐구하는 것은 **단순한 반복 암기보다 훨씬 강력한 학습**입니다. 단어 하나를 둘러싼 의미의 지도를 그리면, 그 단어는 더 이상 외운 지식이 아니라 살아 있는 언어가 됩니다. 언어는 연결의 예술입니다. 단어를 중심으로 **맥락을 만들고, 관계를 확장하며, 의미를 깊이 파고들 때,** 그 단어는 오랫동안 기억에 남고 새로운 문장 속에서도 자연스럽게 떠오릅니다. 단어 하나를 배웠다면, 그것을 끝이 아니라 시작으로 삼으세요. 그 단어를 연구하고, 변주하고, 다양한 맥락 속에서 살아 움직이게 하세요. 그것이 바로 **단어 암기의 궁극이자, 진짜 어휘력의 완성**입니다.

MP3
다운로드&듣기

중등
레벨 ☐

## abstract
[ˈæbstrækt]

ⓐ 추상적인

Love is an **abstract** concept, so you have to say, "I love you."
사랑은 추상적인 개념이므로, 사랑한다는 말을 반드시 해야 한다.

고등
레벨 ☐

abstract는 만지거나 볼 수 있는 실체가 아니라 개념이나 아이디어로 존재한다는 뜻입니다. **Abstract** ideas are not visible and tangible, meaning that you cannot understand them without thought and interpretation. (추상적인 개념은 눈에 보이거나 만질 수 있는 것이 아니기 때문에, 사고와 해석 없이는 그것들을 이해할 수 없다.)이라고 할 수 있죠. 이런 이유로 실제 사실이나 상황이 뒷받침되지 않는다는 부정적인 뉘앙스로 **Abstract** knowledge has no use in this urgent situation. (이런 시급한 상황에 추상적인 지식은 아무런 소용이 없다.)과 같이 쓸 수 있습니다. 이와 상반되는 단어가 바로 concrete이죠. 개념이나 추측이 아니라 실질적인 존재나 사실에 기반한다는 의미로, The study showed the primary importance people attach to **concrete** actions rather than abstract ideas. (그 연구는 사람들이 추상적인 개념보다 구체적인 행동에 훨씬 더 큰 중요성을 둔다는 점을 보여 주었다.)라고 할 수 있습니다.

1 _____ ideas are not visible and tangible, meaning that you cannot understand them without thought and interpretation.
추상적인 개념은 눈에 보이거나 만질 수 있는 것이 아니기 때문에, 사고와 해석 없이는 그것들을 이해할 수 없다.

2 _____ knowledge has no use in this urgent situation.
이런 시급한 상황에 추상적인 지식은 아무런 소용이 없다.

3 The study showed the primary importance people attach to _____ actions rather than abstract ideas.
그 연구는 사람들이 추상적인 개념보다 구체적인 행동에 훨씬 더 큰 중요성을 둔다는 점을 보여 주었다.

Ans 1 Abstract 2 Abstract 3 concrete

It is commonly considered that mathematics is a highly **abstract**, formal language because the principles and foundations of math are the same everywhere around the world.

수학의 원리와 토대가 전 세계 어디나 다 동일하기 때문에 수학은 고도로 추상화된 정식 언어라고 일반적으로 여겨진다.

단어 활용 지문 강의

---

## 02 **analogy**

중등 레벨 □

**analogy**
[əˈnælədʒi]

**ⓝ** 유사, 비유

There is an **analogy** between the brain and a computer.
컴퓨터와 뇌는 유사점이 있다.

상대방에서 내용을 설득력 있게 전달하고자 할 때 유사한 이미지를 활용하는 방법을 analogy, 즉 '비유법'이라고 합니다. 물론 단순히 '유사'(ex. They drew an **analogy** between the heart and the engine of a car. 그들은 심장과 자동차 엔진의 유사점을 활용했다.)의 의미로 쓰이기도 합니다. 이것은 논리적인 주장을 펴기 위한 하나의 도구라고 볼 수 있죠. 반면 metaphor(은유법)는 효과적인 의미 전달을 위한 '문학적 표현법'의 일종입니다. 윌리엄 셰익스피어의 희곡 〈As you like it〉의 "All the world is a stage. And all the men and women are merely players. (세상은 모두 무대이다. 남자와 여자는 모두 배우에 불과하다.)"와 같이 '세상'을 '무대'에, '남자'와 '여자'를 '배우'에 빗대는 경우가 자주 언급되죠. 이런 문학적 표현 방법에는 metaphor 외에도 He swims like a fish. (그는 물고기처럼 수영한다.)와 같은 simile(직유법), Art is long and life is short. (예술은 길고, 인생은 짧다.)와 같은 antithesis(대조법), I am so hungry that I could eat an elephant. (나는 배가 너무 고파서 코끼리라도 먹을 수 있다.)와 같은 hyperbole(과장법)이 있습니다.

1    They drew an _____ between the heart and the engine of a car.

그들은 심장과 자동차 엔진의 유사점을 활용했다.

2    All the world is a stage. And all the men and women are merely players. -_____

세상은 모두 무대이다. 남자와 여자는 모두 배우에 불과하다. – 은유법

3    He swims like a fish. - _____

그는 물고기처럼 수영한다. – 직유법

4    Art is long and life is short. - _____

예술은 길고, 인생은 짧다. – 대조법

5    I am so hungry that I could eat an elephant. - _____

나는 배가 너무 고파서 코끼리라도 먹을 수 있다. – 과장법

### 미리 만나보는 예상 수능

〈2024학년도 39번〉, 〈2020학년도 29번〉, 〈2025학년도 39번〉

---

The students were found to employ similar **analogies** across multiple problem contexts, which influenced their perception of the problem and its possible solution methods.

학생들은 다양한 문제 상황에서 유사한 비유를 사용하였는데, 이는 학생들의 문제 인식과 가능한 해결 방법에 영향을 미쳤다.

단어 활용 지문 강의

---

## 03   assemble

중등 레벨 ☐

**assemble**
[əˈsembl]

ⓥ 모이다, 모으다

Our boss told us to **assemble** in the meeting room.
상사가 우리에게 회의실에 모이라고 했다.

assemble은 '모이다, 모으다'란 뜻이 있습니다. The program aims to provide information on how to **assemble** data and build up a system. (그 프로그램은 데이터를 어떻게 모으고 시스템을 구축하는지에 대한 정보를 제공하는 것을 목표로 한다.)이라고 하죠. 유의어인 gather는 여기저기 있는 것을 모으는 경우(ex. She encountered a wild animal while **gathering** twigs to make a campfire. 그녀는 모닥불을 피우기 위해 나뭇가지를 모으다가 야생동물과 마주쳤다.), collect는 정리해서 모으는 경우(ex. They have **collected** scattered carts in front of the entrance. 그들은 흩어져 있는 카트를 입구 앞에 모아두었다.)를 뜻합니다. 이에 반해 assemble은 모아서 하나의 덩어리를 만든다는 데 방점이 찍혀 있어요. 그래서 **Assembling** the parts is the most important step in the production process. (생산 과정에서 부품을 조립하는 것은 가장 중요한 작업이다.)과 같이 '조립하다'란 뜻이 있죠. 무엇보다 부품들을 모아 컨베이어 시스템에서 제품으로 조립하는 과정을 assembly line이라고 해요. 모아서 하나의 집단을 만든다는 의미로, '국회'를 national assembly라고도 합니다.

1  The program aims to provide information on how to _____ data and build a system.

그 프로그램은 데이터를 어떻게 모으고 시스템을 구축하는지에 대한 정보를 제공하는 것을 목표로 한다.

2  She encountered a wild animal while _____ twigs to make a campfire.

그녀는 모닥불을 피우기 위해 나뭇가지를 모으다가 야생동물과 마주쳤다.

3  They have _____ scattered carts in front of the entrance.

그들은 흩어져 있는 카트를 입구 앞에 모아두었다.

4  _____ the parts is the most important step in the production process.

생산 과정에서 부품을 조립하는 것은 가장 중요한 작업이다.

**미리 만나보는 예상 수능**

〈2022학년도 29번〉, 〈2022학년도 38번〉

Before **assembling** an emergency rescue team, they must assess the specific needs at the accident scene and determine which types of emergencies they are most likely to encounter.

응급 구조팀을 구성하기에 앞서, 그들은 사고 현장에서의 구체적인 필요 사항을 평가하고, 직면할 가능성이 가장 높은 응급 상황의 유형을 판단해야 한다.

단어 활용 지문 강의

# 04 **capital**

## capital

[ˈkæpɪtl]

**ⓝ 자본, 수도**

You must raise **capital** first if you want to do business.

사업을 하고 싶다면 우선 자본부터 모아야 한다.

capital은 머리를 뜻하는 라틴어 caput에서 왔습니다. '주된', '가장 큰', '가장 중요한'의 뜻으로, '한 나라의 수도'라는 의미만 아니라 South Korea is expected to be the cultural **capital** of the world in the future. (한국이 미래 세계의 문화 수도가 될 것으로 기대된다.)와 같이 '특정 분야에 중심적인 역할을 하는 장소'를 뜻하죠. '대문자'라는 뜻도 있어, Proper nouns always start with **capitals**. (고유명사는 항상 대문자로 시작한다.)라고도 하죠. 같은 맥락에서 사업을 하는 데 가장 중요한 것은 자본이기 때문에 It usually takes time to see the return on the **capital** you put into a new business. (새로운 사업에 투자한 자본을 회수하는 데는 보통 시간이 걸린다.)와 같이 '자본'이라는 뜻도 있습니다. 단지 돈에만 국한되지 않고, 사회적인 관계와 네트워크에 기반한 자본을 social capital (사회적 자본), 개인이나 단체가 가지고 있는 정보, 지식, 전문성에 기반한 자본을 intellectual capital (지적 자본), 사회적 평판과 인정에 기반한 자본을 reputational capital (평판 자본)이라고 합니다.

1 South Korea is expected to be the cultural _____ of the world in the future.
한국이 미래 세계의 문화 수도가 될 것으로 기대된다.

2 Proper nouns always start with _____.
고유명사는 항상 대문자로 시작한다.

3 It usually takes time to see the return on the _____ you put into a new business.
새로운 사업에 투자한 자본을 회수하는 데는 보통 시간이 걸린다.

Companies are not required to report on intellectual **capital**, which results in a discrepancy between their book values and market values—the gap highlighting the limitations of traditional accounting in reflecting a company's true value.

기업들은 지적 자본을 보고할 의무가 없기 때문에 장부 가치와 시장 가치 사이에 차이가 발생하며, 이러한 격차는 전통적 회계 방식이 기업의 실제 가치를 반영하는 데 한계를 지니고 있음을 보여준다.

단어 활용 지문 강의

---

## 05 **colony**

중등 레벨 ☐

**colony**
[kɑ:ləni]

ⓝ 식민지

Jamaica is one of the former British **colonies**.
자메이카는 옛 영국 식민지 중 하나이다.

고등 레벨 ☐

colony는 강대국들이 점령한 '식민지'라는 뜻(ex. **Colonial** powers used to extract resources and profit from their colonies for their own benefit. 식민제국들은 자신들의 이익을 위해 식민지의 자원과 이윤을 착취하곤 했다.)이 있습니다. 하지만 이 단어는 14세기 이탈리아 밖에서 거주하는 고대 로마인들의 정착촌을 일컫는 의미로 처음 사용되었어요. 그래서 다른 집단과 분리되어 '(공통된 관심사나 직업을 가진 사람들의) 무리'를 colony라고 합니다. A new city plan was launched to construct an art **colony** in this district. (예술인 집단 거주지를 이 지역에 건립하기 위해 새로운 도시 계획이 착수되었다.)라고 할 수 있죠. 여기서 더 발전해서 '한곳에 떼를 지어 사는 같은 종류의 동물, 곤충, 식물들'도 An ant **colony** is completely destroyed when its main nest is relocated. (주된 서식지를 다른 곳으로 옮기면 개미 군체가 완전히 파괴된다.)와 같이 colony로 표현하게 된 거죠.

1 _____ powers used to extract resources and profit from their colonies for their own benefit.
식민제국들은 자신들의 이익을 위해 식민지의 자원과 이윤을 착취하곤 했다.

2 A new city plan was launched to construct an art
_____ in this district.

예술인 집단 거주지를 이 지역에 건립하기 위해 새로운 도시 계획이 착수되었다.

3 An ant _____ is completely destroyed when its
main nest is relocated.

주된 서식지를 다른 곳으로 옮기면 개미 군체가 완전히 파괴된다.

**미리 만나보는 예상 수능**

〈2022학년도 21번〉, 〈2023학년도 33번〉

A honey bee **colony** typically consists of three kinds of adult bees:
workers, drones, and a queen. Each member has a definite task to
perform and makes a combined effort for the entire colony.

꿀벌의 군체는 보통 세 종류의 벌로 구성되는데, 일벌, 수벌, 그리고 여왕벌이다. 각각의 구성원
들은 각자가 해야 하는 분명한 일이 있으며, 군체 전체를 위해 협력한다.

단어 활용 지문 강의

**Ans** 1 Colonial   2 colony   3 colony

## 06 **common**

중등
레벨

**common**

[ˈkɑːmən]

ⓐ 일반적인

It is quite **common** here to see stray cats.
여기서 길고양이를 보는 것은 꽤 일반적이다.

고등
레벨

common은 많은 곳에서 혹은 많은 사람들 사이에서 빈번히
존재하거나 발생한다는 의미(ex. This is a **common** mistake teenagers
make during puberty. 이것은 십 대들이 사춘기 때 저지르는 일반적인 실수이다.)로 알려져 있죠.
수능에서는 '두 사람 이상이 공유하는'이라는 또 다른 뜻에 유의해야 합니다. Their
**common** goal for democratization drove them to fight against the authoritarian
regime. (민주화를 위한 이들은 공통된 목표가 독재 정권에 대항해 싸우게 했다.)이라고 할 수
있어요. 이와 관련한 표현들을 몇 가지 정리해 보면, '공익'은 the common good(ex.
We are doing this for the sake of the **common good**. 우리는 오로지 공익을 위해 이 일을 하고 있다.)

인데, 이때 good은 '이익을 주는 것'이라는 명사 기능을 합니다. the problem of the commons도 수능에 등장(ex. They explained when **the problem of the commons** arises. 그들은 공유지 문제가 언제 발생하는지를 설명했다.) 할 수 있는데요, 이때 common은 '공유지'를 뜻합니다. '귀중한 자원을 누구나 이용할 수 있을 때 그 자원은 고갈되고 결국 모든 것이 파괴된다'는 사회과학의 유명한 개념이죠. the tragedy of the commons(공유지의 비극)라고 표기되기도 합니다.

1 This is a _____ mistake teenagers make during puberty.
이것은 십 대들이 사춘기 때 저지르는 일반적인 실수이다.

2 Their _____ goal for democratization drove them to fight against the authoritarian regime.
민주화를 위한 이들은 공통된 목표가 독재 정권에 대항해 싸우게 했다.

3 We are doing this for the sake of the _____ good.
우리는 오로지 공익을 위해 이 일을 하고 있다.

4 They explained when the problem of the _____ arises.
그들은 공유지 문제가 언제 발생하는지를 설명했다.

**미리 만나보는 예상 수능**

〈2022학년도 33번〉, 〈2024학년도 24번〉, 〈2024학년도 36번〉

What happens if we put individualism ahead of the **common** good? Many of us will become disconnected from each other, grow increasingly self-protective, and become obsessed with individual enrichment.

만약 우리가 공익보다 개인주의를 앞세운다면 어떻게 될까? 우리 중 많은 사람들은 서로 간의 유대감을 잃고, 점점 더 자기방어적으로 변하며, 개인적 풍요에 집착하게 될 것이다.

단어 활용 지문 강의

Ans 1 common 2 common 3 common 4 commons

# 07 **consciousness**

중등 레벨 □

## consciousness ⓝ 의식, 자각

[kɑ:nʃəsnəs]

She lost **consciousness** after the accident.
사고 이후 그녀는 의식을 잃었다.

고등 레벨 □

consciousness는 '알고 있음', 즉 '자각'을 뜻합니다. 유의어인 awareness는 발생하고 존재하는 어떤 것에 대한 '외면적인 알고 있음'(ex. The campaign has been carried out to raise public **awareness** of the importance of animal protection. 이 캠페인은 동물 보호의 중요성에 대한 의식을 높이기 위해 진행되고 있다.) 이라면, consciousness는 '내면적인 알고 있음'에 가깝죠. 즉, 자신 주변 혹은 자신의 내부에서 일어나는 것에 대한 자각이라고 볼 수 있어요. The widening gap between the rich and poor has increased class **consciousness** among youth. (빈부의 격차가 벌어지면서 젊은 층 사이의 계급 의식이 증가하게 되었다.)와 같이 '자신의 사회적 지위나 경제적인 위치에 대한 자각'을 class consciousness라고 합니다. 또한 consciousness는 She had lost **consciousness** when she was found in the wreckage of the building. (건물 더미에서 발견되었을 때 그녀는 의식을 잃은 상태였다.)과 같이 '인식할 수 있는 능력을 가진 상태'라는 뜻도 있습니다.

1   The campaign has been carried out to raise public
_____ of the importance of animal protection.
이 캠페인은 동물 보호의 중요성에 대한 의식을 높이기 위해 진행되고 있다.

2   The widening gap between the rich and poor has increased class _____ among youth.
빈부의 격차가 벌어지면서 젊은 층 사이의 계급 의식이 증가하게 되었다.

3   She had lost _____ when she was found in the wreckage of the building.
건물 더미에서 발견되었을 때 그녀는 의식을 잃은 상태였다.

Ans 1 awareness   2 consciousness   3 consciousness

Excessive self-**consciousness** can contribute to the feeling of social inadequacy and the consequent self-hate, which leads to a vicious circle that is difficult to break out of.

과도한 자기의식은 사회적 부적절감과 그에 따른 자기혐오를 불러일으킬 수 있으며, 이는 빠져나오기 어려운 악순환으로 이어진다.

단어 활용 지문 강의

---

## 08 **construction**

**construction** **n** 건설

[kənˈstrʌkʃn]    The bridge is currently under **construction**.
다리는 현재 건설 중이다.

'빌딩'이나 '구조물' 혹은 이것을 만드는 작업인 건설을 construction이라고 합니다. Most of the residents are in favor of the **construction** of a new highway. (주민의 대부분이 고속도로 건설에 찬성한다.) 라고 할 수 있죠. 언어학에서는 문장에서 단어가 배열되는 방식인 구조를 뜻하며, They are having a hard time understanding some grammatical **constructions** in the writing. (그들은 이 글의 몇몇 문법 구조를 이해하는 데 어려움을 겪고 있다.)이라고 합니다. 사회과학에서는 개인이 인식하는 현상이나 대상들이 사회적 구조와 관습에 의해 '구성된다'는 의미로 이 단어를 사용하고 있죠. The value of beauty is not biologically predetermined but socially **constructed**. (미의 가치는 생물학적으로 미리 결정되는 것이 아니라 사회적으로 구성되는 것이다.)라고 할 수 있습니다. 형용사인 constructive는 건설적인 방향으로 진행되도록 돕는다는 의미로, There was **constructive** dialogue between the two leaders. (두 지도자들 간에 건설적인 대화가 있었다.)라고 하죠.

**1** Most of the residents are in favor of the ＿＿＿＿＿＿＿＿ of a new highway.

주민의 대부분이 고속도로 건설에 찬성한다.

**2** They are having a hard time understanding some grammatical ＿＿＿＿＿＿＿＿ in the writing.

그들은 이 글의 몇몇 문법 구조를 이해하는 데 어려움을 겪고 있다.

**3** The value of beauty is not biologically predetermined but socially ＿＿＿＿＿＿＿＿.

미의 가치는 생물학적으로 미리 결정되는 것이 아니라 사회적으로 구성되는 것이다.

**4** There was ＿＿＿＿＿＿＿＿ dialogue between the two leaders.

두 지도자들 간에 건설적인 대화가 있었다.

**미리 만나보는 예상 수능**

〈2023학년도 21번〉, 〈2024학년도 24번〉, 〈2025학년도 22번〉, 〈2022학년도 40번〉

Masculinity—a set of attributes regarded as characteristic of men—is socially **constructed** and is typically associated with strength, dominance, aggressiveness, and independence.

남성의 특징으로 간주되는 일련의 특성인 남성성은 사회적으로 구성된 것이며, 흔히 강인함, 지배력, 공격성, 그리고 독립성과 연관된다.

단어 활용 지문 강의

---

## 09 **discourse**

중등 레벨 □

**discourse** **ⓝ** 담화, 담론

[dɪskɔːs]

People tend to be tired of serious political **discourse**.

사람들은 심각한 정치 이야기에 피곤해하는 경향이 있다.

 고등 레벨 □

discourse는 '담화' 혹은 '담론'을 의미합니다. 언어학에서는 연설이나 글을 통해 의사를 전달하기 위해 언어를 사용하는 것으로,

Sentences are longer and more complex in written **discourse** than in spoken discourse. (말로 하는 언어보다 글로 된 언어에 사용되는 문장이 더 길고 복잡하다.)라고 할 수 있죠. 하지만 사회과학 분야에서는 우리의 경험을 구성하는 생각과 지식의 체계로, 담론으로 인해 개인이 세상을 인식하는 방식을 바꿀 수 있는 권력 작용의 도구로 설명하고 있습니다. They firmly contend that gender **discourse** has contributed to the development of patriarchy. (그들은 성 담론이 가부장제 발전에 기여해 왔다고 강력하게 주장한다.)라고 할 수 있죠.

1 Sentences are longer and more complex in written discourse than in spoken _____.

말로 하는 언어보다 글로 된 언어에 사용되는 문장이 더 길고 복잡하다.

2 They firmly contend that gender _____ has contributed to the development of patriarchy.

그들은 성 담론이 가부장제 발전에 기여해 왔다고 강력하게 주장한다.

**미리 만나보는 예상 수능**

〈2025학년도 39번〉

---

Discourse is the use of language for communication. The more people practice **discourse**, the more sophisticated and coherent their writing styles become, as sustained engagement with language helps them develop clearer thoughts.

담론이란 소통을 위해 언어를 사용하는 것이다. 사람들이 담론을 더 많이 실천할수록 그들의 글쓰기 방식은 더욱 정교하고 일관성 있게 되는데, 이는 언어와의 지속적인 상호작용이 더 명확한 사고를 하는 데 도움이 되기 때문이다.

단어 활용 지문 강의

Ans 1 discourse 2 discourse

---

Meaning Lives in Context

# ¹⁰ **generalization**

**generalization** 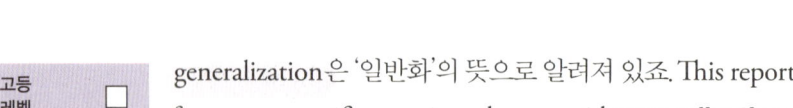 일반화

[dʒenrələzeɪʃn]

중등
레벨

□

**Generalization** was quite a common practice in science.
일반화는 과학에서 꽤 일반적인 관행이었다.

---

고등
레벨

□

generalization은 '일반화'의 뜻으로 알려져 있죠. This report focuses on specific cases in order to avoid **generalization**. (이 보고서는 일반화를 피하기 위해 구체적인 사례에 집중한다.)과 같이 특수한 것을 일반화 한다는 다소 부정적인 뉘앙스를 가지기도 합니다. 하지만 수사학이나 논리학과 같은 인문학 영역에서는 구체적인 사례에서 일반적인 원칙이나 개념들을 추출해 내는 과학적인 접근법의 결과물을 뜻하기도 하죠. The goal of scientific explanation is to construct a system of **generalization** that encompasses all possible phenomena. (과학적 설명의 목표는 모든 가능한 현상을 포괄하는 일반화의 체계를 만드는 것이다.)와 같이 사용할 수 있어요. 일련의 사실로부터 일반적인 원칙을 발견해 가는 과정을 인문과학에서는 induction(귀납법)이라고도 합니다. **Inductive** thinking is, we say, a universal human habit. (귀납적 사고는 전 인류의 습성이라고 우리는 말한다.)이라고 할 수 있죠.

1   This report focuses on specific cases in order to avoid
    _____.
    이 보고서는 일반화를 피하기 위해 구체적인 사례에 집중한다.

2   The goal of scientific explanation is to construct a system of
    _____ that encompasses all possible phenomena.
    과학적 설명의 목표는 모든 가능한 현상을 포괄하는 일반화의 체계를 만드는 것이다.

3   _____ thinking is, we say, a universal human habit.
    귀납적 사고는 전 인류의 습성이라고 우리는 말한다.

Ans  1 generalization  2 generalization  3 Inductive

280

〈2022학년도 40번〉

Inductive **generalization** is a method of drawing conclusions by identifying which observed regularities provide reasonable justification and make successful inference possible.

귀납적 일반화는 관찰된 규칙성 중 어떤 것이 합리적인 정당성을 제공하고 성공적 추론을 가능하게 하는지를 파악하는 작업을 통해 결론을 도출하는 것이다.

단어 활용 지문 강의

---

## 11 governance

중등 레벨 ☐

**governance**
[gʌvərnəns]

ⓝ 통치, 관리

Local people tried to establish a new form of **governance**.
지역 사람들은 새로운 통치 형태를 만들려고 노력했다.

---

고등 레벨 ☐

governance는 '통치하는 행위(activity of governing)'로 간단하게 설명됩니다. 동사 govern은 This country used to be **governed** by a military ruler. (이 나라는 과거에 군사 통치자에 의해 통치되었다.)와 같이 '(국가나 조직 등을) 통제하고 관리한다'는 의미를 가지죠. Do you still believe that prices are **governed** by the law of supply and demand? (가격이 수요와 공급 원칙에 따라 결정된다고 여전히 생각하니?)와 같이 '어떤 것의 결정을 좌우하는 영향력을 미친다'는 뜻으로 쓸 수도 있습니다. governance 조직을 운영하고 관리하기 위해 동원되는 거의 모든 과정 뜻하며, 국가뿐만 아니라 지역사회, 기업, 비영리 기관, 민간 단체와 같이 거의 모든 조직에서 쓸 수 있어요. Effective corporate **governance** is a prerequisite for business success. (효과적인 기업 거버넌스는 사업 성공의 필수 요소이다.) 라고 합니다.

1   This country used to be _____ by a military ruler.
    이 나라는 과거에 군사 통치자에 의해 통치되었다.

2 Do you still believe that prices are _____ by the law of supply and demand?

가격이 수요와 공급 원칙에 따라 결정된다고 여전히 생각하니?

3 Effective corporate _____ is a prerequisite for business success.

효과적인 기업 거버넌스는 사업 성공의 필수 요소이다.

**미리 만나보는 예상 수능**

〈2021학년도 31번〉

**Governance** of large groups typically relies on a governing body consisting of a specific group of people who are entrusted with the authority and responsibility to make important decisions.

큰 조직의 거버넌스는 보통 중요한 결정을 내릴 수 있는 권한과 책임을 부여받은 특정인들로 구성된 이사회에 의해 좌우된다.

단어 활용 지문 강의

---

## 12 **linear**

중등 레벨 ☐

**linear**

[ˈlɪniə(r)]

ⓐ 직선의

The company has experienced **linear** growth in sales.

이 회사의 제품 판매가 일직선으로 증가했다.

고등 레벨 ☐

linear는 '직선으로 된' 또는 '직선과 관련된'이라는 뜻의 형용사로, 명사 line에서 파생된 단어입니다. 예를 들어, It is hard to see one another in a **linear** arrangement. (직선 형태로 배열되어 있으면 서로를 보기 어렵다.)처럼 물리적인 배열이나 배치의 상황에서 자주 사용됩니다. 이런 물리적인 배치의 영역뿐 아니라, 변화의 과정이 동일한 비율로 일직선처럼 진행될 때도, We call it **linear** increase if it grows by a constant amount for each unit of time. (정해진 시간 단위마다 일관된 양이 증가하면 이것을 선형적 증가라고 한다.)이라고 하죠. 무엇보다 유의할 점은 linear라는 표현이 사회·정치·문화적 변화처럼 복합적인 현상을, 실제 변수를 충분히 고려하지 않은 채 단순한 직선적 흐름으로 이해하는 관점을 나타낼 때 부정적인 뉘앙스를 가질 수 있다는 점입니다. 예를 들어, Aging is not a **linear** process, characterized by a rapid change at specific age points. (노화는 순차적으로 진행되는 것이 아니라 특정 나이대에 급격한 변화를 겪는 것을 특징으로 한다.)라고 할 수 있어요.

1 It is hard to see one another in a _____ arrangement.
  직선 형태로 배열되어 있으면 서로를 보기 어렵다.

2 We call it _____ increase if it grows by a constant amount for each unit of time.
  정해진 시간 단위마다 일관된 양이 증가하면 이것을 선형적 증가라고 한다.

3 Aging is not a _____ process, characterized by a rapid change at specific age points.
  노화는 순차적으로 진행되는 것이 아니라 특정 나이대에 급격한 변화를 겪는 것을 특징으로 한다.

**미리 만나보는 예상 수능**
〈2025학년도 37번〉, 〈2025학년도 39번〉

**Linear** and lateral thinking represent different ways of registering and processing information. Linear thinking is a step-by-step approach, based on rationality, and is associated with the left hemisphere of the brain.

수직적 사고와 수평적 사고는 우리가 정보를 등록하고 처리하는 서로 다른 방식을 나타낸다. 수직적 사고는 합리성을 기반으로 하는 단계적 접근 방식이며, 뇌의 좌반구와 관련이 있다.

단어 활용 지문 강의

Ans  1 linear  2 linear  3 linear

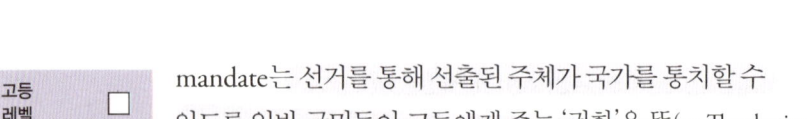

## 13 **mandate**

**mandate**    ⓝ **권한**

[ˈmændeɪt]

중등
레벨
☐

They are being blamed for acting without **mandate**.

그들은 권한 없이 행동했다고 비난받고 있다.

---

고등
레벨    ☐

mandate는 선거를 통해 선출된 주체가 국가를 통치할 수 있도록 일반 국민들이 그들에게 주는 '권한'을 뜻(ex. The election victory granted the opposition party an **mandate** to continue its judicial reform. 선거 승리로 인해 야당은 사법개혁을 계속할 수 있는 권한이 주어졌다.)합니다. 정당이나 정부만 아니라, 단체 혹은 개인에게 특정한 행위를 할 수 있도록 주어진 공식적인 '권한'도 mandate(ex. You will be in trouble if you implement the plan without a **mandate**. 권한도 없이 이 일을 실행하면 당신은 곤란한 상황에 처할 겁니다.)라고 하죠. The law **mandated** that the army enforce a curfew. (군은 이 법에 따라 통행제한 명령을 내렸다.)와 같이 동사로도 활용이 가능합니다.

1  The election victory granted the opposition party a
_____ to continue its judicial reform.

선거 승리로 인해 야당은 사법개혁을 계속할 수 있는 권한이 주어졌다.

2  You will be in trouble if you implement the plan without a

_____.

권한도 없이 이 일을 실행하면 당신은 곤란한 상황에 처할 겁니다.)

3  The law _____ that the army enforce a curfew.

군은 이 법에 따라 통행제한 명령을 내렸다.

---

**미리 만나보는 예상 수능**

〈2022학년도 33번〉, 〈2023학년도 23번〉

---

In representative democracies, **mandates** are conveyed through elections, whose results are then interpreted to represent the will of the voters and to determine their policy preference.

**Ans** 1 mandate   2 mandate   3 mandated

대의민주주의에서는 권한(위임)이 선거를 통해 부여되며, 그 선거 결과는 유권자의 의사를 대표하고 그들의 정책 선호를 결정하는 것으로 해석된다.

단어 활용 지문 강의

## 14 **mechanism**

**mechanism** ⓝ 메커니즘, 기계장치
[ˈmekənɪzəm]　This system operates through a unique **mechanism**.
이 시스템은 독특한 메커니즘으로 작동된다.

mechanism은 '장치'나 '도구'를 뜻하는 그리스어인 mekhane에서 유래한 단어입니다. 기계를 움직이게 하기 위한 일련의 장치들의 작동(ex. This vehicle has an automatic locking **mechanism**. 이 차에는 자동 잠금 장치가 있다.)을 기본 뜻으로 하죠. 같은 맥락에서 특정한 목적을 달성하기 위해 하나의 시스템으로써 계획적으로 움직이는 활동도 나타내, The price **mechanism** is part of a market system that determines the allocation of resources. (가격 메커니즘은 자원의 분배를 결정하는 시장 체계의 일부이다.)와 같이 mechanism을 활용할 수 있어요. 생물학에서는 생명체의 특정한 기능을 수행하기 위해 함께 작동하는 기관들의 움직임을 나타내, The body's balance **mechanism** is based on the visual system, muscles, joints, and balancing organs in the ear. (신체의 균형 메커니즘은 시각 체계, 근육, 관절, 그리고 귀에 있는 평형 기관에 기초한다.)라고 할 수 있죠.

1　This vehicle has an automatic locking ＿＿＿＿＿＿＿＿.
　이 차에는 자동 잠금 장치가 있다.

2　The price ＿＿＿＿＿＿＿＿ is part of a market system that determines the allocation of resources.
　가격 메커니즘은 자원의 분배를 결정하는 시장 체계의 일부이다.

3　The body's balance ＿＿＿＿＿＿＿＿ is based on the visual system, muscles, joints, and balancing organs in the ear.
　신체의 균형 메커니즘은 시각 체계, 근육, 관절, 그리고 귀에 있는 평형 기관에 기초한다.

Natural selection is a **mechanism** of evolution in which a species adapts or diverges over time in response to the changing environment and competition among organisms.

자연 선택은 생물이 변화하는 환경과 개체들 간의 경쟁에 대응하여 시간이 지나면서 적응하거나 분화하게 되는 진화의 메커니즘이다.

단어 활용 지문 강의

---

## 15 **mind**

중등
레벨
□

**mind**

[maɪnd]

❶ **마음, 정신**

When something weighs heavily on your **mind**, you may start to feel depressed.
어떤 일이 마음을 무겁게 짓누르면, 우울함을 느끼기 시작할 수 있습니다.

---

고등
레벨
□

mind는 인간이 생각하고 이해할 수 있게 하는 우리 몸의 일부, 즉 이성적 머리(ex. The first thing that came into my **mind** was the picture he had shown me the other day. 내 머릿속에 처음 떠오른 것은 그가 일전에 내게 보여준 그 사진이었다.)나, 감성적 혹은 정신적 마음(ex. Everybody in a disturbed state of **mind** can feel anxious and strained. 마음이 혼란한 상태에 있으면 누구나 불안하고 긴장될 수 있다.)을 뜻합니다. 수능에서는 몸과 마음, 혹은 외부 세상과 마음 관계를 다루는 지문에서 자주 볼 수 있죠. The problem of how we can know the nature of the external world beyond our **mind** is among the most difficult questions in philosophy. (우리가 어떻게 마음 너머의 외부 세계의 본질을 인식할 수 있는가라는 문제는 철학에서 가장 어려운 질문들 가운데 하나이다.)라고 합니다. 그리고 mind는 He does not seem to **mind** so much that I have quit my job. (내가 회사를 그만둔 것에 대해서 그는 크게 개의치 않는 듯하다.)에서와 같이 '~을 꺼리다, 신경 쓰다'란 뜻의 동사로도 쓰입니다.

1. The first thing that came into my _____ was the picture he had shown me the other day.

   내 머릿속에 처음 떠오른 것은 그가 일전에 내게 보여준 그 사진이었다.

2. Everybody in a disturbed state of _____ can feel anxious and strained.

   마음이 혼란한 상태에 있으면 누구나 불안하고 긴장될 수 있다.

3. The problem of how we can know the nature of the external world beyond our _____ is among the most difficult questions in philosophy.

   우리가 어떻게 마음 바깥의 외부 세계의 본질을 인식할 수 있는가라는 문제는 철학에서 가장 어려운 질문들 가운데 하나이다.

4. He does not seem to _____ so much that I have quit my job.

   내가 회사를 그만둔 것에 대해서 그는 크게 개의치 않는 듯하다.

**미리 만나보는 예상 수능**

〈2022학년도 37번〉, 〈2025학년도 29번〉, 〈2024학년도 33번〉

Idealists believe that, if something exists, our **minds** must perceive it. In the movie *Matrix*, Neo, a main character, nevertheless feels, hurts, and even dies, despite his body being connected to a machine in another place.

관념론자들은 만약 무언가 존재한다면 우리의 정신이 반드시 그것을 인식해야 한다고 믿는다. 그럼에도 불구하고 영화 〈매트릭스〉의 주인공 네오는 몸은 다른 곳의 기계와 연결되어 있지만, 느끼고, 다치고, 심지어 죽기까지 한다.

단어 활용 지문 강의

**Ans** 1 mind  2 mind  3 mind  4 mind

Words Think in Context

# ¹⁶ **phenomenon**

**phenomenon** ⓝ 현상

[fənɑ:mɪnən]

It is a global **phenomenon** that people cannot live without smartphones.
사람들이 스마트폰 없이 살 수 없는 것은 전 세계적인 현상이다.

고등
레벨

☐

phenomenon의 어원은 그리스어로 눈앞에 나타나는 것 즉, '현상'을 뜻합니다. 고대 그리스 철학에서 처음 등장한 이 용어는 영원분별한 본질과 관찰되는 가시적 현상을 이분법적으로 나누는 근대 철학에 영향을 받았죠. The **phenomenon** is often contrasted with the noumenon that exists independently of the human sense. (현상은 인간의 감각과는 별도로 존재하는 본질과 종종 대립된다.)와 같이 쓰입니다. 일반 영어에서는 감지되는 특이한 사건이나 사실이라는 뜻으로, Glacier retreat is a recent **phenomenon** that threatens the ecosystem. (빙하 후퇴는 생태계를 위협하는 최근 현상이다.)에서와 같이 자연 현상, Early retirement is a social **phenomenon** that affects the labor market. (조기 은퇴는 노동 시장에 영향을 주는 사회 현상이다.)에서와 같이 사회 현상을 모두 받을 수 있습니다.

1 The _____ is often contrasted with the noumenon that exists independently of the human sense.
현상은 인간의 감각과는 별도로 존재하는 본질과 종종 대립된다.

2 Glacier retreat is a recent _____ that threatens the ecosystem.
빙하 후퇴는 생태계를 위협하는 최근 현상이다.

3 Early retirement is a social _____ that affects the labor market.
조기 은퇴는 노동 시장에 영향을 주는 사회현상이다.

Environmental hazards result not just from natural **phenomena** such as earthquakes and drought, but also from human activities such as air pollution and chemical spills.

환경 위험(Environmental hazards)은 지진, 가뭄과 같은 자연 현상뿐 아니라, 공해, 화학약품 유출과 같은 인간 활동에서 기인한다.

단어 활용 지문 강의

---

# 17 **presence**

중등 레벨 ☐

**presence**    **ⓝ 참석, 출석**

['prezns]

We appreciate your **presence** at this event.
이번 행사에 참석해 주셔서 감사합니다.

고등 레벨 ☐

presence는 '특정한 장소에 있는'을 뜻하는 present의 명사형입니다. '출석'이라는 뜻으로 익숙할 텐데요, 사실 presence는 단순히 '그 자리에 있다'는 사실 자체를 의미합니다. 예를 들어, They were overwhelmed by the **presence** of so many people. (너무나 많은 사람들이 있어 그들은 어쩔 줄 몰랐다.)처럼 쓸 수 있죠. 전치사구 형태로는 in the presence of ~를 써서, Babies are able to feel comfortable only **in the presence of** their mother. (아기들은 엄마가 있을 때만 편안함을 느낄 수 있다.)와 같이 표현합니다. 이 단어는 단순히 '존재함'을 넘어서, 사람들에게 경외감이나 강한 인상을 주는 존재감을 나타낼 때도 쓰입니다. My boss is a man of great **presence**. (내 상사는 존재감이 엄청난 사람이다.)라는 문장이 그 예입니다. 흥미로운 점은, 존재하지 않는 대상을 실제로 존재하는 것처럼 느끼는 정신적 상태도 presence로 표현할 수 있다는 겁니다. He could feel his mother's **presence** although she died several years ago. (엄마가 몇 년 전에 돌아가셨지만 그는 어머니의 존재를 느낄 수 있었다.)처럼요. 이처럼 현실의 '존재감'을 넘어선 감각적 의미가 확장되면서, 오늘날에는 virtual presence(가상 현존), telepresence(원격현존) 같은 새로운 용어가 등장했습니다. 이제 presence는 단순한 '존재' 이상의 의미를 품고, 현실과 가상을 잇는 감각적인 단어로 자리 잡게 된 셈입니다.

1  They were overwhelmed by the _____ of so many people.
   너무나 많은 사람들이 있어 그들은 어쩔 줄 몰랐다.

2  Babies are able to feel comfortable only in the _____ of their mother.
   아기들은 엄마가 있을 때만 편안함을 느낄 수 있다.

3  My boss is a man of great _____.
   내 상사는 존재감이 엄청난 사람이다.

4  He could feel his mother's _____ although she died several years ago.
   엄마가 몇 년 전에 돌아가셨지만 그는 어머니의 존재를 느낄 수 있었다.

**미리 만나보는 예상 수능**
〈2022학년도 20번〉

A carefully crafted social media **presence** of businesses, which can successfully convey brands' values and priorities, is likely to contribute to generating positive associations among consumers.
브랜드의 가치와 우선순위를 성공적으로 전달할 수 있도록 정교하게 구축된 기업의 소셜미디어 존재감은 소비자들 사이에서 긍정적인 연상을 형성하는 데 기여할 가능성이 높다.

단어 활용 지문 강의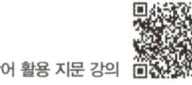

---

## 18 **quantitative**

중등 레벨 ☐

**quantitative**
[kwɑːntəteɪtɪv]

ⓐ 양적인

The error comes from a **quantitative** difference between these two figures.
오류는 이 두 수치의 양적인 차이에서 비롯된다.

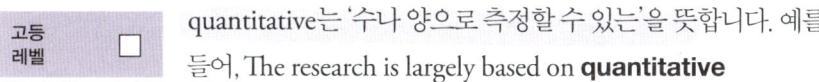

quantitative는 '수나 양으로 측정할 수 있는'을 뜻합니다. 예를 들어, The research is largely based on **quantitative information**. (이 연구는 양적인 정보에 주로 기반한다.)이라고 할 수 있죠. 이에 대응되는 개념인 qualitative는 '질적인 면에서의 특성이나 좋고 나쁨을 나타내는'이라는 뜻을 가집니다. Scientists have analyzed the **qualitative** differences in taste between natural food and processed food. (과학자들은 자연식품과 가공식품의 맛의 질적인 차이를 분석해 왔다.)라는 문장에서처럼요. 이 두 단어는 각각 quantity(양)와 quality(질)에서 파생된 단어입니다. 연구 방법론 분야에서는 아주 중요한 개념으로 사용되는데요, 한국어로는 양적 연구 방법론(quantitative research methodology)과 질적 연구 방법론(qualitative research methodology)이라고 번역됩니다. 양적 연구는 통계나 수치 등 객관적인 데이터로 주장을 검증하는 방식이고, 질적 연구는 인터뷰, 사례, 기술 등을 통해 경험과 의미를 탐구하는 방식입니다. 즉, 하나는 '얼마나'를 측정하려는 시도이고, 다른 하나는 '왜'를 이해하려는 접근이라 할 수 있죠.

1 The research is largely based on _____ information.
이 연구는 양적인 정보에 주로 기반한다.

2 Scientists have analyzed the _____ differences in taste between natural food and processed food.
과학자들은 자연식품과 가공식품의 맛의 질적인 차이를 분석해 왔다.

**미리 만나보는 예상 수능**
〈2023학년도 39번〉, 〈2021학년도 30번〉

**Quantitative** research is conducted with the methods of survey and statistical models, while qualitative research is based on interviews and observations.
양적 연구는 설문조사나 통계모델 방식으로 연구가 진행되는 반면, 질적 연구는 인터뷰와 관찰을 통한 방식으로 진행된다.

단어 활용 지문 강의

Ans 1 quantitative 2 qualitative

# ¹⁹ **rationalization**

## rationalization ⓝ 합리화

[ræʃnələ|zeɪʃn]

The accident is simply a result of her **rationalization** of her wrongdoing.
그 사고는 그녀가 자신의 잘못을 합리화한 결과일 뿐이다.

rationalization은 '어떤 행동이나 결정에 대한 근거를 밝히는 것'을 뜻합니다. 형용사 rational은 '명확한 생각과 이유에 근거한'이라는 의미로, It is important to have a **rational** way of looking at things. (사물을 이성적으로 보는 것은 매우 중요하다.)라고 합니다. 명사 rationale은 '어떤 행동이나 입장을 뒷받침해 주는 근거'를 뜻하며, What is the **rationale** of this hypothesis? (이 가설의 근거는 무엇인가요?)와 같은 문장에서 볼 수 있습니다. 이 단어군은 영어권 글쓰기의 핵심 특징인 실증적(empirical) 사고방식과 맞닿아 있습니다. 영어권의 글은 주관적 주장보다 논리적 근거를 중시하기 때문에, rationalization은 수능 지문에서도 특정 이론이나 주장에 대한 근거를 제시하는 문맥에서 자주 등장합니다. 또한 이 단어는 부정적인 뉘앙스로 쓰이기도 합니다. 예를 들어, Blaming external factors for failure is no more than self-serving **rationalization**. (실패의 원인을 외부 요인 탓으로 돌리는 것은 자기 합리화에 불과하다.) 처럼 자신의 행동이나 입장을 정당화하려는 의미로도 활용됩니다.

1 It is important to have a _____ way of looking at things.
사물을 이성적으로 보는 것은 매우 중요하다.

2 What is the _____ of this hypothesis?
이 가설의 근거는 무엇인가요?

3 Blaming external factors for failure is no more than self-serving _____.
실패의 원인을 외부 요인 탓으로 돌리는 것은 자기 합리화에 불과하다.

An overreliance on **rationalization** can become a defense mechanism, which is an unconscious strategy people utilize to protect themselves from threats and anxiety.

합리화에 지나치게 의지하다 보면 방어기제로 바뀔 수 있는데, 이는 위협이나 불안으로부터 자신을 보호하기 위해 사람들이 활용하는 무의식적인 전략이다.

단어 활용 지문 강의

---

## 20 refinement

중등
레벨 ☐

## refinement ❶ 개선, 개량

[rɪˈfaɪnmənt]

Another **refinement** is needed to protect your phone from hackers.

해커로부터 전화기를 보호하기 위해서 또 다른 개선작업이 필요하다.

고등
레벨 ☐

refinement은 어떤 물질을 더 깨끗하고 완전한 상태로 만드는 과정을 의미합니다. 예를 들어 Crude oil is **refined** here into petroleum products. (원유가 여기서 석유로 정제된다.)라고 할 수 있죠. 이처럼 refinement는 '정제'라는 물리적 의미를 넘어, 무언가를 더 세련되고 완벽한 수준으로 다듬는 활동을 가리킬 때도 자주 사용됩니다. 문학 영역에서는 The rise of this trend brought a newer **refinement** into literature. (이 사조의 성장으로 문학에 새로운 세련된 흐름이 나타났다.)라고 할 수 있으며, 사람의 '품위'나 '세련됨'을 표현할 때도 He is a man of education and **refinement**. (그는 교양이 높고 품격 있는 사람이다.)와 같이 쓸 수 있습니다. 또한 어떤 결과나 체계를 점차 완벽에 가까운 수준으로 개선해 가는 과정에서도 쓰입니다. 예를 들어 The accuracy of the research results has been improved with a number of **refinements**. (여러 차례의 수정 끝에 연구 결과의 정확도가 향상되었다.)라는 문장에서처럼, refinement은 '수정과 개선을 거듭해 정밀함을 높이는 과정'이라는 의미를 담고 있습니다.

1 Crude oil is _____ here into petroleum products.

원유가 여기서 석유로 정제된다.

2 The rise of this trend brought a newer _____ into literature.

이 사조의 성장으로 문학에 새로운 세련된 흐름이 나타났다.

3 He is a man of education and _____.

그는 교양이 높고 품격 있는 사람이다.

4 The accuracy of the research results has been improved with a number of _____.

여러 차례의 수정 끝에 연구 결과의 정확도가 향상되었다.

**미리 만나보는 예상 수능**

〈2022학년도 34번〉, 〈2024학년도 36번〉, 〈2021학년도 33번〉

Software design **refinement** is aimed to improve the preliminary layout, which is made possible by using a set of refinement patterns and complementary verification techniques.

소프트웨어 설계 정교화는 초기 설계 구조를 개선하는 것을 목표로 하며, 이는 일련의 정교화 패턴과 보완적인 검증 기법을 사용함으로써 가능해진다.

단어 활용 지문 강의

---

## 21 **representation**

중등 레벨 ☐

**representation** ⓝ 표현, 대신함

[ˌreprɪzenˈteɪʃn]

We were impressed by the **representation** of light in this picture.

이 사진 속 빛의 표현에 우리는 깊은 인상을 받았다.

고등 레벨 ☐

representation은 정치 분야에서 '선거로 선출된 대표자가 유권자를 대신하여 행사하는 정치적 활동'을 의미합니다. 예를 들어 This social group has demanded greater **representation** in parliament.

(이 사회단체는 의회에서 자신들의 대표성이 확대되기를 요구하고 있다.)라고 할 수 있죠.
비슷한 맥락에서, representation은 법적인 '대리 행위'의 의미로도 쓰입니다.
Everyone has a right to legal **representation**. (모든 사람은 변호사를 선임할 권리를
가지고 있다.)이라는 문장이 그 예입니다. 하지만 수능에서는 representation은 '어떤
대상이나 주제를 표현하고 묘사하는 방식' 혹은 '그 행위 자체'를 뜻하는 경우가
많죠. 예를 들어 His **representation** of flowers in this painting is so striking
that no one would think of them as flowers. (이 그림 속에서 그가 묘사한 꽃의 표현이
너무나 독특해서, 누구도 그것을 실제 꽃이라고 생각하지 못할 것이다.)와 같이 쓰입니다.

1  This social group has demanded greater _____ in
   parliament.
   이 사회단체는 의회에서 자신들의 대표성이 확대되기를 요구하고 있다.

2  Everyone has a right to legal _____.
   모든 사람은 변호사를 선임할 권리를 가지고 있다.

3  His _____ of flowers in this painting is so striking
   that no one would think of them as flowers.
   이 그림 속에서 그가 묘사한 꽃의 표현이 너무나 독특해서, 누구도 그것을 실제 꽃이라고
   생각하지 못할 것이다.

**미리 만나보는 예상 수능**
〈2024학년도 20번〉, 〈2023학년도 38번〉, 〈2022학년도 34번〉

The self-portrait is typically produced as a means of self-
**representation** that demonstrates the artist's inner world,
convictions, and the contexts in which the artist is situated.
자화상은 일반적으로 작가의 내면 세계와 신념, 그리고 그가 놓여 있는 여러 맥락을 보여주는 자
기 표현의 수단으로 제작된다.

단어 활용 지문 강의

**Ans** 1 representation   2 representation   3 representation

From Vocabulary to Concepts

## segregation ⓝ 분리, 구분

[ˌsegrɪˈgeɪʃn]

중등 레벨 ☐

There used to be **segregation** between races.
과거에는 인종간 분리가 존재했다.

고등 레벨 ☐

segregation은 '서로를 나누어 떨어지게 하는 것', 즉 공간적인 분리의 의미가 강한 단어입니다. segregation의 가장 극단적인 형태가 남아프리카공화국에서 인종에 따라 모든 생활권을 강제적으로 분리했던 제도인 아파르트헤이트(apartheid)를 들 수 있죠. 일반적으로 현대 영어에서 segregation은 특정 대상을 공간적으로 또는 기능적으로 분리한다는 의미로 활용됩니다. 예를 들어 **Segregation** of duties can prevent a single individual from being solely responsible. (업무를 명확히 분리하면 한 사람이 모든 책임을 떠맡는 일을 방지할 수 있다.)과 같이 활용할 수 있죠. 한편, 유의어 partition은 '벽이나 경계로 구분'하는 의미가 더 강하게 느껴집니다. 예를 들어 City planning is seeking integration of natural elements into the urban environment rather than the **partition** of these two territories. (도시계획은 자연과 도시를 분리하는 것이 아니라, 자연적 요소를 도시 환경에 통합하려는 방향을 지향한다.)라고 쓸 수 있습니다.

1 _____ of duties can prevent a single individual from being solely responsible.
업무를 명확히 분리하면 한 사람이 모든 책임을 떠맡는 일을 방지할 수 있다.

2 City planning is seeking integration of natural elements into the urban environment rather than the _____ of these two territories.
도시계획은 자연과 도시를 분리하는 것이 아니라, 자연적 요소를 도시 환경에 통합하려는 방향을 지향한다.

**미리 만나보는 예상 수능**

〈2023학년도 34번〉, 〈2023학년도 38번〉

With waste **segregation**, each form of waste goes into its category,

Ans 1 Segregation 2 partition

making it easier to separate recyclable materials, organic waste, and hazardous substances.

쓰레기 분리를 통해 각각의 쓰레기들은 해당 분류 장소로 가게 되고, 이로 인해 재활용 쓰레기, 음식물 쓰레기, 유해 쓰레기들의 분리가 더 용이해진다.

단어 활용 지문 강의

---

## 23 **statement**

**statement** ❶ 성명, 진술

[ˈsteɪtmənt]

Jack was surprised by the school's **statement** that a new library would be built.
잭은 새로운 도서관이 지어진다는 학교의 발표에 깜짝 놀랐다.

---

고등 레벨 ☐

statement은 어떤 생각이나 계획을 공식적이고 객관적인 방식으로 진술한 문장을 의미합니다. 예를 들어 Civic groups issued a **statement** and made a public declaration for the prevention of child abuse. (시민단체들은 성명을 내고 아동 학대 방지를 위한 공개 선언을 했다.)처럼 사용할 수 있습니다. 이 단어는 개인적인 의견을 표현하는 comment(ex. His **comment** was dismissed as not worth mentioning. 그의 의견은 언급할 가치가 없다며 무시당했다.)나, 사실을 설명하거나 보고하는 account(ex. His **account** of the accident was very clear because it focused on what he observed, not what he felt. 사고에 대한 그의 설명은 느낀 것이 아닌 본 것에 초점을 맞추었기 때문에 매우 명확했다.)와는 구별됩니다. 즉, statement는 보다 공식적이고 선언적인 성격을 지닙니다. 이런 이유로 기업이나 개인의 금융 활동을 정리한 공식 문서를 financial statement라고 하며, 단체나 기관이 언론에 발표하는 성명서는 press statement, 사건에 대한 목격자의 진술서는 witness statement라 부릅니다. 또한 기업이나 조직에서 개선 방향을 제시하기 위해 기존의 문제를 공식적으로 정리한 문서를 problem statement라고 합니다.

1 Civic groups issued a ＿＿＿＿＿＿＿＿ and made a public declaration for the prevention of child abuse.
시민단체들은 성명을 내고 아동 학대 방지를 위한 공개 선언을 했다.

2 His _____ was dismissed as not worth mentioning.

그의 의견은 언급할 가치가 없다며 무시당했다.

3 His _____ of the accident was very clear because it focused on what he observed, not what he felt.

사고에 대한 그의 설명은 느낀 것이 아닌 본 것에 초점을 맞추었기 때문에 매우 명확했다.

**미리 만나보는 예상 수능**

⟨2022학년도 23번⟩, ⟨2025학년도 21번⟩

Distinguished from other animals, we humans have one specialty that makes us better—a capacity to reason through every **statement** by analyzing its rationale and questioning its validity.

다른 동물들과 구별되는 점으로, 우리 인간에게는 우리를 더 뛰어나게 만드는 한 가지 특별한 능력이 있는데, 그것은 모든 진술을 그 근거를 분석하고 타당성을 의문시함으로써 이성적으로 검토하는 능력이다.

단어 활용 지문 강의

---

## 24 **subjectivity**

중등
레벨

□

**subjectivity**

[sʌbdʒektívəti]

ⓝ 주관성, 주체성

Scientists tend to avoid employing **subjectivity**.
과학자들은 주관성의 활용을 피하는 경향이 있다.

---

고등
레벨

□

subjective는 '주관적'이라는 뜻의 형용사입니다. 같은 날씨를 두고 어떤 사람은 덥다고 하고 어떤 사람은 따뜻하다고 생각할 수 있죠. An Individual's **subjective** interpretation of their personal experience affects the life choices they are going to make. (개인적 경험에 대한 주관적인 해석은 이들이 앞으로 할 인생의 선택에 영향을 미친다.)와 같이 개인의 경험, 감정, 인식, 관점에 따라 달라지는 것을 subjective라고 합니다. 그리고 그렇게 생각하는 주체를 subject, 그 대상을 object라고 하죠. A **subject** is a being that experiences objects. (주체는 대상을 경험하는 존재이다.)라고 할 수 있습니다. subjectivity는 철학에서 생겨난 용어로,

그 이전에도 언급된 적은 있지만, 주로 근대의 철학자 칸트(Kant)와 데카르트 (Descartes), 헤겔 (Hegel)을 중심으로 본격적으로 논의되기 시작했습니다. 중심 주제는 세계와 주체의 관계를 어떻게 볼 것인가 하는 문제였으며, 대부분 주체(subject)를 세계 이해의 출발점으로 보았죠. 하지만 이후 푸코(Foucault)와 같은 철학자들은 본질적인 주체성은 존재하지 않고, 오로지 사회적으로 문화적으로 구성되는 것이라는 반론을 제기하기도 했습니다.

1 An Individual's _____ interpretation of their personal experience affects the life choices they are going to make.

개인적 경험에 대한 주관적인 해석은 이들이 앞으로 할 인생의 선택에 영향을 미친다.

2 A _____ is a being that experiences objects.

주체는 대상을 경험하는 존재이다.

**미리 만나보는 예상 수능**

〈2023학년도 21번〉, 〈2024학년도 31번〉, 〈2022학년도 37번〉

**Subjectivity** is part of socialization because the individual endlessly engages in innumerable interactions within society, and is never isolated in a self-contained environment.

개인들은 사회속에서 무수한 관계를 끝도 없이 맺고, 자급자족하는 환경에서 고립되어 결코 살 수 없기 때문에 주체성 형성은 사회화의 일부이다.

단어 활용 지문 강의

Ans  1 subjective  2 subject

See the Word in the Sentence

# 25 **verbal**

**verbal**

[ˈvɜːrbl]

**ⓐ** 말로 하는

Children often find it difficult to give a **verbal** description.

아이들은 종종 말을 통해 묘사하는 것을 어려워한다.

verbal은 '말과 관련된'이라는 뜻을 가진 형용사입니다. 예를 들어 This job requires good **verbal** skills and a strong sense of agency. (이 일에는 뛰어난 언어적 능력과 강한 자기주도성이 필요하다.)라고 할 수 있죠. 또한 '글로 쓰여진 것이 아니라 말로 한'이라는 의미로도 자주 사용됩니다. I believe that our **verbal** agreement is still valid. (우리가 구두로 한 합의는 여전히 유효하다고 믿는다.)처럼 쓸 수 있습니다. 뿐만 아니라, '동사와 관련된'이라는 문법적 의미로도 쓰입니다. A **verbal** noun refers to a noun derived from a verb. (동사형 명사는 동사에서 파생된 명사를 뜻한다.)라고 할 수 있죠. 이와 함께 verbal의 반대 개념인 nonverbal도 함께 기억해 두면 좋습니다. 의사소통 분야에서 verbal은 '입으로 직접 표현한 언어적 정보'를, nonverbal은 '말이 아닌 눈빛, 표정, 제스처, 말투 등 비언어적 수단'을 통해 전달되는 소통을 의미합니다.

1 This job requires good _____ skills and a strong sense of agency.

이 일에는 뛰어난 언어적 능력과 강한 자기주도성이 필요하다.

2 I believe that our _____ agreement is still valid.

우리가 구두로 한 합의는 여전히 유효하다고 믿는다.

3 A _____ noun refers to a noun derived from a verb.

동사형 명사는 동사에서 파생된 명사를 뜻한다.

Not only **verbal** but also non-verbal communications—such as facial expressions, body postures, and other subtle behavioral cues—can implicitly reinforce biased thoughts by shaping how people engage in social interactions.

언어적 소통뿐 아니라, 표정, 몸짓, 그리고 미세한 행동 신호와 같은 비언어적 소통도 사람들이 사회적 상호작용에 참여하는 방식을 형성함으로써 편향된 생각을 은밀하게 강화할 수 있다.

단어 활용 지문 강의

Where **Meaning** Meets **Context**

# 부록:
## 수능 독해를 헷갈리게 하는 표현과 구조

## 1　A host of

(2023학년도 29번 출제)

host가 손님을 초대한 주인이나 행사의 주최측을 뜻한다는 일반적인 이해와 달리, a host of는 '많은', '다수의' 뜻으로, a large number of로 바꿔 쓸 수 있습니다.

ex.　We have a host of reasons why we have opposed your idea.
우리가 너의 생각을 반대하는 데는 많은 이유가 있다.

ex.　A host of celebrities have expressed their appreciation toward the audience.
많은 유명인사들이 청중들에게 감사를 표시했다.

ex.　It is practically impossible to tackle a whole host of issues at once.
한번에 이 많은 문제들을 처리하는 것은 실질적으로 불가능하다.

## 2　Any number of

(2024학년도 33번 출제)

a number of는 '많은'을 뜻합니다. a large number of와 같이 large를 더해 많은 양을 더 부각시키기도 하죠. 그런데 여기에 any가 붙으면 '얼마든지 많은'이라는 약간 결이 다른 뜻이 됩니다.

ex.　We are ready to negotiate with any number of competitors.
우리는 어떤 경쟁자라도 얼마든지 협상할 준비가 되어 있다.

ex.　They could import any number of items as long as they bring in money.
돈을 벌어 오기만 한다면 그들은 얼마든지 많은 제품을 수입할 수 있다.

ex.　His bitterness can well up in any number of ways.
그의 참담한 마음은 얼마든지 많은 방식으로 표출될 수 있다.

## 3　Apart from

(2025학년도 35번 출제)

apart는 공간적으로 혹은 시간적으로 '떨어져 있는'의 뜻을 가진 단어입니다. 여기에 from이 덧붙여지면 '~을 제외하면'이라는 의미를 가지게 되죠. 직역을 하면 '~와 거리를 둔다면' 정도로 이해할 수 있습니다.

ex.　Apart from the rent, this house is a good place for the three of us to live.
집세 부분만 제외하면 이 집은 우리 세 명이 살기에는 좋은 곳이다.

ex.　There was no one unmarried, apart from you and me.
너와 나를 제외하면 그곳에 결혼을 하지 않은 사람이 아무도 없었어.

ex.　Apart from its durability, the furniture has many other advantages.
내구성 말고도 이 가구는 많은 다른 장점을 가지고 있다.

## 4    As much as

(2021학년도 20번 출제)

as much as는 문맥에 따라 세가지 방식으로 활용되기 때문에 유의해서 해석해야 하는 중요한 표현입니다. 첫째 '∼하는 만큼 ∼하다', 둘째는 '아무리 ∼해도', 셋째는 '∼ 만큼이나'의 의미를 나타냅니다.

ex.    She admires her mother as much as she despises her father.
이 단체는 아빠를 경멸하는 것만큼 엄마를 존경한다.

ex.    As much as I admit my mistake, I still have to question his intention.
아무리 내 실수를 인정한다고 해도 나는 그의 의도가 여전히 궁금하다.

ex.    The organization has raised as much as 2 million dollars for charity.
이 단체는 자선 기금을 이백만 달러나 모았다.

## 5    As opposed to

(2023학년도 23번 출제)

apposed는 '∼을 반대한다'는 뜻의 동사 oppose의 형용사 형으로 '∼을 반대하는,' '∼와 달리'라는 뜻을 가집니다. As opposed to라는 전치사구를 만들어 '∼이 아니라, ∼와 달리'라는 뜻을 가지게 되었죠.

ex.    Applying online is processed right away, as opposed to applying in-person.
온라인 지원은 대면 지원과는 달리 그 자리에서 바로 처리된다.

ex.    Traveling by train, as opposed to by car, is guaranteed to arrive on time.
기차로 이동하면 차로 이동하는 것과 달리 제시간 도착이 보장된다.

ex.    They said that they preferred to start on Monday, as opposed to Friday.
그들은 금요일이 아니라 월요일에 시작하는 것을 선호한다고 말했다.

## 6    At best

(2025학년도 20번 출제)

at best는 '아무리 좋게 봐도', '기껏해야'라는 뜻을 가집니다. 즉 '최상에(best) 둔다고 해도(at)'로 직역할 수 있죠. at most도 유사한 의미를 가지지만 양적인 개념(ex. It takes about 30 minutes, or an hour at most. 30분 혹은 최고 1시간 정도 걸린다.)으로 봐야 합니다.

ex.    It looked like a solitary tree growing in the wilderness, at best.
이것은 기껏해야 야생에서 혼자 자라는 외로운 나무 한 그루같이 보였다.

ex.    She can be called at best androgynous and at worst ugly.
그녀는 좋게 보면 중성적, 나쁘게 보면 못생겼다고 할 수 있다.

ex.    At best, you can get nutrients that barely get you out of malnutrition.
기껏해야 영양실조에서 간신히 벗어날 수 있을 정도의 영양분만 섭취할 수 있다.

### 7   At once

(2024학년도 40번 출제)

at once는 '한번에'라는 뜻을 가진 once를 포함하고 있어, 여러 가지 일을 '동시에', '한꺼번에' 라는 뜻의 부사로 활용되죠. 이와 더불어, '즉시', '지체 없이'라는 뜻도 있으니 문맥에 유의해서 해석을 해야 합니다.

ex.   The audience at once made their way to the aisles.
청중들은 동시에 통로 쪽으로 나왔다.

ex.   She uncrossed her legs and stood up at once.
그녀는 꼬고 있던 다리를 풀고 지체 없이 일어났다.

ex.   Everything happened at once—he was afraid, excited, and oppressed.
모든 일이 한꺼번에 일어났다. 그는 두려웠고, 흥분했으며, 압도당했다.

### 8   At one's expense

(2025학년도 36번 출제)

expense는 돈, 시간, 노고 등을 쓴다는 의미를 가집니다. at one's expense는 누군가의 이런 행위, 즉 '비용을 부담하거나' 혹은 '어려움이나 희생을 들여'라는 뜻을 가지게 되었죠. at the expense of ~의 형태로도 활용이 가능합니다.

ex.   The arts center was built largely at K group's expense.
이 아트센터는 K그룹이 대부분의 비용을 부담해서 지어졌다.

ex.   He doesn't mind others having a laugh at his expense.
그는 다른 사람들이 자신을 웃음거리로 대하는 것에 대해 신경 쓰지 않는다.

ex.   Technology has improved at the expense of the environment.
자연 환경을 희생시켜 기술이 발전해 왔다.

### 9   At stake

(2024학년도 33번 출제)

stake는 '사업에 투자한 지분'과 '내기에 건 돈'을 뜻합니다. at stake는 '성패 여부에 따라 얻거나 잃을 수 있는'의 의미를 가진 전치사구로, 두 번째 뜻에서 기인한다고 볼 수 있죠. 문맥에 따라 '잃을 위험에 처한'이라는 부정적 뉘앙스가 강조되는 경우도 있습니다.

ex.   I kicked up a fuss because there was more at stake than money.
돈보다 더 한 것이 걸려 있었기 때문에 내가 난리를 쳤다.

ex.   Hundreds of lives will be at stake if the wildfires are not quickly contained.
산불이 빨리 진압되지 않으면 수백 명의 사람이 목숨을 잃을 위험에 처하게 될 것이다.

ex.   Hearings will take more than a week because wider issues are at stake.
많은 문제가 걸려 있기 때문에 청문회는 일주일 이상 진행될 것이다.

## 10  Be up to

(2021학년도 43~45번 출제)

up to 다음에 사람이 오면, '어떤 일이 그 사람의 책임이나 결정인'이라는 뜻이고, up to 다음에 사물이 오면 '어떤 일을 하고 있는'의 뜻을 가지죠. 부사로 '최고 ~까지'의 뜻으로도 활용됩니다.

ex.  It is up to a company owner to hire more employees.
직원을 더 고용할 것인지는 기업주의 결정에 달려 있다.

ex.  He was sneaking into the room to check what his mom was up to.
그는 엄마가 무엇을 하는지 알기 위해 몰래 방으로 들어가고 있었다.

ex.  Up to five people can get into this car.
최고 5명까지 이 차에 들어갈 수 있다.

## 11  By the time

(2021학년도 32번 출제)

by the time '~즈음에', '~할 무렵에'를 뜻하는 접속사입니다. 그래서 뒤에 '주어 + 동사'의 구조가 오죠. when은 구체적인 때를 가리키지만 by the time은 '그 비슷한 시기/무렵이 되면'을 뜻하기 때문에 완료시제와 함께 등장하는 경우가 잦습니다.

ex.  By the time you have learned this, a new way will have replaced it
이것을 다 배웠다 싶으면 새로운 방식이 그것을 대체한다.

ex.  You will have borne five children by the time your next baby arrives.
다음 아기가 태어날 때쯤 되면 당신은 총 다섯 명의 아이를 출산하게 된다.

ex.  By the time my gaze was arrested by the sight, she addressed me.
그 장면에 내 시선이 뺏겼을 때쯤, 그녀가 나를 불렀다.

## 12  Come across

(2024학년도 33번 출제)

come across는 '~을 우연하게 발견하다'란 뜻을 가집니다. 만약 목적어 없이 자동사로 쓰인 경우에는 '쉽게 알아볼 만큼 명확하게 표현된다'는 뜻으로 활용되기도 하죠.

ex.  She has come across something, seemingly unaware of what exactly it is.
그녀는 우연히 무언가를 발견했는데, 정확히 그것이 무엇인지 모르는 듯하다.

ex.  They came across a dog groaning with pain.
그들은 고통으로 신음하는 강아지를 우연히 발견했다.

ex.  What comes across in her songs is a mood of gloominess.
그녀의 노래에서 확연히 나타나는 것은 우울한 분위기이다.

## 13 End up

(2023학년도 20번 출제)

end up은 여러 과정을 겪은 후 '결국에는 ~게 되다'란 뜻으로 뒤에 동명사가 오기도 하고, 전치사가 오기도 합니다. 결국 어떤 장소나 상황에 놓이게 되면 end up in, 누군가 혹은 무언가와 결국 ~게 되면 end up with로 표현하는 경향이 있죠.

**ex.** After years of struggle, they ended up getting divorced last month.
몇 년간 힘들어하더니, 결국 지난달에 그들은 이혼했다.

**ex.** The company ended up with debts that it could not pay.
회사는 결국 갚을 수 없는 빚을 지게 되었다.

**ex.** She was diagnosed with dementia and ended up in a nursing home.
그녀는 치매를 진단받았고 결국 요양원에 입원했다.

## 14 For one's own sake

(2023학년도 40번 출제)

sake는 '~을 위함'을 뜻하지만 독립적으로 쓰이지는 않습니다. for one's sake는 '~의 혜택이나 이익을 가져올 목적으로'라는 뜻으로, 여기에 강조의 기능을 하는 own이 들어가면 '그 자체만을 위하여'라는 의미로 활용이 되죠. for the sake of something/someone의 구조도 가능합니다.

**ex.** I enjoy writing books for their own sake, not just to make money.
나는 돈을 벌기 위한 것이 아니라 책을 쓰는 일 그 자체를 좋아한다.

**ex.** Scientific inventions were initially made for the sake of general prosperity.
과학 발명품들은 처음에는 인류 번영을 목적으로 만들어졌다.

**ex.** We want the extra floor space for our children's sake.
오로지 우리 아이들을 위해서 우리는 평수가 더 넓은 곳을 원한다.

## 15 Give/Have a second thought

(2021학년도 34번 출제)

a second thought는 '다시 한번 생각해 보기'를 뜻합니다. 결정을 하기에 앞서 신중하게 다시 생각한다는 긍정적인 뉘앙스와 쓸데없이 깊이 생각한다는 부정적인 뉘앙스를 모두 가지고 있는 표현입니다.

**ex.** I have been having second thoughts about moving into a new place.
새로운 곳으로 이사를 갈지 다시 고민 중이다.

**ex.** Few people give a second thought to eating spring fruits in the winter.
겨울에 봄 과일을 먹는 것에 대해서 이상하게 여기는 사람은 거의 없다.

**ex.** Don't give the spilled water a second thought.
엎질러진 물인데 자꾸 생각하지 마라.

## 16 Given that

(2024학년도 38번 출제)

given은 전치사로 '~을 감안해', '~을 고려해 볼 때'를 뜻합니다. 뒤에 the fact that이 동반하면 접속사로 바꿔 절이 따라올 수도 있죠. 하지만 이 경우 the fact가 생략되어 given that이 됩니다. 형용사로 '주어진', '정해진'의 뜻으로 독립적으로 사용되기도 합니다.

ex. **Given** the prolonged drought, we might as well give up growing crops.
가뭄이 장기화되는 것을 고려할 때 농작물 재배를 포기하는 것이 나을 수 있다.

ex. The alarm goes off at any **given** time.
정해진 시간에 언제든지 알람은 울린다.

ex. **Given that** his idea hadn't sat well with his family, he had to come around.
그의 생각이 가족들에게 받아 들여지지 않는 상황을 감안해 그는 생각을 바꿔야만 했다.


## 17 Go into effect

(2023학년도 39번 출제)

effect는 효력을 뜻하죠. 효력이 있는 쪽으로 가는 것이니, '효력이 발생하다'란 뜻을 가집니다. come into effect도 효력이 있는 쪽으로 오는 것으로, 거의 같은 의미로 쓰입니다. 효력이 진행중이라면 in effect를 쓰면 됩니다.

ex. It occurred to him that the proposal might not **go into effect** otherwise.
그렇게 하지 않으면 제안서가 효력을 발생하지 못할 수 있다는 생각이 그는 들었다.

ex. The ban on smoking in public places **came into effect** in the year 2000.
공공장소에서의 흡연 금지는 2000년도에 시행되었다.

ex. This principle remains **in effect** until it is declared invalid.
이 원칙은 무효라고 선언되기 전까지는 효력이 지속된다.


## 18 In one's favor

(2023학년도 37번 출제)

favor은 어떤 것 혹은 누구가를 향한 지지나 지원을 뜻합니다. 그래서 in one's favor는 '누군가에게 유리하게' 혹은 '누군가를 지지하며'라는 뜻을 가지죠. in favor of와 같이 전치사구를 만들어 연결하는 구조도 있습니다.

ex. He judged it wise to act **in his favor**.
그는 자신에게 유리하게 행동하는 것이 현명하다고 판단했다.

ex. Most of the candidates are **in favor of** the five-day workweek.
후보자들 중 대부분이 주5일 근무를 지지한다.

ex. If the weather is **in our favor**, we could reach the top in two days.
날씨만 도와준다면, 이틀 안에 정상에 도착할 수 있을 것이다.

## 19 In tension with

(2025학년도 24번 출제)

tension은 정신적인 혹은 감정적인 긴장이나 불안을 뜻하는 단어입니다. in tension은 그러한 상태에 놓인 것을 의미하죠. 여기에 with를 붙이면 긴장 관계에 있는 대상을 나타낼 수 있습니다.

ex. These new objectives can be in tension with one another.
이 새로운 목표치들은 서로 간에 충돌될 수 있다.

ex. Collectivism stands in tension with individualism.
집단주의는 개인주의와 긴장 관계에 있다.

ex. Barbara found herself in tension with her father on the view of this matter.
Babara는 아빠와 이 문제를 보는 관점에 있어 갈등이 있다는 것을 알았다.

## 20 In terms of

(2023학년도 36번 출제)

terms는 '용어', '기간', '학기'의 뜻을 가집니다. 복수형인 terms는 '조건', '기준'을 뜻하죠. in terms of는 이들 중 '기준'이나 '조건'에서 온 표현이라고 볼 수 있어요. 어떤 주제에 대해 특정한 조건이나 측면만을 꼬집어 언급할 때 사용됩니다. in terms만 독립적으로 수식어와 함께 사용할 수도 있습니다.

ex. In terms of weight, she could almost have been a ghost.
몸무게를 기준으로 본다면 그녀는 거의 유령이라고 할 정도였다.

ex. He is not much of a talker in terms of the sheer numbers of words.
단어의 수만 본다면, 그는 말이 많은 사람이 아니다

ex. In financial terms, this product can be called a critical failure.
수익적인 측면에서 봤을 때, 이 제품은 엄청난 실패라고 할 수 있다.

## 21 In ways that

(2021학년도 23번 출제)

way는 어떤 것이 발생하는 혹은 누군가가 생각하고 행동하는 '방식'을 뜻하죠. in ways that은 '~한 방식들로'를 의미하며 that절과 연결됩니다. 단수인 a way가 들어갈 수도 있고, such를 붙여 in such a way that와 같이 특정한 방식을 강조할 수도 있습니다.

ex. They are exploiting our resources, in ways that shock many of us.
이들은 우리들 중 다수를 경악하게 만드는 방식으로 우리 자원을 착취하고 있다.

ex. He snatched something in a way that no one could notice.
알아차리기 어려운 방식으로 그는 어떤 것을 급하게 잡아챘다.

ex. They depict flowers in such a way that their petals overlap thickly.
이들은 꽃잎이 여러 겹으로 두껍게 싸여져 있는 그런 방식으로 꽃을 묘사한다.

## 22   Just as A, so B

(2025학년도 35번 출제)

두 개의 절을 연결하는 표현으로 'A가 ∼한 것과 마찬가지로 B도 ∼하다'는 뜻을 가집니다. 뒤에 나오는 절은 경우에 따라 도치가 있을 수 있으니 해석에 특히 유의가 필요합니다.

ex.   Just as fish swim by using their fins, so swimmers kick their legs.
물고기가 지느러미를 이용해 이동하는 것과 마찬가지로 수영선수들은 발차기를 한다.

ex.   Just as Pompeii lay hidden for centuries, so the place has been left deserted.
폼페이가 수백년 동안 세상에 알려지지 않은 것과 마찬가지로 이곳도 버려져 있었다.

ex.   Just as you glared fiercely at your mother, so did your daughter.
네가 엄마를 쏘아보았듯이, 네 딸도 마찬가지로 그렇게 한 것이다.

## 23   Lead to

(2022학년도 21번 출제)

lead는 '이끌다'는 뜻으로 전치사 to를 붙이면, '(이끌어서) ∼을 가져오다'란 의미를 가집니다. 유의어인 result in은 '(원인의 결과로서)∼을 가져오다'는, bring about '(주변으로) ∼을 가져오다'란 각각의 다른 뉘앙스를 가지죠.

ex.   High competition leads to low prices.
경쟁이 심하면 가격은 낮아지게 된다.

ex.   The new tax will result in consumers spending less money.
이 새로운 세금으로 인해 소비자들의 씀씀이는 줄어들게 될 것이다.

ex.   They are mulling over how to bring about changes in the company.
그들은 회사에 어떻게 하면 변화를 가져올 수 있을지 고심 중이다.

## 24   Let go of

(2024학년도 21번 출제)

let go of는 '붙잡고 있는 것을 놓는다'는 뜻이 있습니다. 실체적으로 잡고 있는 것을 놓는다는 의미 외에도 상징적으로 놓아 버려야 할 혹은 더 이상은 영향을 받지 말아야 할 어떤 상황이나 상태 등도 나타낼 수 있죠. let go만을 독립적으로 활용하기도 합니다.

ex.   It is good for you to let go of such an idea.
그런 생각은 떨쳐버리는 것이 너에게 좋을 것이다.

ex.   Don't let go of my hand no matter what they say.
그들이 뭐라고 말해도 절대 내 손을 놓지 말아라.

ex.   Turning her upper body towards me, she said, "Let go and move on."
그녀는 상체를 내 쪽으로 돌려 "떨치고 나아가자"고 말했다.

## 25    Mistake A for B

(2021학년도 41번 출제)

mistake는 동사로 '~을 잘못 혹은 틀리게 받아들이다'란 뜻을 가집니다. 전치사 for가 뒤에 있으면 '~을 ~로 잘못 받아들이다'란 뜻이 되고, 형용사 형인 mistaken은 활용하면 '잘못 알고 있는' 혹은 '잘못된 생각에 기반한'이라는 뜻이 됩니다.

ex.   He mistook her high-pitched voice for a shriek.
그는 그녀의 카랑카랑한 목소리를 비명이라고 오해했다.

ex.   We have found ourselves mistaken about you.
우리가 당신에 대해 잘못 생각하고 있었다는 것을 알게 되었다.

ex.   They mistook him for someone who was pretending to be indifferent.
그들은 그가 무관심한 척하는 사람이라고 착각했다.

## 26    Much less

(2022학년도 24번 출제)

much less는 '당연히/하물며 ~도 아니다'란 뜻으로 부정을 강조하며 앞에 부정문이 오죠. much more은 반대로 '당연히/하물며 ~은 말할 필요도 없다'와 같이 긍정문을 강조하는 기능을 하는데, 뒤에 so와 함께할 수 있죠. 두 표현 모두 much 대신 still로 바꿔 쓸 수 있습니다.

ex.   We would barely stand the stink of rotting eggs, much less rotting meat.
우리는 계란 썩는 냄새를 참아낼 수 없고, 하물며 고기 썩는 냄새는 말할 것도 없다.

ex.   There is no need to worry, much less to be frightened.
걱정할 필요는 없으며, 무서워할 필요도 당연히 없다.

ex.   This task is complicated, much more so for parents of preschoolers.
이 일은 복잡한데, 미취학 아동 부모에게는 더욱 그러하다.

## 27    No less

(2025학년도 35번 출제)

no less는 단어 그대로 해석하면 '적지 않은', 혹은 '~만 못하지 않은'을 뜻하죠. less가 비교급이기 때문에 앞에서 언급된 것과 비교해 '그만큼 중요한', '그에 못지 않은'의 의미로 활용됩니다. 뒤에 than이 오는 경우도 있습니다.

ex.   It was no less important that we take it upon ourselves to greet each visitor.
우리가 나서서 각각의 방문객들을 맞이했다는 사실도 그만큼 중요했다.

ex.   Eating healthy food and working out regularly are no less effective than you might understand.
건강한 음식을 먹고 규칙적으로 운동하는 것은 당신이 생각하는 것만큼이나 효과적이다.

ex.   He was afraid that his married life would turn into a trial, no less than his wife.
그는 그의 아내 못지 않게 자신의 결혼 생활이 시험대에 오를까 두려웠다.

## 28 No more A than B

(2022학년도 21번 출제)

no more than은 단어 그대로 해석하면 '그 이상이 아니다'로, '~에 지나지 않는다', 혹은 '~에 불가하다'는 뜻으로 활용되죠. no more과 than이 분리되어 사이에 내용이 들어가면 'B가 아닌 것처럼, A도 아니다'라는 비교적 복잡한 구조를 만들어 낼 수도 있습니다.

ex. A tomato is no more a fruit than an onion is.
양파가 과일이 아닌 것처럼 토마토도 과일이 아니다.

ex. This animal is no more able to bear humidity than a frog is to bear dryness.
개구리가 건조함을 견디지 못하듯이 이 동물도 습도를 견딜 수 없다.

ex. Their independence is no more than glorified violence.
그들의 독립은 미화된 폭력에 지나지 않는다.

## 29 Notwithstanding

(2025학년도 38번 출제)

notwithstanding은 전치사 혹은 부사로 활용되며 '앞에 언급된 것 혹은 어떤 사실에도 불구하고'란 뜻을 가집니다. 뒤에 the fact that 등을 첨가하면 접속사가 되어 절을 취할 수도 있죠.

ex. Notwithstanding an inexplicable compulsion, he didn't lose his composure.
설명할 수 없는 강력한 충동에도 불구하고 그는 침착함을 잃지 않았다.

ex. She stayed still notwithstanding the fact that something caught her eye.
새로운 것이 눈에 들어왔는데도 불구하고 그녀는 가만히 있었다.

ex. It must be stifling for him to be cooped up there all day, notwithstanding.
그럼에도 불구하고 하루 종일 거기에 들어 앉아 있으면 그도 갑갑할 것이 틀림없다.

## 30 On its face

(2021학년도 35번 출제)

face는 얼굴로 알려져 있지만, 사물의 겉표면이나 앞면을 뜻하기도 합니다. on its face는 겉표면에 있는 것이니, '겉으로 보기에는', 혹은 '표면적으로'라는 뜻으로 활용되죠. 나중에 알게 된 실제와 다를 경우에 주로 사용됩니다. on the face of it의 구조를 가지기도 하죠.

ex. On its face, there was no sign of assent.
겉으로 보기에는 동조의 기미가 전혀 없었다.

ex. His skinny legs seemed to refuse to bulk up on the face of it.
겉으로 보기에 그의 가느다란 다리에 근육이 붙지 않을 것 같았다.

ex. On the face of it, this place might seem cozy, but it hardly lets in sunlight.
겉으로 보면 아늑한 장소인 듯하지만 이곳에는 햇빛이 들지 않는다.

## 31 Only to

(2025학년도 39번 출제)

only to는 부정사의 결과적 용법에서 왔습니다. '결국 ～하게 된다'는 용법에 only가 첨가되어 강조하는 기능을 갖게 되었죠. 이때 부정사의 결과적 용법은 목적과 구분하기 위해 앞에 쉼표를 찍는 경우가 많다는 점도 유의해야 합니다.

ex. The milk teeth start to fall out, only to let bigger teeth grow in their place.
유치는 빠지기 시작해, 결국 그 자리에 더 큰 치아가 자라게 된다.

ex. Bugs are drawn toward the glowing light, only to disappear into the creature's mouth.
벌레들은 은은한 불빛에 이끌려 가지만, 결국에 이 생명체의 입안으로 사라지게 된다.

ex. She happened to put her hand on it only to find that it was empty inside.
그녀는 우연히 그것에 손을 얹었었는데, 속이 비었다는 사실만을 알게 되었다.

## 32 Play a role

(2021학년도 21번 출제)

play a role은 '역할을 하다'란 뜻으로, 특정한 상황이나 조건에서 자신의 몫을 한다는 의미로 해석됩니다. play a part나 do one's part와 같이 다양한 형태로 나타낼 수도 있습니다. important, key, significant와 같은 형용사를 삽입하여 강조하는 경우도 있죠.

ex. The employees' testimonies played a key role in his impeachment.
직원들의 증언이 그의 탄핵에 주요한 역할을 했다.

ex. Each does its part to protect the territory from attacks.
공격으로부터 영토를 지키기 위해 이들 각각은 자신의 역할을 한다.

ex. You can rest assured that everyone will play their part in saving the school.
학교를 살리기 위해 모두가 자신의 역할을 할 것이니 안심해도 된다.

## 33 Prior to

(2021학년도 22번 출제)

prior는 형용사로 '특정한 사건이나 시기 이전에 발생한 혹은 존재한'의 뜻을 가집니다. 그래서 선약을 prior engagement라고 하죠. 여기에 to가 합쳐지면 어떤 사건이나 시기 '이전에' 혹은 '～에 앞서'라는 뜻을 가진 표현이 됩니다.

ex. Prior to collectivization, people used to dig out vegetable plots for their own food.
집단농장 이전에 인간은 자신들의 먹거리를 해결하기 위해 작은 채소밭을 일구곤 했다.

ex. They had studied her attitude with new eyes prior to a final decision.
그들은 최종 결정에 앞서 그녀의 태도를 새로운 눈으로 꼼꼼하게 살펴보았다.

ex. Prior to that, they were largely confined to the realm of physicians.
그 이전에, 이것들은 보통 의사들의 영역으로 국한되어 있었다.

## 34 Put something across

(2021학년도 21번 출제)

put across는 어떤 것을 가로질러 넓게 놓는 것으로, 사람들이 자신의 의견이나 생각을 쉽게 이해할 수 있도록 잘 설명한다는 뜻을 가집니다. 여기에 재귀대명사가 들어올 경우는 스스로를 잘 표현하거나 나타낸다는 의미로 활용될 수 있죠.

ex. His idea was hard to make out, so we asked him to put it across more clearly.
그의 생각을 알아듣기 어려워, 그에게 이해하기 쉽도록 좀 더 명확하게 설명해 달라고 요청했다.

ex. To my surprise, they put across their point of view with great precision.
놀랍게도, 그들은 자신들의 입장을 아주 구체적으로 명확하게 설명했다.

ex. She tried to put herself across clearly in the interview.
그녀는 인터뷰에서 자신을 명확히 나타내려고 했다.

## 35 Run the risk of

(2024학년도 41~42번 출제)

나쁜 일이 발생할 수도 있는 상황에도 불구하고 무언가를 한다는 의미로, 주로 '~한 위험을 감수하다', 혹은 '~한 위험을 무릅쓰다'란 방식으로 표현됩니다. risk는 나쁜 일이 일어날 가능성의 위험으로, 물리적 위험인 danger와는 다릅니다.

ex. If you clench your teeth like that, you run the risk of hurting your gums.
그런 식으로 이를 악물면, 당신 잇몸이 상할 위험이 있다.

ex. Those who have given up eating meat will run the risk of malnutrition.
고기를 먹지 않는 사람들은 영양실조에 걸릴 위험을 안고 있다.

ex. They run the risk of being expelled if they are not enrolled within the given time.
정해진 시간 내에 등록을 하지 않으며 그들은 퇴학 당할 위험에 놓이게 된다.

## 36 The case

(2025학년도 40번 출제)

case는 어떤 것의 특정한 상황이나 형편을 뜻해서, '경우'라는 단어로 표현됩니다. 하지만 여기에 정관사 the가 합쳐지면, '사실' 혹은 '그러한 것'이라는 전혀 다른 뜻으로 활용될 수 있죠. 수능에서 특히 오역의 가능성이 높은 표현이니 유의해야 합니다.

ex. What suggested that this might be the case was his failure to show up.
이것이 사실일 수도 있겠다고 추측케 한 건 그가 그곳에 나타나지 않았기 때문이다.

ex. It says, "the early bird catches the worm," but it is not always the case.
'일찍 일어나는 새가 벌레를 잡는다'고 하지만, 항상 그런 것은 아니다.

ex. If this is the case, he will make his way into politics.
만약 그렇다면, 그는 정치의 길을 걸을 것이다.

## 37   The former...the latter

(2023학년도 22번 출제)

former은 '이전의'라는 뜻을 가진 형용사입니다. 정관사 the가 합쳐지면 앞에서 언급한 두 개 중 첫 번째 것, 즉 '전자'로 표현되죠. latter은 특정 기간의 후반부를 뜻하는 형용사로, 정관사가 있으면 마찬가지로 둘 중 두 번째 것 혹은 '후자'라는 의미를 가집니다.

ex.   There were a bowl and a plate on the table, the former half full of soup.
테이블 위에 그릇과 접시가 있었는데, 그릇에는 스프가 반쯤 담겨 있었다.

ex.   We have many cats and dogs; the former outnumber the latter.
우리는 많은 수의 고양이와 개를 기르고 있는데 고양이 수가 개보다 더 많다.

ex.   The house has both front and back doors, the latter with a hole at its bottom.
이 집은 정문과 후문이 모두 있는데, 후문에는 아랫부분에 구멍이 나 있다.

## 38   Thereby

(2024학년도 41~42번 출제)

thereby는 '앞에서 언급한 조치나 행동의 결과로 인해'의 뜻을 가진 부사입니다. 앞에 원인이 되는 내용이 등장하고, thereby 뒤로 분사구문이 등장하는 전형적인 구조를 가지고 있습니다.

ex.   They challenged traditional ideas, thereby paving the way for innovation.
그들은 기존 생각에 도전했고, 이를 통해 혁신의 길을 열었다.

ex.   She drank in warm spring sunlight, thereby shaking off winter's lethargy.
그녀는 따뜻한 봄 햇살을 만끽했고, 이를 통해 겨울의 무기력함을 떨쳐냈다.

ex.   Salty snacks increase blood pressure, thereby putting a strain on your heart.
짠 스낵은 혈압을 높이고, 이로 인해 심장에 무리를 주게 된다.

## 39   To the extent that

(2024학년도 38번 출제)

to the extent that은 '어떤 결과를 가져오는 특정한 수준이나 정도까지'라는 의미로 뒤에 '주어 + 동사'의 구조가 옵니다. 이때 that 대신에 of를 뒤에 넣으면 동일한 뜻으로 동명사구가 올 수 있습니다.

ex.   Her face got flushed to the extent that it looked even redder than roses.
그녀의 얼굴은 장미보다 더 붉게 보일 정도로 상기되었다.

ex.   The clicking noises disturbed his sleep to the extent that he gave up trying to sleep.
아예 잠을 포기할 정도로 딸깍 딸깍하는 소리가 그의 수면을 방해했다.

ex.   I was fed up with my job to the extent of wanting to quit right away.
나는 당장이라고 그만두고 싶을 정도로 내 직장에 진저리가 났다.

# 40 Turn out to be

(2021학년도 32번 출제)

turn out to be는 '마침내 ~인 것으로 밝혀졌다'는 뜻을 가진 표현입니다. turn out이 독립적으로 쓰일 때는 '예상치 못한 일이 특정한 방식으로 발생하다'란 뜻을 가지는데, 이 두 표현은 같은 뿌리를 두고 있다고 볼 수 있죠.

ex. His theory turned out to be nothing but the manipulation of words.
그의 이론은 말장난에 불가한 것으로 마침내 밝혀졌다.

ex. The man who was lurking in the bushes turned out to be a policeman.
관목 속에서 매복하고 있던 남자는 경찰이었던 것으로 밝혀졌다.

ex. I failed to find a new route, nor did I know how my trip would turn out.
나는 새로운 루트를 발견하지도 못했고, 이 여행이 앞으로 어떻게 될지도 알지 못했다.